JN086078

Law Practice
刑　法 [第4版]

佐久間修＋高橋則夫＋松澤伸＋安田拓人［著］

Criminal Law

商事法務

第４版はしがき

2009年３月に出版された本書は，多くの皆さんに受け入れられ，2014年には〔第２版〕が，2017年には〔第３版〕が刊行されました。特に本書では，実際の事件に基づく設例を使ったわかりやすい解説があり，読者の皆さんは，重要な判例を学びながら，論点抽出能力や問題解決能力が身に付くことを評価して下さったのでしょう。そこで，今回の改訂作業でも，各項目の設問を見直して，より最新の状況に添ったものに改めると同時に，〔第３版〕の刊行後に公表された重要判例や必読の文献を追加しました。こうしたリニューアルおよびバージョンアップにより，さらに刑法を学ぶ皆さんのお役に立ちたいと考えています。

特に〔第４版〕の刊行に際しては，新型コロナウィルスの影響で大学全体が各種の対応に追われる中，リモート授業にも適した教材にしたいという配慮から，執筆者の先生方が旧版の内容を細かく見直して下さいました。具体的には，読者が入手しやすい参考文献を多く紹介すること，自学自習で重要となる新しい判例を「基本問題」や「発展問題」に織り込んだことなどです。多大のご配慮を頂いた共同執筆者の高橋則夫教授，松澤伸教授，安田拓人教授に対して，心より感謝申し上げる次第です。また，初版当時から熱心かつ懇切に編集作業を支えて下さった商事法務の吉野祥子氏およびコンテンツ制作部の皆様にも，心より御礼を申し上げます。

2021年６月

共著者を代表して　佐久間　修

初版はしがき

本書は，大学の法学部で刑法を勉強する学生が，自学自習に用いるための演習書です。最近では，他学部を卒業した後で，法科大学院に進学する方もあります。また，法科大学院の未修者クラスに入った法学部卒の学生さんも含めて，初学者向けの演習書が求められています。本書は，基本書や体系書と併用して，自分の基礎知識や法的な思考方法を確認するための教材として作成されました。

平成 16 年に法科大学院が設置されてから，法曹をめざす人々が増えましたが，何が法曹として必要な資質であるかは，それほど明確ではありません。しかし，ロースクールのコアカリキュラムが検討される現在，新司法試験の基本科目となった６法＋１法（憲法・民法・刑法・商法・民事訴訟法・刑事訴訟法・行政法）について，学生時代に修得すべき内容は，それほど変わったのでしょうか。私には，そうは思えません。ローマ時代にさかのぼる古い伝統のある法律学が，今般の司法制度改革などで揺らぐようなものではないと考えるからです。

法律家になるためには，各分野ごとに最低限の法律知識が求められますし，それらを結びつける実践的な応用力が必要となります。本シリーズでは，主要７科目の演習問題と解答の道筋を，初級と中級のレベルに分けて編集し，読者の理解度に応じて利用していただくようになっています。したがって，冗長な解説や網羅的な紹介を避けて，法的思考のプロセスだけを示すように心がけました。

以上のような企画趣旨から，参考文献については，各テーマを勉強する上で最小限の判例評釈だけを掲げてあります。それも，学生諸君が比較的参照しやすい自学自習用の教材だけに限定しました。これに対して，学習上重要な判例は，できる限り本文中に引用してあります。もっとも，こうした学習上の配慮は，決して，基本書の大切さを軽視する趣旨ではありません。読者の皆さんは，基本書を読みながら，本書の設問を解くことで，自分の知識や理解が不十分であると感じたならば，もう一度，基本書の該当部分を精読して下さるようにお願いします。

こうした本書の目的をご理解くださり，日々の授業や会議に追われる中，執筆に協力して頂いた高橋則夫教授と安田拓人教授，松澤伸准教授に対して，心より感謝申し上げます。現在，ロースクール生を対象としたハイレベルの問題解説書が多数刊行されていますが，初学者向けの信頼できる演習書が見当たらない状態です。執筆者一同は，本書が，そうした間隙（スキマ）を埋めるスタンダードな書物になることを願っています。最後になりましたが，企画段階から熱心に本書の編集作業を担当された商事法務書籍出版部の吉野祥子氏にも，心より感謝申し上げます。

2009 年 1 月

共著者を代表して　佐久間　修

●凡　　例●

1　法令名の略記

カッコ内で条数のみを示す場合は刑法を指す。

2　判例の表示

最判昭和 58・10・11 刑集 37 巻 8 号 1221 頁
→最高裁判所昭和 58 年 10 月 11 日判決，最高裁判所刑事判例集 37 巻 8 号 1221 頁

3　判例集の略称

下刑集	下級裁判所刑事判例集
下民集	下級裁判所民事判例集
刑月	刑事裁判月報
刑集	大審院・最高裁判所刑事判例集
刑録	大審院刑事判決録
高刑集	高等裁判所刑事判例集
高刑速	高等裁判所刑事判決速報集
裁特	高等裁判所刑事裁判特報
裁判集刑	最高裁判所裁判集刑事
新聞	法律新聞
判時	判例時報
判タ	判例タイムズ
判特	高等裁判所刑事裁判判決特報
東高刑時報	東京高等裁判所（刑事）判決時報
民集	大審院・最高裁判所民事判例集
民録	大審院民事判決録

4　文献の略称

インデックス〔総〕	井田良＝城下裕二編・刑法総論判例インデックス〔第 2 版〕（商事法務・2019）
インデックス〔各〕	井田良＝城下裕二編・刑法各論判例インデックス（商事法務・2016）
刑ジャ	刑事法ジャーナル
刑法の判例〔総〕	松原芳博編・刑法の判例〔総論〕（成文堂・2011）
刑法の判例〔各〕	松原芳博編・刑法の判例〔各論〕（成文堂・2011）
重判	重要判例解説（ジュリスト臨時増刊）
ハンドブック〔総〕	高橋則夫＝十河太朗編・新・判例ハンドブック刑法総論（日本評論社・2016）
ハンドブック〔各〕	高橋則夫＝十河太朗編・新・判例ハンドブック刑法各論（日本評論社・2016）

判例セレクト　法学教室編集室編・判例セレクト〔2001〜2008〕〔2009〜2013〔Ⅰ〕〔Ⅱ〕〕

百選ⅠⅡ　佐伯仁志＝橋爪隆編・刑法判例百選Ⅰ・Ⅱ〔第8版〕（有斐閣・2020）
＊第8版より古い百選については，版数を示すことにした。

プラクティス〔総〕　成瀬幸典＝安田拓人編・判例プラクティス刑法Ⅰ総論〔第2版〕（信山社・2020）

プラクティス〔各〕　成瀬幸典＝安田拓人編・判例プラクティス刑法Ⅰ各論〔第2版〕（信山社・2020）

目　次

◆基本問題〔総論〕◆

◆基本問題〔各論〕◆

◆発展問題◆

基本問題〔総論〕

1 実行行為

> 甲は，非科学的な力による難病治療を行っていた者である。そうした中，A（7歳）の母親乙は，Aが1型糖尿病に罹患し，何とか完治させたいと考え，わらにもすがる思いで，甲にAの治療を依頼した。甲は，インスリンを投与しなければVが生きられないことを認識しながら，Aにインスリンを投与しないよう乙に強く指示したことから，乙はAへのインスリン投与を中止した。その後，Aは再入院し，乙がAの退院後インスリンの投与を再開したところ，甲は，乙を強く非難し，病院の指導に従うのであればAは助からないなどと繰り返し述べるなどしたことから，乙がAへのインスリンの投与を中止した結果，Aは，1型糖尿病に基づく衰弱により死亡した。
>
> 甲の罪責はどうなるか。

●】参考判例【●

① 最決令和2・8・24刑集74巻5号517頁（インスリン不投与事件）
② 最決昭和58・9・21刑集37巻7号1070頁（養女強制窃盗事件）
③ 東京高判平成13・2・20判時1756号162頁（ベランダ転落死事件）
④ 最決平成16・1・20刑集58巻1号1頁（自殺強要殺人事件）

●】問題の所在【●

刑法的評価を行うためには，まず一定の行為を特定し，次にその行為が構成要件に該当するか否かを判断しなければならない。一定の構成要件に該当する行為を実行行為という。問題は，実行行為の実質的内容をどのように理解するかという点にある。法益に対する危険性が認められなければならないという点ではほぼ了解があるが，どの程度の危険性を要求するのか，さらに，そもそも実行行為概念は必要なのかなどについて議論がある。要するに，実行行為概念については，「犯罪構成要件に該当する行為」という形式的定義から出発して，その実質的内容がさらに問題とされるわけである。

一般に，実行行為を行う者を正犯といい，直接正犯と間接正犯に区別される（なお，共同正犯が正犯か共犯かについては争いがある）。本問は，間接正犯の事例であり，これを素材にして，実行行為概念について検討することにする。

●】解説【●

1　行為の特定と実行行為の特定

本問において，まずは，甲と乙のどのような行為が問題となるかを見極める必要がある。乙については，Aに対してインスリン投与をしなかった行為，甲については，乙に対してその不投与を指示した行為が問題となろう。次に，それぞれの行為は実行行為といえるかが問題となり，実行行為性の判断が必要となる。

参考判例③においては，行為者の複数行為によって結果が惹起された場合に，どの行為に実行行為性を認めるかという点が問題とされた。事案は，被告人甲が，殺意をもって，妻Aを包丁で刺突した後，ベランダをつたって隣室へ逃げようとする妻を連れ戻してガス中毒死させるために掴まえようとしたところ，Aは甲から逃げようとしてバランスを崩し，約24メートル下の地上へ転落し，これにより死亡したというものであった。

東京高裁は，刺突行為と掴まえる行為は，殺意も継続していることから，一連の殺人の実行行為であり，死亡結果との因果関係も肯定されるとして，殺人既遂罪の成立を認めた。この場合，実行行為性の判断を，刺突行為のみに求めることも，あるいは，掴まえる行為のみに求めることも，あるいは，東京高裁のように，刺突行為と掴まえる行為とを包括した全体に求めることも可能である。

判例は，基本的に，実行行為を「構成要件の実現に至る現実的危険性を有する行為」と定義しているが，その実質的内容として，より低い程度の危険性で十分とする場合もあり，法益に対する抽象的危険行為，因果の起点となる行為，問責対象行為などと解することもできる。

2　間接正犯の正犯性

間接正犯とは，他人を道具にして犯罪を実現することをいい，その正犯性の根拠は，一般に，実行行為性に求められている。本問の甲と乙の行為に実行行為性があるかが問題となる。乙の行為には構成要件実現に至る現実的危険性はあるが，甲の行為にはそれがあるか疑問であり，乙だけが実行行為を行い，甲はそれを教唆したとして，教唆犯が成立するにとどまることとなろう。しかし，この結論は，甲が乙を道具にして犯罪遂行している点を正当に評価していないだろう。そこで，間接正犯の正犯性の根拠が問題となる。

間接正犯の正犯性の実質的根拠については，たとえば，被利用者の道具的性格に根拠を求める「道具理論」，被利用者の行為を含めた犯罪事実を支配した点に根拠を求める「行為支配論」，被利用者の規範的障害の有無に根拠を求める「規範的障害説」，被利用者の自律的決定（答責性）の有無に根拠を求める「遡及禁止論」などが主張されている。もっとも，これらの見解は，相互排他的なものではなく，両立しうるものである。いずれにせよ，正犯＝実行行為という形式的根拠から離反し，実質的根拠を求めざるを得ないことから，実行行為とどのような連関があればよいのかという視点が重要となる。

たとえば，参考判例②は，養女を利用して窃盗を行っていた被告人が「自己の日頃の言動に畏怖し意思を抑圧されている同女を利用して右各窃盗を行ったと認められるのであるから」という理由から，窃盗の間接正犯の成立を認めた。窃盗罪の実行行為を遂行したのは養女であるが，被告人はその実行行為を「意思抑圧」によってコントロールしたことによって，間接正犯性が根拠づけられたわけである。参考判例④においても，被告人が，被害者に保険金をかけたうえで自殺させ，保険金を取得しようとして，被害者に車を運転させ，車ごと海中に飛び込むことを命じ，被害者は，自殺する気持ちはなかったが，死亡を装って被告人から身を隠す可能性に賭けて，命じられるままに真冬の深夜の海中に飛び込んだが助かった事案につき，殺人罪の実行行為性が肯定され，殺人未遂罪の成立が認められた。間接正犯の類型として，参考判例②は責任無能力者の利用，参考判例④は被害者の利用であるが，そのほかにも，故意のない者の行為の利用（たとえば，看護師の過失を利用して患者に毒薬を飲ませた医師の行為），適法行為者の利用（たとえば，医師の緊急避難行為を利用して堕胎を行わせた行為），目的なき故意ある道具の利用（たとえば，印刷工をだまして通貨を偽造する行為），身分なき故意ある道具（たとえば，公務員の夫が妻に賄賂を収受させる行為）などがある。

これらの場合，道具には規範的障害が認められるとして，利用者に間接正犯性を否定し，教唆犯を肯定する見解もあるが，通説は，間接正犯を肯定している。その根拠は，前述のように争いがあるが，利用者が被利用者に対して優越しているという点，すなわち，被利用者の行為および結果を支配し，犯罪事実全体を支配しているという点に求めることができよう。

3　本問の解決

本問における乙には，参考判例②のように，意思抑圧とまでいえないが，他方で，甲による働きかけによって，Aを何とか完治させたいとの必死な思いとともに，Aの生命を救うためには，甲の指導に従うほかないと妄信し，Aへのインスリンの投与という期待された作為に出ることができない精神状態に陥っていた。

本問の基礎となる参考判例①において，最高裁は，甲は，殺意をもって，以上のような精神状態の乙を「道具として利用した」として，甲には殺人罪が成立すると判示した。乙に対しては，不起訴であったが，作為可能性がないことから作為義務違反がないと解することができる。本件は，第三者利用の類型に対して間接正犯を認めたわけだが，意思抑圧とまでいえないことから，強制支配の側面に，錯誤支配の側面を付加したものといえよう。

問題は，甲の乙への指示行為は実行行為なのか否かである。実行行為と間接正犯性を連動させる見解は，間接正犯にも「現実的危険性」を要求することになるが，それによれば，間接正犯の成立範囲が極端に限定され，本件の指示行為に間接正犯の成立を認めることはできないことになろう。そこで，このような「現実的危険性を有する」実行行為と間接正犯性とはイコールでないと解して，現実的危険性を有する行為をしたのは乙としつつ，甲はその行為を支配するとか（行為支配説），乙の実行行為を甲に帰属する（行為帰属説）という理論構成が可能である。実行行為を抽象的危険行為とすれば，間接正犯性の判断においてそのような行為が認められる場合もあろうが，それは1つの考慮要素にすぎず，当該犯罪における客観的要素，主観的要素，規範的要素をすべて考慮して，背後者に事実的な行為支配（犯罪事実の優越的支配）が認められれば間接正犯の成立が認められる。本件において，甲は，乙の「現実的危険性を有する行為」を事実的に優越的に支配していることから，殺人罪の間接正犯の成立が認められることになろう。

（なお，参考判例①においては，乙とともにインスリン投与を中止した夫丙の罪責も問題とされたが，丙は，甲の治療法を疑っていたことから道具的存在ではなく，乙を介して，甲との順次共謀が認められ，丙には，甲と保護責任者遺棄致死罪の限度で共同正犯の成立が認められた（もっとも，丙も不起訴であった））。

●】参考文献【●

品田智史・百選Ⅰ 150 頁／園田寿・百選Ⅰ 148 頁／小名木明宏・インデックス〔総〕242 頁・248 頁／十河太朗・法教 484 号 130 頁／松本圭史・刑ジャ67 号 167 頁／豊田兼彦・ハンドブック〔総〕148 頁・150 頁

（高橋則夫）

2 不作為犯

甲は，重病の患者に手をかざして自然治癒力を高める治療法で，Ａらの信望を集めていた。ある日，Ａが脳内出血で倒れて，病院内で点滴治療を受けていた際，Ａから携帯電話で甲に「手かざし」治療の依頼があった。そこで，甲は，深夜にＡを病院から自宅まで運んだうえ，Ａの治療を試みたが，翌日には，Ａの症状が悪化して危機的な状態に陥った。甲は，このままＡを自宅内に放置すれば死亡するであろうと思ったが，「手かざし」治療の失敗がわかるのを恐れて，Ａが死んでもやむを得ないと考え，Ａに必要な医療措置を受けさせなかった。そのため，Ａは数時間後に死亡した。

甲の罪責はどうなるか。

●】参考判例【●

① 最決平成17・7・4刑集59巻6号403頁（シャクティパット治療事件）
② 最決昭和33・9・9刑集12巻13号2882頁（火ばち放置事件）
③ 東京地判昭和40・9・30下刑集7巻9号1828頁（ひき逃げ事件）
④ 東京地八王子支判昭和57・12・22判タ494号142頁（不救護による殺人事件）

●】問題の所在【●

他人の生命が危機的状況に陥ったとき，これを救護すべき責任がある者が「何もしない（＝不作為）」方法で，被害者を死亡させた場合，不作為による殺人罪が成立する。殺人罪のように作為犯の形式で規定された犯罪を，不作為により実現する場合を「不真正不作為犯」と呼ぶ。そこでは，ⓐ保障者（作為義務者）は誰であるか，ⓑ保障者の負う作為義務の内容は何か，また，ⓒ作為の可能性（容易性）はあったのか，ⓓ作為との等価値性はあったかが論じられてきた。本問の甲は，Ａの治療と称して，高度の傷病者を病院内から自宅に運び込んだ後，適切な治療をしないままＡを死亡させた。当初は，被害者の治療要請に応じたため，保護責任者遺棄（不保護）罪にとどまるが，Ａの危機的状態を知りつつ，未必の殺意からＡを放置した点で，不作為の殺人罪が成立しうる。

●】解説【●

1　保護責任者ないし保障者としての地位

本問のＡは，重病の入院患者であり，Ａ自らがその生存を維持できない状態にあった（最決昭和43・11・7判時541号83頁）。したがって，他人（医師）の助けを必要とするＡを，入院治療中の病院から，まともな治療もできない自宅へ移動した以上，甲には，Ａの生命・健康を維持する刑法上の責任が生じる（保障者的地位の発生）。また，Ａに近親者がおり，家族の扶助が期待できる場合にも，そのことが当然に甲の保護責任者遺棄（致死）罪や，不作為による殺人罪の成立を妨げるわけではない。他方，不作為の殺人罪と保護責任者遺棄罪で前提となる作為義務の内容は，まったく同じものでない。また，不作為の殺人罪というには，殺意のほか，保障者的地位に基づく作為義務の履行が容易であったこと，さらに，作為との等価値性も認められねばならない。

一般に，保護責任または保障者的地位の発生根拠としては，法令・契約・事務管理・慣習・条理が挙げられる。本問では，Ａと治療の約束をして病院内から運び出したことで，契約に基づく作為義務（大判大正4・2・10刑録21輯90頁）が発生する。また，事実上，Ａの世話を引き受けており（大判大正15・9・28刑集5巻387頁），先行行為に基づく作為義務も生じる（参考判例②）。さらに，甲とＡが，教祖と信者という密接な人的関係にあった事実も無視できないであろう。

2　作為義務違反（作為の可能性）と作為との等価値性

一定の犯罪的結果が生じる危険な状態で，作為義務者が容易に自己の義務を履行できたにもかかわらず，あえて（故意に）義務を怠り危険な状態を放置したとき，不真正不作為犯が成立しうる。かつて，義務違反の要素は，違法性の段階で論じられたが，今日では，保障者の不作為に限定したうえで構成要件該当性の問題となる。そこでは，客観的な作為可能性（または容易性）が前提である。すなわち，本問の甲は，Ａの生命が危機に瀕していると認識した時点で，ただちに病院に搬送してＡを救うことができたし，これを妨げるような事情は存在しなかった。その意味で，甲が，保障者的地位に基づく作為義務を懈怠したのは明らかであるが，不真正不作為犯が成立するためには，さらに，作為との等価値性が必要となる。

過去，殺人罪の不真正不作為犯が成立した例として，被害者を殴って重傷を負わせた行為者が，犯行を隠ぺいするため，まったく医師の治療を受けさせず，自らの支配内に置いたまま死亡させた場合（参考判例④），自動車事故を起こした犯人が，被害者を病院に搬送する途中，犯行の発覚を恐れたため，未必の殺意により，何らの救護措置もとらずに死亡させた場合がある（参考判例③）。これらの事案では，重傷者を引き受けた事実や，自らの支配領域内にとどめた点が重視された。本問では，甲自身が死の危険を増加させており，その後，Ａの重篤な状態を認識したにもかかわらず，未必の殺意をもって，自らの支配領域内にとどめた点で，適切な医療措置を受ける機会を奪っている。その意味では，優に（作為よる）殺人罪と等価値の不作為と認められるであろう（参考判例①）。

3　その他の犯罪成立要件と罪数問題

犯人には，主観的要件として，殺人の故意がなければならない。その内容は，自分が作為義務を果たさず，死亡結果を発生させる旨の認識・認容である。一部の見解は，先行行為を利用する意思にも言及しているが（大判昭和13・3・11刑集17巻237頁参照），こうした特殊な主観的要素を要求する根拠が不明である。本問の甲は，Ａの生命が危機的な状況に陥った時点で，自らの失敗を隠ぺいする目的で，いわば「Ａを見殺し」にした。なるほど，当初は，治療の目的でＡを連れ出しており，客観的には医師の治療を妨害したとはいえ，Ａの死亡までは認識しておらず，せいぜい保護責任者遺棄（不保護）罪にとどまる（最近の否定例として，最判平成30・3・19刑集72巻1号1頁がある）。

しかし，瀕死のＡに対して未必の殺意を抱いた後は，作為との等価値性が認められる以上，甲の罪責は，殺人罪の不真正不作為犯に「昇格」する。すなわち，前半の行為は保護責任者遺棄罪，後半の行為は殺人罪の不真正不作為犯に当たるが，両罪は，同じくＡの生命・身体に向けられた行為であるため，罪数論上は，前半の遺棄罪が後半の殺人罪に吸収されて，包括的一罪となる。したがって本問では，保護責任者の不保護から進んで，未必の殺意による不真正不作為犯のいずれに当たるかの基準が明確に示されねばならない。また，前半の行為と後半の行為をめぐる罪数論上の処理も問題となる。

●】参考文献【●

鎮目征樹・百選Ⅰ 14 頁／塩見淳・平 17 重判 160 頁／松原芳博・インデックス〔総〕20 頁・22 頁／松尾誠紀・プラクティス〔総〕32 頁・34 頁／萩野貴史・ハンドブック〔総〕37 頁／渡邊卓也・刑法の判例〔総〕24 頁

（佐久間修）

3 事実的因果関係――条件関係

電車運転手である甲は，毎日，A路線で電車を往復させる勤務を行っていた。ある日，いつも通り電車を時速約60キロメートルで走行させていたところ，通称B踏切と呼ばれる踏切上に至り，そこに立っていた3歳の男児を轢死させた。裁判において甲は，B踏切上に男児は見えなかったと主張した。しかし，100メートル程度まで近づけば，踏切上に男児が立っていることは発見できるはずであり，甲は，警笛を鳴らすと同時に電車を急停車させる等の措置をとることが可能であった。しかし，その段階で急ブレーキをかけても，電車を踏切に至るまでに停車させることは物理的に不可能であって，B踏切を通過する際には，せいぜい時速40キロメートルに減速できる程度である。

甲の罪責はどうなるか。

●】参考判例【●

① 大判昭和4・4・11新聞3006号15頁（京踏切事件）
② 最決平成元・12・15刑集43巻13号879頁（覚醒剤少女放置事件）
③ 最判平成15・1・24判時1806号157頁（黄色信号点滅事件）

●】問題の所在【●

本問では，甲は男児を認識しておらず，甲に過失があるようにみえる。同時に，急ブレーキをかけても電車を停車させることはできず結果が回避できなかった，すなわち，因果関係がなかったようにもみえる。どちらの理論構成がより適切であろうか。

●】解説【●

1　因果関係の問題か過失の問題か

本問で甲は，男児が踏切内に立っていたことに気づかなかったと主張している。つまり，男児の存在を認識していないわけであるが，実際は100メートル程度まで近づけば，踏切上に男児が立っていることは発見できるはずであった。このような事情を刑法的に評価すれば，甲は，結果予見可能性があったにもかかわらず結果予見義務・結果回避義務を尽くしておらず過失があったと認定することができるようにみえる。実際，参考判例①は，そのように認定した。しかし，甲には過失行為はあるものの結果の回避は不可能であったのだから，結果回避可能性が欠け因果関係がないのではないかという問題が生じうる。参考判例①は，そのような観点から，過失行為と男児の死亡結果との間の因果関係を否定し被告人を無罪としている。

2　刑法上の因果関係

本問を参考判例①のように，因果関係の問題として解決するのだとすれば，どのようなレベルの因果関係を問題とするのであろうか。一般に，刑法上の因果関係は，事実的因果関係としての条件関係と，法的因果関係としての相当因果関係または客観的帰属の2段階のレベルで議論されている。ここで問題となるのは，前者，すなわち条件関係の存否である。

条件関係とは，「AなければBなし」という公式で表される（不可決条件公式）。これは，結果に対して条件を与えた事情をすべて拾い出そうとする公式である。この公式によれば，たとえば，殺人犯を生んだ母親も殺人の結果について因果関係をもつということになる（なお，最近は，従来の条件関係公式を否定し，これに代えて，行為と結果とが因果法則によって結びつけられているかを問う合法則的条件公式を採用する合法則的条件説も有力に主張されている。この見解は，従来の条件公式に換え，当該行為が合法則的関係に基づいて具体的結果に実際に現実化したか否かを問う。すなわち,「あれあればこれあり」の関係によって，条件関係を必要条件から十分条件に転換させたものだというのである。この見解によれば，本問においては，当然に条件関係が肯定されるであろう。しかし，この見解では，生じた結果から行為にさかのぼるという判断方法をとる必然性がないため，条件の確定方法としては，恣意に流されるおそれがあり，帰責の限定づけが緩んでしまうように思われる。ここでは，判例の採用する従来の条件関係を前提に議論を進めることにしよう)。

本問では，甲の行為と男児の死亡結果との間に条件関係はあるだろうか。本問から読みとれる事情によれば，たとえ甲が男児に気づいた段階で電車を急停車させる等の措置をとっても，電車を踏切に至るまでに停車させることは物理的に不可能である。そうだとすれば,「甲が回避措置をとっても男児の死の結果は回避できなかったであろう」という判断が可能のようにもみえる。しかし，こうした実現しなかった事情を付け加えて仮定的な判断を行ってはならない（付け加え禁止説)。条件関係の判断は，事実的判断であるから，仮定的事情は排除して行われるべきである。このような関係は，仮定的因果関係と呼ばれ，条件関係は否定されるのが一般である（ただし，結果回避可能性を条件関係と同義に解する見解や，条件関係に加えて結果回避可能性要件を要求する見解が近時有力に主張されていることにも注意する必要がある。この見解は，仮定的因果関係において条件関係が認められない理由を，ある行為が行われなくとも結果が発生していたであろうという場合には，その行為を処罰しても法益侵害抑止の効果がないため，処罰を正当化できないという形で論拠づける。そして，結果回避可能性がない以上，条件関係も否定すべきであると解するのである。この見解は，犯罪抑止効果を視野に入れる点で刑法の機能を的確にとらえており，極めて魅力的であるが，事実的であるべき条件関係を，結果回避可能性と同一視することで規範化させてしまう点で，若干の疑問を残すように思われる)。

3　仮定的因果関係

仮定的因果関係を問題とせざるを得ない場合もある。それは，不作為犯における因果関係である。参考判例②では，このような不作為の因果関係が問題となった。被告人が少女に覚醒剤を注射したところ少女は苦しみだしたが，自己の犯罪の発覚を恐れて救急車を呼ぶ等の適切な措置をとらなかったため少女が死亡したという事案で，もし少女が苦しみだした時点で適切な措置をとっていれば，死亡結果は十中八九回避できたであろうから，被告人の不作為と少女の死亡との間に因果関係が存在すると判断されている。

不作為犯の場合，そもそも何もしないことが実行行為であるから，それと結果との関係は仮定的因果関係とならざるを得ない。このように不作為犯の場合は，例外的に，仮定的因果関係であっても条件関係ありと判断されることになる。

しかし，作為犯の場合は，実行行為が作為なのであるから，仮定的な事情を付け加えて判断することは許されない。たとえば，加害者Xを恨みに思っていた被害者の父親Aが，Xの死刑執行の際に急に死刑執行室に現れ死刑執行のボタンを押したため，Xは死亡したという事例を考えてみよう。この場合，Aがボタンを押さなくても，まったく同じ時間に死刑執行官Bがボタンを押しXに対する死刑が執行されていたのであるから，Aがボタンを押さなくともXの死亡結果は発生したであろうということができ，条件関係が欠けるようにみえる。しかしこの場合，Bがボタンを押す行為は，現実に発生していない事情であるから付け加えることは許されず，やはりAがボタンを押さなければXは死亡しなかったであろうということになり，条件関係は肯定されるのである。

4　本問の解決

上記でみたように，本問における因果関係は仮定的因果関係である。であるとすれば，過失行為を不作為とみない限り，因果関係のレベルで問題を処理するのは難しいと思われる。結果回避義務違反を中心として過失犯を理解する，いわゆる新過失論に立てば，過失行為を結果回避義務を尽くさなかった不作為とみることができるので，本問を因果関係の問題として処理することも可能となってくるように思われるが，事態をあくまで事実的に観察すれば，甲は男児をはねて死亡させているのであるから，甲の過失による作為から死亡結果が生じているとして，条件関係は存在すると考えるのが自然であろう。

このように考えると，問題は，過失のレベルでの解決すべきことになる。すなわち，過失犯における結果回避義務を課することができるのは，結果回避が可能であった場合（結果回避可能性のある場合）に限られるのであるから，本問では，結果回避可能性がなく，結果回避義務を課することもできないため，そもそも甲に過失責任を問うことはできないと考えるわけである（最近の判例である参考判例③も，結果回避可能性を過失の問題として処理しているようにみえる）。

●】参考文献【●

成瀬幸典・百選Ｉ〔５版〕16頁／杉本一敏・百選Ｉ 16頁／平山幹子・プラクティス〔総〕115頁

（松澤　伸）

4 法的因果関係

甲は，午後11時頃，日頃から恨みに思っていたAを飯場に呼び出し，Aを傷害する意思をもって，洗面器の底や皮バンド等でAの頭部を滅多打ちにしたところ，Aは，恐怖心による心理的圧迫等により，内因性高血圧性橋脳内出血を起こし，意識不明に陥った。その後，甲は，自動車でAを建築資材置場まで運び，同所に放置して立ち去った。その後，深夜0時頃，資材置場を通りかかった乙は，日頃から痛めつけてやりたいと思っていたAが放置されているのを見て，この機会にAを痛めつけてやろうと思い，傷害する意思をもって，角材でAの頭部を数回殴打した。午前1時頃，Aは死亡したが，乙の暴行は，すでに発生していた内因性高血圧性橋脳内出血を拡大させ，幾分か死期を早める程度のものであった。

甲の罪責はどうなるか。

●】参考判例【●

① 最決平成2・11・20刑集44巻8号837頁（大阪南港事件）
② 最決昭和42・10・24刑集21巻8号1116頁（米兵ひき逃げ事件）
③ 最決平成4・12・17刑集46巻9号683頁（夜間潜水事件）
④ 最決平成15・7・16刑集57巻7号950頁（高速道路進入事件）
⑤ 最決平成18・3・27刑集60巻3号382頁（トランク監禁致死事件）
⑥ 最決平成22・10・26刑集64巻7号1019頁（日航機ニアミス事件）
⑦ 最決平成24・2・8刑集66巻4号200頁（三菱自動車ハブ脱輪事件）

●】問題の所在【●

刑法上の因果関係が認められるためには，事実的因果関係（条件関係）に加えて，法的因果関係（相当因果関係または客観的帰属）が必要である。法的因果関係の判断については，従来，相当因果関係説が有力であったが，近年，本問の素材となっている参考判例①を契機として，行為時における予測可能性という相当因果関係説の判断構造の有効性について，疑いがもたれるようになってきている（相当因果関係説の危機）。判例も，相当因果関係説の判断構造をとっていないと評価される中，法的因果関係の構造をどのように捉えるか，整理しておく必要があろう。

●】解説【●

1　行為後の介在事情

本問において，甲は，傷害の故意をもってAを滅多打ちにしており，この時点で，甲の行為は傷害罪の構成要件に該当している。問題は，その後のAの死亡結果についても甲に帰責されるかどうか，すなわち，傷害致死罪の構成要件に該当することになるのかどうかである。

ここで問題となるのは，因果関係における「行為後の介在事情」の特殊性により，法的因果関係が切れると評価できるかどうかである。行為後の介在事情は，一般に，①行為者の行為の介在，②被害者の行為の介在，③第三者の行為の介在に分けて論じられてきている（さらに，自然現象の介在も考えられるほか，何者かの行為が，故意行為なのか，過失行為なのかによっても分けることができる）。

本問で問題となっているのは，第三者による故意行為の介在である。

2　相当因果関係説による判断

従来，事実的因果関係（条件関係）を規範的・法的観点から狭める役割を担ってきたのは，相当因果関係説であった。相当因果関係説は，結果の発生が経験則上予測可能な場合に法的因果関係を認めるとする見解である。さらに，相当因果関係説は，判断基底（判断資料）にどのような事情を組み込むかによって，折衷説・客観説が対立している（主観説は，因果関係を狭めすぎるため，すでに支持者を失っている）。折衷説は，行為時において一般人が認識し得たであろう事情および行為者が特に認識していた事情を判断基底にすえる見解，客観説は，行為時に存在した全事情および行為後に生じた事情について行為当時一般人が予測し得た事情を判断基底にすえる見解である。

長い間，法的因果関係の対立点は，折衷説と客観説のどちらを採用するかという点に絞られていた。しかしこの対立は，実は，行為時に被害者の特殊事情があった場合に，いかに因果関係を判断するかに関わるものであって，行為後の介在事情の問題が意識されるようになったのは，参考判例①をはじめとした一連の判例が登場するようになってからである。

本問について，伝統的な相当因果関係説を当てはめてみよう。まず，折衷説である。資材置場に放置したAが，通りがかりの乙に殴打されることは，行為当時，一般人が通常予測できないから，乙の殴打行為は，判断基底から除かれることになろう。そうすると，判断基底から除かれた事情は存在しないものとして扱われるから，甲の殴打行為からAの死亡結果が生じるのが経験則上相当かどうかが問われることになる。甲の殴打行為はかなり強力なものであり，そのような行為からAの死亡結果が生じることは経験則上予測しうるといえよう。そうだとすれば，相当因果関係は肯定されることになる。

次に，客観説である。資材置場に放置したAが，通りがかりの乙に殴打されることは，行為当時，一般人は通常予測し得ない。そうなると，折衷説の場合と同じ理屈で，相当因果関係が肯定されることになる。すなわち本問では，折衷説・客観説いずれも因果関係があるという判断になる。

3　客観的帰属論による示唆

このような相当因果関係説による判断は，予測不能な特殊事情を判断基底から外すことによって，結局，行為の危険性さえあれば因果関係を肯定するという結論に至ってしまう。これでは，事案に即したきめ細かな判断ができない。実務においても，相当因果関係説は採用が難しいといわれる。参考判例②こそ相当因果関係の枠組みを示しているが，近年登場した参考判例①および③～⑤は，いずれも，相当因果関係説の判断枠組みを示していない。

そこで，近時は，ドイツにおいて展開されている客観的帰属論に示唆を受けた見解が有力になるに至った。客観的帰属論は，さまざまな形で主張されているが，ごく簡単にいえば，行為の危険性がどの程度結果に実現しているかを問う判断方法であるということができよう。そして，その程度が大きければ法的因果関係が肯定され，そうでなければ否定されるということになる。このような判断方法は，実務の思考とも比較的よく一致する。

4　判例の理解と本問の解決

学説では，以上のようにさまざまな主張が展開されているが，判例は，因果関係判断について，確たる判断基準を示すことはしてこなかった。むしろ，事例ごとに考えるのが判例の立場だともいわれてきた。しかし，最近は，判例は，危険の現実化という形式をもって因果関係を判断していると評価されている（危険の現実化論）。すなわち，行為のもつ危険性が結果に現実化しているかどうか，という基準から，因果関係の存否を判断するのである。参考判例⑦では，この点がかなり明確に示されており，注目に値する。

危険の現実化論の理論的基礎づけは，さまざまな形で行いうる。たとえば，刑法の機能を，刑法規範を通じた犯罪の抑止に求めるのであれば，危険の現実化論は，許されない危険を創出することをまずもって禁じ，さらに，それを通じて許されない結果を実現させることを禁じるという犯罪抑止のプロセスを，規範的に示したものであるということができよう。そして，かりに介在事情の異常性が大きければ，結果は偶然にもたらされた帰結であり，その発生を抑止するのは不可能であるから，行為者に帰責するのは無意味であるということになるのである。

このように考えると，第1行為の危険性がどの程度であるかが，まずもって重要となる。あわせて，介在事情の異常性の程度が問題とされなければならない。本問では，第1行為が死の結果をもたらすような危険な行為であることは疑いないであろう。では，介在事情（第2行為）は異常といえるか。第2行為が第三者による故意行為であることは，異常性を肯定する方向に働く要素であるが，結局，第2行為は，いくぶんか死期を早める程度の影響力しか持っていない。とすれば，この程度の介在事情が存在することは異常とはいえず，第1行為の危険が結果に現実化していると評価できるから，法的因果関係は肯定でき，甲について傷害致死罪が成立すると考えられよう。

なお，介在事情の異常性の判断に当たって，ごく最近の判例では，行為者の行為が介在事情に及ぼした影響の程度が重視されている（参考判例④，⑤参照。参考判例⑥，⑦においても，同様の判断がなされていると解される）。本問にこれを当てはめると，甲は被害者を深夜の資材置き場に移動させており，第2行為者にとっての暴行を容易にさせているため，介在事情の異常性は小さいという評価になるであろう。

●】参考文献【●

照沼亮介・百選Ⅰ 22頁／杉本一敏・プラクティス〔総〕48頁

（松澤　伸）

5 故　意

以下の1 2の問題を比較しながら，甲・乙の罪責を論じなさい。

1 甲は，Aに指示されて，台湾から航空機で覚醒剤約3キログラムを腹巻きの中に隠して運び，成田空港を経由して本邦内に密輸入したうえ，都内のホテルで覚醒剤約2キログラムを所持し，覚醒剤取締法違反の罪（覚醒剤輸入罪・同所持罪）に問われた。甲は，中身が輸入を禁止された違法で有害な薬物かもしれないと思っていたが，それが覚醒剤であるという認識をもっていなかった。

2 乙は，洋書専門店社長であったが，販売不振状態から脱却するため，英文のいわゆるエロ小説を出版した結果，わいせつ文書頒布罪（175条）に問われた。乙は，このエロ小説は同条の「わいせつ」には絶対当たらないと判断して出版に踏みきったものである。

●】参考判例【●

① 最決平成2・2・9判時1341号157頁（覚醒剤かも事件）
② 最大判昭和23・7・14刑集2巻8号889頁（メタノール事件）
③ 最大判昭和32・3・13刑集11巻3号997頁（チャタレー事件）
④ 大判大正14・6・9刑集4巻378頁（たぬき・むじな事件）
⑤ 最判昭和45・4・7刑集24巻4号105頁（英文図書わいせつ事件）

●】問題の所在【●

一定の行為が構成要件に該当するといえるためには，実行行為・結果・因果関係などの客観的構成要件要素が充足されると同時に，故意あるいは過失といった主観的構成要件要素が充足されなければならない。故意の認識対象は，客観的構成要件要素に該当する事実，正確には，行為を違法たらしめる構成要件該当事実である。この事実には，行為・行為主体・行為客体・結果・因果関係・行為状況も属し，これらすべてを認識する必要がある。しかし，実際にどこまで認識していれば故意が認められるかは困難な問題である。

本問1における甲については，客観的には，覚醒剤取締法違反の罪が成立しているが，その故意（構成要件的故意）が認められるのか否かが問題となる。

本問2における乙については，「わいせつ」の認識は故意の成否に関係するのか否かが問題となる。

●】解説【●

1　故意の対象である犯罪事実

故意は，「構成要件」に該当する事実の認識であるから，法律の条文に記載されていても，構成要件に属さないものは認識する必要はない。たとえば，処罰条件・訴追条件・処罰阻却事由などの存在は故意の対象とならない。ただ，刑の加重・減軽事由は構成要件に属するから，それらを認識する必要がある。

故意は，構成要件に該当する「事実」そのものの認識を意味するから，その事実が構成要件に該当すること，刑法の条文に記述されていること，法律によって禁止されていることなどは，すべて認識する必要はない。これらについて認識しなかった場合は，いずれも違法性の錯誤であり，故意を阻却する事実の錯誤ではなく故意の成否とは関係ない。すなわち故意の対象は，行為規範それ自体ではなく，行為規範の対象である事実の側に関するものである。

問題は，そのような事実についてどの程度まで認識する必要があるかであり，特に規範的構成要件要素に関して問題となる。たとえば，わいせつ文書頒布罪における「わいせつ」の認識について，いかなる事実を認識をしていれば故意が認められるかが問題となる（参考判例③）。

2　意味の認識

事実認識は次のように段階づけることができよう。第1に，物体の認識であり，その文書に記載されている文章の存在を認識することである。第2に，その文書のもつ言語学的ないし文学的意味を認識することである。たとえば，英文のわいせつ本について，英語を読めることが必要である。第3に，その文書のもつ社会的意味を認識することである。たとえば，その小説が一般的に「いやらしい」ものであるとか「エロ本」であるとかの社会的意味の認識が必要であり，これを「意味の認識」

という。第4に，その文書が刑法175条の「わいせつ」に当たることの認識である。このうち，構成要件的故意が認められるためには，第3の「意味の認識」までが必要であり，十分である。なぜなら，そこまでの認識があってはじめて，「そのような行為をするな」という規範の問題に直面することができるからである。第4は「わいせつ性」自体の認識であり，これは違法性の意識の問題である。

したがって，意味の認識があるか否かが故意の成立にとって重要であり，その内容は，法的評価である「わいせつ」と一般社会において平行的に存在する社会的評価である「いやらしい」ことの認識である（素人仲間の平行的評価）。意味の認識がなかった場合には，事実の錯誤となり，違法性の意識がなかった場合には違法性の錯誤となる（なお，わいせつ性の判断基準につき，参考判例⑤参照）。たとえば，判例によれば，捕獲を禁止されている「たぬき」を「むじな」と思って捕獲した事案である「たぬき・むじな事件」（参考判例④）については，事実の錯誤であるとして故意が阻却され，捕獲を禁止されている「むささび」を「もま」と認識して捕獲した事案である「むささび・もま事件」（大判大正13・4・25刑集3巻364頁）については，違法性の錯誤であるとして故意が肯定された。前者においては，法的評価である「たぬき」と社会的評価である「むじな」とは平行しておらず，事実の錯誤であり，後者においては，法的評価である「むささび」と社会的評価である「もま」とは平行しており，違法性の錯誤であると解することができよう（さらに，参考判例②参照）。

違法性の錯誤の問題については後述（基本問題16）するが，判例は基本的に，故意あるいは責任の要件として「違法性の意識」を不要としているので，違法性の錯誤があっても故意犯は成立することになる。通説によれば，「違法性の意識の可能性」があれば，故意あるいは責任は肯定され，「違法性の意識の可能性」がなければ，故意あるいは責任は否定される。

3　本問の解決

本問1における甲の罪責について，客観的には覚醒剤所持罪が成立しているが，甲に「覚醒剤」の認識，すなわち故意が認められるか否かが問題となる。本問1の基礎となる参考判例①では，「覚醒剤かもしれないしその他の身体に有害で違法な薬物かもしれない」という認識があった場合であるから，概括的故意あるいは択一的故意（結果の実現は確実であるが，客体の択一的な場合をいい，実現した事実につき故意は認められ実現しなかった事実についても，未遂規定があれば，未遂犯が成立する）として，「覚醒剤」の故意を認めることは容易であろう。これに対して，本問1では，この白い粉が「輸入を禁止された違法で有害な薬物かもしれない」という認識が「覚醒剤」の故意を認めることができるかが問題となる。前述のように，「覚醒剤」の社会的意味を確定する必要があり，それを認識していれば，故意が認められることになる。その際，覚醒剤に対する社会的評価は何かが問題となり，それは「覚醒剤」の性質，属性である「(覚醒剤を含む) 身体に有害で違法な薬物」ということになろう (「覚醒剤」を除外している場合には故意は認められない)。したがって本問1の甲には，覚醒剤の故意が認められ，覚醒剤所持罪が成立することとなろう。

なお，覚醒剤事犯などにおける故意の認定については，一定の経験法則に基づく合理的な推認がなされ (推認法則の適用)，当該事案における具体的事情があれば，特段の事情がない限り故意があったものと推認されると解する判例・裁判例が多い (最決平成 25・10・21 刑集 67 巻 7 号 755 頁など)。たとえば，大阪高判平成 30・5・25 (判時 2413・2414 号 212 頁) は，営利目的で覚醒剤をスーツケースに隠匿して日本国内に持ち込もうとしたが税関で発見された事案につき，隠匿物は金塊であると認識していたとの被告人の弁解を排除し，覚醒剤営利目的輸入罪の故意を認めた。本判決では，高額の報酬，スーツケース内に隠匿しうる大きさなどの事情から，特段の事情 (確実に金塊であると信じ込んでいたとの事情) のない限り，隠匿物が覚醒剤等であるかもしれないとの認識を有していたとの一応の推認が働くという推認法則が適用されたわけである [なお，特殊詐欺事案における故意の問題については，→発展問題12]。

本問2における乙の罪責については，乙には「わいせつ」の意味の認識はあり，違法性の意識を欠くだけなので，判例によれば，わいせつ文書頒布罪の故意が認められ，同罪が成立し，通説によれば，乙に「違法性の意識の可能性」の有無によって結論が異なることになる。

●】参考文献【●

岡上雅美・百選Ⅰ 82 頁／齋野彦弥・百選Ⅰ 92 頁／松原久利・百選Ⅰ 96 頁／辰井聡子・インデックス〔総〕48 頁／冨川雅満・インデックス〔総〕52 頁／深町晋也・ハンドブック〔総〕53 頁

(高橋則夫)

6 具体的事実の錯誤

甲は，恨みに思っていた巡査Aを襲う目的で，建設用びょう打銃を改造した銃1丁を用意し，パトロール中の同巡査を尾行し襲撃の機会を狙っていた。たまたま周囲に人影が見えなくなったので，襲撃のチャンスが到来したとみた甲は，同巡査を殺害するかもしれないことを認識・認容し，上記改造びょう打銃を構え同巡査の背後約1メートルに接近し，同巡査の右肩部付近を狙いびょうを発射させた。びょうは，同巡査の右側胸部を貫通し，同巡査は貫通銃創を負った。さらに，同巡査の身体を貫通した上記びょうは，たまたま同巡査の約30メートル右前方の道路反対側の歩道上を通行中のBの背部に命中し，Bは腹部貫通銃創を負った。甲は，Bが歩道上を通行中であることについては認識していなかった。

甲の罪責はどうなるか。

●】参考判例【●

① 最判昭和53・7・28刑集32巻5号1068頁（改造びょう打銃事件）

② 大判昭和8・8・30刑集12巻1445頁（叔母・女児同時殺害事件）

③ 大判大正11・2・4刑集1巻32頁（寅吉誤認事件）

●】問題の所在【●

行為者が行為当時認識していた犯罪事実と，現に発生した犯罪事実の間にズレが生じる場合がある。このようなズレがある場合に，発生した結果についても故意を認めるかどうかという問題が，事実の錯誤の問題である。実際には，認識と事実の符合を細部まで要求すると，故意が阻却される範囲が広くなりすぎる。そこで一般的には，認識と事実が構成要件の範囲内で符合していれば故意の符合が認められるとする見解が有力であるが，その中で，かなり具体的な点についてまで符合を要求するのか（具体的符合説），あるいは，抽象的なレベルでの符合でよいとするのか（法定的符合説）が問題となる。さらに，後者の見解に立った場合，成立する故意犯の個数がいくつになるかも問われることになる。

●】解説【●

1　具体的事実の錯誤とは何か

本問を検討するに先立って，前提となることを指摘しておく。まず本問では，甲はBが歩道上を通行中であることについては認識しておらず，Bの死について未必の故意は存在しない。もしこれがあった場合には，概括的故意の問題となる。

また，本問において問題となっている構成要件の種類は殺人という同一の構成要件であって，いわゆる具体的事実の錯誤（同一構成要件内の錯誤）が問題となっている。さらに本問は，人違い（客体の錯誤）の事例ではなく打ち損じ（方法の錯誤・打撃の錯誤）の事例であることにも注意を要する（なお参考判例③は，人違いの場合には故意が阻却されないことをすでに示しており，この点については学説にも争いはない）。

2　具体的符合説と法定的符合説

同一構成要件内で生じている方法の錯誤の場合，故意が同一構成要件の内部で具体的に符合している必要があるのか，それとも同一構成要件内という法定的な符合があれば故意は阻却しないのかが争われることになる。前者を具体的符合説，後者を法定的符合説と呼ぶ（同一構成要件内で具体的に符合しているか，それとも抽象的に符合しているかという観点から，前者を具体的法定符合説，後者を抽象的法定符合説と呼ぶ呼び方もある。こちらのほうがより正確な呼称といえるが，ここでは従来の例に従い，単に具体的符合説，法定的符合説と呼ぶことにする）。

具体的符合説は，客体の錯誤の場合には，その人を狙ってその人を殺したという意味で，具体的なレベルで認識と結果が一致しているため故意は阻却しないが，方法の錯誤の場合には，その人を狙ってあの人を殺しているのだから，認識と結果とのズレは看過できないほど大きなものであり，故意は阻却されると考える。この見解は，狙った法益が侵害されているかという侵害法益に注目する見解であり，その限度で，結果無価値論に親和性を持った見解ということができる。

これに対し，法定的符合説は，同一構成要件内であれば，およそ人を殺そうとして人を殺しているのであるから，認識と結果のズレは大きいとはいえず，故意の符合を認めてもよいと考える見解である。判例も，古くからこの見解を採用してきたとされる（参考判例②参照）。この見解は，行為者に与えられているのは人を殺すなという禁止規範であるから，その禁止規範を乗り越えて実行行為に出ている以上，故意責任を基礎づけるだけの非難の契機が存在するのであって，故意犯の成立を肯定できるという考え方である。侵害された法益の個性よりも，禁止規範に違反しているという規範違反性を重視する考え方であるから，その限度で行為無価値論と親和することになる。

3　故意の個数

法定的符合説をとった場合，問題となるのは，1人の人を殺す故意しかないのに複数の故意犯が成立することについての是非である。すなわち本問では，Aに対してもBに対しても殺人未遂が成立し，殺人の故意は1個しかないのに2個の殺人未遂罪が成立することになり，責任主義に反するのではないかということが問題となるのである。

法定的符合説の中には，このような問題意識から，結果の発生した客体についての故意犯1つだけの成立を認め他の客体については過失犯の成立しか認めない見解もある（一故意犯説）。この見解は，一時期有力であったが，複数の客体に結果が発生した場合にどの客体に故意犯を成立させるかを定める基準が明確でないこと等，手続法上の問題があることから次第に支持を失うようになった。

法定的符合説の主流は，複数の故意犯の成立を認める見解である（数故意犯説）。判例も，この立場を採用している（これを明確に示すものとして参考判例①がある。この判例は，この問題に関する現在のリーディングケースである）。この見解は，複数の故意犯の成立を認めても最終的な罪数処理において，観念的競合として，科刑上一罪として処断されるのであるから問題はないとする。これに対しては，科刑上一罪の問題は，厳密には刑罰論の問題であるから，犯罪論の内部の問題である責任主義に反するという批判には答えていないという反批判が向けられている。

4　故意の符合の限界

具体的符合説と法定的符合説のどちらが妥当であろうか。行為無価値論といえども，規範違反のみで違法性を基礎付けるとすることは妥当ではなく，侵害法益も重視すべきであることに鑑みれば（行為無価値・結果無価値二元論），理論的には，具体的符合説が正当なはずである。しかし，具体的符合説は，実際上の事案処理に大きな難点がある。客体の錯誤と方法の錯誤でその処理が異なることから，両者の区別があいまいな場合，その処理に困ることになるのである（そして実際に，区別があいまいな場合は多いのである)。そうであるとすると，法定的符合説，しかも数故意犯説の処理の簡明さは大きなアドバンテージといえる。具体的には符合していなくとも，「人を殺すな」という規範の問題が与えられていたのだと考えれば，併発結果の刑事責任は，故意犯と過失犯の中間的なものであるともいえる。併発事実について故意犯の成立を認めることは，理論的にはかなり苦しいものの，不可能ではない。判例が法定的符合説の数故意犯説を採用しているのも納得できるところである。

しかし，法定的符合説といえども，闇雲に故意の符合を認めるのであれば，やはり妥当ではない。具体的に予見不可能な客体にまで故意の符合を認めるのは，責任主義に反するであろう（たとえば，屋根裏に隠れていた泥棒に弾が当たって死亡した場合など)。予見可能性がないということは，構成要件の客観面に対応する主観面の関連性がまったく存在しないということを意味する。主観面の関連性を認められない事実について，刑法は，責任を問うことはできない。

実際上このような事案において，できる限り未必の故意の立証に努めることが望ましいことを前提とすれば，認識可能性のない客体にまで故意の符合を認めるのは妥当ではないように思われる（さらにいえば，予見可能性が欠ける以上，過失犯の成立も否定されるべきであろう)。

本問では，甲はBを認識していなかったが，公共の道路上である以上，認識可能性はあったと考えられる。そうであれば，故意の符合はぎりぎり認められると考えてよいであろう。

●】参考文献【●

専田泰孝・百選Ⅰ 86頁／深町晋也・ハンドブック〔総〕58頁／辰井聡子・インデックス〔総〕56頁

（松澤　伸）

7 抽象的事実の錯誤

Aは，自動券売機の近くにある改札口の台の上に，ハンドバッグとカメラを置いて，購入した切符を受け取った後，ハンドバックだけを携えて改札口から離れた。しかし，友人と会話をしながら10メートルほど歩いた地点で，カメラを置き忘れたことに気づき，すぐに引き返したものの，わずか5分ぐらいの間にカメラが消えていた。他方，近くの券売機で切符を購入していた甲は，たまたま改札口のところに上記カメラがあるのを見つけて，置き引きの意思で自宅に持ち帰った後，これを質屋に持ち込んだものである。

甲の罪責はどうなるか。

●】参考判例【●

① 東京高判昭和35・7・15下刑集2巻7＝8号989頁（忘れ物持ち去り事件）
② 最判昭和23・10・23刑集2巻11号1386頁（公文書偽造教唆事件）
③ 最決昭和54・3・27刑集33巻2号140頁（ヘロイン・覚醒剤密輸入事件）
④ 最決昭和61・6・9刑集40巻4号269頁（覚醒剤・コカイン所持事件）
⑤ 東京高判平成25・8・28高刑集66巻3号13頁（ダイヤモンド原石密輸入事件）

●】問題の所在【●

設問中の甲は，遺失物等横領罪の故意で，他人（A）の占有下にあるカメラを窃取したため，犯人の主観的意思（遺失物等横領）と客観的結果（窃盗）がくい違っている。事実の錯誤が複数の構成要件間にまたがるとき，「異なった構成要件間の錯誤」または「抽象的事実の錯誤」と呼ばれる。その取扱いをめぐって，複数の学説が対立してきたが，代表的な見解として，法定的符合説と抽象的符合説がある。抽象的符合説では，犯罪構成要件の枠を超えた「抽象的な符合」を許容するため，常に軽い罪の故意既遂犯で処罰される。しかし，法定的符合説では，原則として，異なる構成要件間の「法定的符合」を認めていない。せいぜい，両構成要件が重なり合う限度で，例外的に軽い罪の故意既遂を認めるため，「重なり合い」の基準が問われることになる。また，共犯者間で抽象的事実の錯誤が生じたとき，単独犯と同じ判断基準でよいかについても争点となりうる。

●】解説【●

1　客体の占有状態と甲の事実認識

たとえ犯行の場所が乗降客の多い駅中であって，最も混雑する時間帯に事件が生じたとしても，社会通念上，上記カメラの占有は，なお被害者のAにあったと考えられる（最判昭和32・11・8刑集11巻12号3061頁）。他方，甲が，券売機の周囲にいた通行人にも尋ねるなどして，それが遺失物であると信じていたならば，主観的には遺失物等横領罪の故意で，客観的には，他人（A）の占有する（A所有の）カメラを窃取したことになる（異なる構成要件間における事実の錯誤）。

抽象的事実の錯誤をめぐっては，刑法典上，38条2項の規定がある。すなわち，「重い罪に当たるべき行為をしたのに，行為の時にその重い罪に当たることとなる事実を知らなかったものは，その重い罪によって処断することはできない」ため，より重い窃盗罪に当たる（Aの占有に属する）旨の認識がない甲を，窃盗既遂罪で処罰することはできない。しかし，38条2項には，それ以上の説明はみられず，学説上も，いくつかの解釈論が対立することになった。

2　法定的符合説と「重なり合い」の範囲

法定的符合説によれば，故意既遂罪は，犯人が認識した犯罪構成要件の枠内でのみ認められる。したがって，異なる構成要件にまたがる事実の錯誤では，予定した犯罪の故意未遂犯（または不能犯）と，現に惹起した結果に対する過失犯しか成立しない。設問の事案では，遺失物等横領罪の未遂と過失による窃盗罪（の観念的競合）となるため，いずれも不可罰である。しかし，当初の予定どおりに犯行を実現すれば遺失物等横領罪（既遂）が成立するのに対して，予想外にも，それ以上の結果（窃盗）を実現したとき，甲は無罪になるのであろうか。そこで，犯人の認識した犯罪と実際に生じた事実が，構成要件的評価として同質的で重なり合う場合には，軽い罪の限度で故意既遂犯が認められてきた（参考判例①）。

遺失物等横領罪は，財産犯の中でも，他人の占有を離れた財物を直接に領得する点で，最も基本的な財産侵害の形態である。すなわち，窃盗罪から占有侵害の要素を除外すれば，遺失物等横領罪と共通する部分が多い。そこで，多数説は，より軽い遺失物等横領罪の故意既遂犯を認めてきたが，どのような基準で「重なり合い」を判断するかが問われる。最近では，不正に入手した給油カードを使用して，セルフ方式のガソリンスタンドで給油した事件が問題になった。犯人らは給油カードの挿入により自動的にガソリンが出るものと誤信したが（窃盗の故意），実際には，従業員が客の様子を見て給油の操作（処分行為）をしており，窃盗罪と詐欺罪の間で事実の錯誤が生じたからである。裁判所によれば，いずれも財物の占有を奪う点で共通する以上，実質的に構成要件が重なり合っているとされた（窃盗既遂成立。名古屋地判平成20・12・18公刊物未登載。なお，森田昌稔・研修761号〔2013〕87頁以下参照）。

3　抽象的事実の錯誤と具体的事実の錯誤

しかし，構成要件の定型性を無視した無制限な「符合」は，法定的符合説と抽象的符合説の差異をあいまいにしかねない。たとえば，麻薬を覚醒剤と誤信して密輸入したとき，「日本に持ち込むことを禁止されている違法な薬物である」という認識で足りるとして，刑の軽重にかかわりなく，各構成要件の重なり合いを認める見解は（参考判例③，④など），行政犯における故意犯の成立範囲を不当に広げることになりかねない。他方，犯罪構成要件の形式面に拘泥して，異なる構成要件間における「重なり合い」を完全に排斥するならば，具体的事案の妥当な解決を放棄することになる。

たとえば，ヘロインと覚醒剤を誤認して輸入した事件（参考判例③）では，犯人らが，麻薬であるジアセチルモルヒネ塩類の粉末を「覚醒剤である」と誤認したとはいえ，麻薬と覚醒剤の類似性に着目するとき，両罪の構成要件は完全に重なり合うため，麻薬輸入罪の故意を阻却しないとされた。しかし，かような処理は，法定刑が同一である場合に限られる。たとえば，覚醒剤であるフェニルメチルアミノプロパン塩酸塩粉末を「麻薬に当たるコカインである」と誤認して所持した場合には（参考判例④），覚醒剤所持という重い犯罪事実の認識が欠ける以上，麻薬（コカイン）所持罪と覚醒剤所持罪の構成要件が重なり合う限度で，軽い麻薬所持罪が成立するとされた。

また，近年では，最高裁判例が示した重なり合いの基準をめぐって（参考判例③），犯人が覚醒剤をダイヤモンド原石と誤認して密輸入したとき，関税法上は，いずれの物品であっても，通関手続を履行しないという限度で重なり合うとして，後者の無許可輸入罪を認めたものがある（参考判例⑤）。すなわち，禁制品（覚醒剤）輸入罪と（ダイヤモンド原石の）無許可輸入罪が「類似する」という趣旨は，客体の形状や性質が似ていることではなく，当該貨物の密輸入行為が類似することを示したにすぎないと明言している。

4　単独犯の「符合」と共犯の「符合」

かようにして，具体的事実の錯誤と抽象的事実の錯誤は，法令の規定ぶりなど，形式的な側面だけでなく，実質的な相似性にも着目して区別するほかはない。こうしたとらえ方は，単独犯における事実の錯誤だけでなく，共犯における抽象的事実の錯誤でも散見される。たとえば，未決拘留中の仲間を重病人と偽って保釈させようとした犯人らの1人が，当初の共謀どおりに，医務課長を買収して虚偽の診断書を作成させるのでなく，第三者を教唆して医務課長名義の診断書を偽造させた場合について，最高裁判例は，原審の判断を支持して，共謀者全員が公文書偽造罪の教唆に当たるとした（参考判例②）。

そこでは，他の共犯者が虚偽公文書作成罪の教唆を共謀したところ，最終的には，無形偽造を上回る有形偽造（公文書偽造罪）の教唆が認められた。しかし，当初共謀した内容は，刑法156条（および61条）の構成要件に当たるのに対して，実際に生じた（正犯の）事実は，刑法155条（および61条）の構成要件に該当する。公文書偽造罪と虚偽公文書作成罪は，作成名義の冒用如何で二分されるため，一方が他方を包摂するという「重なり合い」の関係にはない。そうである以上，有形偽造の故意がない共犯者は，虚偽公文書作成罪の教唆未遂（不可罰）と，過失による公文書偽造罪の教唆（不可罰）として，いずれも不可罰とすべきであろうか。

5　保護法益および犯行の態様と実質的な「重なり合い」

文書偽造罪にあっては，他人の作成名義を偽る行為（有形偽造）と，作成名義人が自ら虚偽内容を記載する行為（無形偽造）は，およそ相反する概念である。その意味では，単独犯における抽象的事実の錯誤では，常に故意既遂犯の成立が否定されるであろう。しかし，間接的に正犯事実を惹起する（狭義の）共犯では，背後の人間が抽象的事実の錯誤に陥ったとき，当然に故意が阻却されるわけではない。最高裁によれば，公文書の無形偽造教唆を共謀した者が，最終的に公文書有形偽造を教唆することで同一目的を達成した以上，当該共謀と教唆行為の間には相当因果関係があるとされた（参考判例②）。

文書偽造罪の保護法益は，文書に対する公共の信用であって，有形偽造や無形偽造は，いずれも公共の信用を害する行為である。その意味で，犯人らは，虚偽公文書作成（の教唆）という方法で，公文書に対する公共の信用を損なうことを認識・認容しており，たとえ仲間の１人が公文書偽造（の教唆）の方法に変更した場合にも，犯行計画により侵害される法益の種類・性質は異ならない。また，偽（ニセ）の文書により保釈させようとした限度では，当初の犯行計画に資する手段・方法として共通する。かようにして，侵害の客体となる保護法益と侵害態様が重なり合う点にも着目するならば，共犯者が実現した結果について故意責任を負わせることも，理論上可能となるのである。

●】参考文献【●

長井長信・百選Ⅰ 88 頁／長井長信・平 26 重判 155 頁／辰井聡子・インデックス〔総〕58 頁・60 頁／荒木泰貴・インデックス〔総〕62 頁／十河太朗・プラクティス〔総〕90～93 頁／一原亜貴子・刑法の判例〔総〕107 頁

（佐久間修）

8 過失：予見可能性

甲は，A市土木部海岸課課長として，同市内の人工砂浜の管理等の業務に従事していたところ，南側および東側の突堤沿い砂浜において繰り返し砂浜陥没が発生していたため，その対策として，同区域について立入禁止措置をとると同時に抜本的対策のため調査を行っていたが，同砂浜中央付近では砂浜陥没が報告されておらず，立入禁止措置もとっていなかった。ところが，中央付近のケーソン目地部の防砂板が破損して砂が海中に吸い出されることによって，砂層内に深さ約2メートル，直径約1メートルの空洞が形成されていたため，その上を当時4歳の少女Bが小走りに移動中，その重みにより突如同空洞の崩壊が生じ，Bはその陥没孔に転落して砂層中に埋没し，死亡した。なお，当該陥没のメカニズムは，事件当時，土木工学の専門家にとっても未知のものであった。

甲の罪責はどうなるか。

●】参考判例【●

① 最決平成21・12・7刑集63巻11号1678頁（明石人工砂浜陥没事件）
② 最決平成12・12・20刑集54巻9号1095頁（生駒トンネル事件）
③ 札幌高判昭和51・3・18高刑集29巻1号78頁（北大電気メス事件）

●】問題の所在【●

過失犯の構造については，さまざまな見解が対立しているものの，予見可能性が必要であることでは一致しており，その内容については，具体的予見可能性が必要とされるというのが一般的な理解である。しかし，具体的予見可能性までは必要ではなく，抽象的予見可能性あるいは結果発生の危惧感で足りるとする見解も主張されており，その評価が問題となる。また，具体的予見可能性が必要であるとしても，その予見の対象とされる「因果関係の基本的部分」の内容はいまだ不明確であり，とくに，その間に，未知のメカニズムが介在して結果が発生したような場合に予見可能性を肯定できるのかが争われている。

●】解説【●

1　過失犯の構造

甲は，人口砂浜の管理等の業務を担当する立場であるところ，砂浜中央付近における砂浜陥没対策を怠ったことにより，Bを空洞崩壊より発生した陥没孔に転落させ，死に致している。すなわち，過失行為によって，業務上過失致死罪の構成要件に該当する結果を発生させている（なお，本問は，参考判例①の事案を基礎にしているが，事実を若干変更していることに注意されたい。参考判例①は，事故現場付近の突堤でも陥没が生じていたことが報告されていたという事案であり，この場合は，予見可能性が肯定されやすいであろう）。

ここでいう過失行為については，これをどのようなものとして捉えるかについて，見解の対立がある。新・旧過失論の対立がこれである。新過失論は，過失犯は故意犯とは構成要件・違法性の段階で異なることを重視し，過失犯の実行行為を結果回避すべき措置をとるべきであったのにしなかったという結果回避義務違反として捉える見解である。それに対し，旧過失論は，過失犯の実行行為を基本的には故意犯と同一のものと捉え，結果予見可能性を前提とした結果予見義務に違反したことを過失犯の実体とみる見解である。

この両者は，結果予見可能性の存在を過失犯成立の前提条件とすることでは一致しており，この点に関しては，対立がないようにもみえる。しかし，本問のように，予見可能性の有無が直接に問題となってくる事案では，両者の考え方の相違が多少なりとも結論に反映してくるようになる。すなわち，新過失論によれば，その前提とされる結果回避可能性，さらに，結果予見義務および結果予見可能性も過失犯の成立要件とされるが，結果回避義務を中心とした理解となるため，結果予見可能性については，具体的でなくてもよいとする方向に流れやすい。これに対し，旧過失論では，結果予見可能性と過失の関係が緊密になることから，結果予見可能性の内容も，高度に具体的なものが要求される傾向が強くなる。

2　結果予見可能性の内容――具体的予見可能性説と危惧感説

予見可能性の内容については，結果の具体的予見可能性を必要とするという具体的予見可能性説と，何らかの危険があるかもしれないという危惧感があれば足りるとする危惧感説が対立している。

前述したような事情から，旧過失論は，具体的予見可能性説を採用するのに対し，新過失論は，必ずしも具体的予見可能性説と結びつかない。とくに，公害事件や薬害事件など，未知の危険が問題となる場合に，危惧感説は，過失処罰のための理論的根拠を提供できることから，一時期有力となった（新・新過失論）。

しかし，過失犯が構成要件・違法性の段階で故意犯と異なることを認めるとしても，過失処罰については非難可能性が前提となるのであるから，予見可能性のないところに処罰を認めるのは責任主義に反する。そして，危惧感説は，事実上，予見可能性のない場合にも処罰を認めることになりやすいのであって，責任主義に抵触している疑いが非常に強いのである。このように考えると，具体的予見可能性説が妥当であると考えられる。

3　予見可能性の対象――「因果関係の基本的部分」の意味

具体的予見可能性説をとるとした場合，次に問題となるのは，予見可能性の対象である。予見可能性の対象には，客観的構成要件要素であるⓐ結果，ⓑ因果関係が含まれるが，本問で問題となるのは，ⓑ因果関係である。そして，参考判例③は，因果関係の予見可能性については，「特定の構成要件的結果及びその結果の発生に至る因果関係の基本的部分」で足りるとし，因果経過の具体的な予見可能性までは必要ないとしている。ここで検討しなければならないのは，「因果関係の基本的部分」が，いったい何を意味するのかということである。

これについては，いくつかの考え方がありうる。第1は，実際の因果経過が予見可能でなければならないとする考え方である。しかし，予見可能性の対象をあまりに具体的に要求すると，過失が認められる範囲が狭くなりすぎるであろう。第2は，実際の因果経過は予見できなくとも，別の因果経過が予見できればよいとする考え方である。この考え方によれば，予見の対象は，結果の発生に至る何らかの因果経過であり，現実とまったく異なる因果経過であっても，それが構成要件の予定する因果経過の範囲内にあれば，予見可能であったとされることになる。しかし，まったく予見不可能な因果経過をたどっている場合にまで，別の因果経過が予見可能だったからという理由で予見可能性を認めるのは，結局は，予見不可能な事情について責任を認めるということになるのではなかろうか。第3は，予見の対象となる因果経過に一定の幅を認め，その幅の範囲内で結果の予見が可能であれば，予見可能性を肯定できるとする考え方である。責任主義を貫徹すれば，犯罪の客観面のすべてについて予見可能性が必要であるというべきであるから，この第3の立場が最も適切であると思われる（参考判例②は，こうした考え方に立つものと考えられる）。

では，上記それぞれの立場から，本問はどのように解答されることになるであろうか。第1の立場に立てば，予見の対象は，空洞の発生ということになるが，そこには，当時，土木工学の専門家にとっても未知のメカニズムが介在していた。こうした場合には，予見可能性が否定されることとなろう。第2の立場あるいは第3の立場に立てば，本問においても，予見可能性を肯定することが可能であると思われる。すなわち，本問においては，実際に南側と東側で防砂板の破損により砂浜陥没が起こっていることから，陥没した砂浜に人が落ちて死亡するという結果の発生は予見可能であったといいうる（第2の立場）。あるいは，本問においては，未知のメカニズムが介在して事故が発生しているものの，防砂板の破損により砂浜陥没が起こりうることは甲も認識しており，一定の幅の範囲内においては，因果経過の予見が可能であるといいうる（第3の立場）。

このように考えると，結論として，本問においては，「因果関係の基本的部分」について予見可能性があると評価できるため，Bの死亡について，甲に過失責任を問うことが可能であるといえよう。

●】参考文献【●

塩谷毅・平22重判198頁／古川伸彦・プラクティス〔総〕102頁／亀井源太郎・インデックス〔総〕80頁

（松澤　伸）

9 過失：結果回避義務

A温泉施設では，温泉水から生じるメタンガスが，ガス抜き配管を通じて施設外に放出される設計となっていたが，メタンガスから結露水が発生して配管閉塞を起こす可能性があったため，A温泉施設の建設工事をB不動産会社から請負ってその設計を担当した甲は，「常開」にしておくことを前提として，水抜きバルブを設置した。しかし，下請業者Cから，「常開」にしておくと，硫化水素が漏れる危険性があることを指摘されたため，甲は，これを「常閉」とするよう，Cに口頭で指示した。この指示により，適宜手作業で水抜きバルブを開閉する必要が生じたが，甲は，指示の変更や，それに伴う水抜き作業の必要性について，CがBに説明するだろうと安易に考え，自ら容易にこれを説明できたにもかかわらず，一切説明しなかった。その後，結露水によってガス抜き配管が閉塞し，行き場を失ったメタンガスが地下機械室に漏出した上，同室内の温泉制御盤スイッチが発した火花に点火して爆発し，A温泉施設の従業員ほか4名が死亡し，2名が負傷した。

甲の罪責はどうなるか。

●】参考判例【●

① 最決平成28・5・25刑集70巻5号117頁（渋谷温泉爆発事件）
② 最決平成29・6・12刑集71巻5号315頁（JR福知山線脱線転覆事件）
③ 徳島地判昭和51・3・18高刑集29巻1号78頁（森永ヒ素ミルク事件）

●】問題の所在【●

過失犯は，結果の予見が可能であったにもかかわらず注意義務を怠って結果を発生させたことによって成立する犯罪であるが，その注意義務を定めるに当たっては，結果回避義務をどのように認定するかが重要である。過失事犯は，科学技術の発展や社会構造の重層性も伴って複雑化の一途をたどっており，とくに，不作為による結果回避義務違反については，その認定が困難である。また，近時は，結果回避義務とその前提とされてきた予見可能性との関係についても新たな考察が行われており，これらの問題についても注意を払っておく必要がある。

●】解説【●

1　過失犯と結果回避義務

甲は，温泉施設の設計担当者であることから，水抜きバルブを手作業で開閉する必要性についての説明をしなければならなかったが，それを怠り，バルブが開いていれば起こらなかった結露→配管閉塞→メタンガス滞留→スイッチ発火，という過程をたどってガス爆発を起こさせ，その結果，温泉施設の従業員ほか４名を死亡させ，２名を負傷させている。すなわち，過失行為によって，業務上過失致死罪および業務上過失傷害罪の構成要件に該当する結果を発生させていると考えられる。

ここでいう過失行為については，これを，許されない危険行為と捉えるにせよ，回避措置をとらなかった行為と捉えるにせよ，結局のところ争点となるのは，結果回避すべき措置をとるべき義務，すなわち，結果回避義務が，当該事案において，具体的な行為者に向けられていたのかどうか，という点である。そして，問題の核心は，事案が多種多様である過失犯において，この結果回避義務をいかにして認定していくか，というところにある。

2　結果回避義務の内容

本問における結果回避義務は，もっともシンプルなかたちで把握すれば，「メタンガスが発生する温泉施設において，それが引火爆発することを回避する義務」ということになるであろう。しかし，これでは，具体的な場面において，甲がどのような行為を行う必要があったのかが示されておらず，甲の過失行為を認定するには漠然としすぎている。

そこで，これをより具体的に把握する必要が生じる。この問題は，ⓐそもそも甲が注意義務を向けられるべき立場にあるのかという問題と，ⓑその立場にあるとしてどのような注意義務が向けられるのかという問題という２段階に分けられる。前者は，過失の行為主体の選別作業であり，後者は，そうして選別された行為主体による過失行為そのもの，すなわち結果回避義務の内容の認定作業である。過失犯は，結果回避義務違反という側面から，不真正不作為犯と構造的に類似する点があり，とくに，本問では，甲の行為それ自体が不作為であるから，これになぞらえれば，前者は，不真正不作為犯における保障者的地位の問題であり，後者は保障者義務の問題と位置付けることもできるであろう。

そこで検討すると，まず，ⓐについては，甲が温泉施設の設計を担当しており，その保守管理について，設計上の留意事項を説明する立場にあった。そして，甲は，水抜きバルブの開閉状態について指示を変更し，手作業でのバルブ開閉による水抜き作業という新たな管理事項を生じさせている。前者は，行為者の職責に基づくものであり，後者は，先行行為に基づくものと整理することができるであろう。そして，については，水抜き作業の意義や必要性等について，施行会社Cや不動産会社Bに対して確実に説明し，メタンガス爆発事故の発生を防止する義務ということになる。これらは，不真正不作為犯における作為義務の認定において重視される要素を反映しており，不真正不作為犯の議論を参考に［→基本問題❷参照］，各事情を整理してみるのもよいだろう。

本問は，参考判例①の事案を簡略化したものであるが，参考判例①は，「水抜き作業の意義や必要性等に関する情報を，本件建設会社の施行担当者を通じ，あるいは自ら直接，本件不動産会社の担当者に対して確実に説明し，メタンガスの爆発事故が発生することを防止すべき業務上の注意義務を負う立場にあったというべきである」と判示している。これが，本問における結果回避義務の具体的な内容ということになる。

3　結果回避義務と予見可能性の関係

本問においてもう１つ考えてほしい点は，結果回避義務と予見可能性との関係である。

甲は，自ら容易に説明できたにもかかわらず，説明の伝達を怠っている。かりに，結果回避義務の履行が容易である場合には，結果予見可能性の程度がやや抽象的であっても，結果回避義務を課すことが認められる，という思考方法がとられるとすれば，結果回避義務と予見可能性は，相互に関連性をもつことになる（参考判例②は，このような考え方を示した判例である。特に，小貫芳信補足意見が「どの程度の予見可能性があれば過失が認められるかは，個々の具体的な事実関係に応じ，問われている注意義務ないし結果回避義務との関係で相対的に判断されるべきもの」としているのは示唆的である）。参考判例①では，結果回避義務の内容として，水抜き作業の必要性についての説明を行う義務が認定されているが，自ら水抜きバルブの状態を確認したり，水抜きバルブに自動開閉装置を取り付けたりすることまでは求められていない。このことは，予見可能性が抽象的であるがゆえに，結果回避義務の程度も低く押さえられているとみることも可能である。

次に，当該過失犯の行為者の立場に立って考えると，具体的に課されている結果回避義務の履行が最も重大な関心事であるから，結果回避義務の内容が確定された後に，その義務の前提としての予見可能性が規定される，という考え方にもつながってくる。すなわち，問題とすべき結果回避義務を確定し，これを履行すべきことが予見可能であれば，その他の事情の予見可能性については，事実上，考える必要はない，ということである。参考判例①における大谷直人裁判官の意見は，あるいは，こうした観点から読むことも可能かもしれない。すなわち，大谷意見が，過失行為と結果との関係が，偶然の重なった事態であったとしても，その偶然がそれぞれありうるものであり，その連鎖が予見しうるものであれば，全体として予見可能性が肯定できるという考え方を示したものとすれば，行為者にとって最も重要な結果回避義務を尽くさなければならないことが予見できれば，過失犯の成立にとって十分だということにもなろう。

こうした考え方は，公害事件や薬害事件など，未知の危険が問題となる場合に過失処罰のための理論的根拠を提供した危惧感説と類似した面がある（いわゆる「新・新過失論」。これは，下級審判決でも採用されたことがあった。参考判例③参照）。しかし，過失処罰については非難可能性が前提となるのであるから，予見可能性のないところに処罰を認めるのは責任主義に反するのであり，そして，危惧感説は，事実上，予見可能性のない場合にも処罰を認めることになりやすいのであって，責任主義に抵触している疑いが非常に強い。判例の新たな動向は，危惧感説のリバイバルのようにもみえるが，同時に，具体的予見可能性説を否定する枠組みがとられているわけでもない。この点についての評価も，本問における重要な検討課題といえよう。

●】参考文献【●

山本紘之・刑ジャ50号（2016）27頁／古川伸彦・平28重判162頁／古川伸彦・プラクティス〔総〕109頁

（松澤　伸）

10 正当防衛：急迫性

甲は，犯行前日の午後4時30分頃，知人Aから，不在中の自宅（マンション6階）の玄関扉を消火器で何度も叩かれ，夜中，10数回にわたり電話で「今から行ったるから待っとけ。けじめとったるから」と怒鳴られたり，仲間とともに攻撃を加えると言われたりするなど，身に覚えのない因縁を付けられ，立腹していた。翌日午前4時頃，Aから，マンションの前に来てるから降りてくるようにと電話で呼び出されて，自宅にあった包丁にタオルを巻き，それをズボンの腰部後ろに差し込んで，自宅マンション前の路上に赴いた。甲は，Aに包丁を示すなどの威嚇的行動を取ることなく，Aに近づき，ハンマーで殴りかかって来たAの攻撃を防ぎながら，包丁を取り出し，殺意をもってAの胸部を包丁で1回強く突き刺して殺害した。

甲の行為は，殺人罪の構成要件に該当するとして，正当防衛として違法阻却されるか。

●】参考判例【●

① 最決平成29・4・26刑集71巻4号275頁（今から行ったる事件）
② 最決昭和52・7・21刑集31巻4号747頁（過激派内ゲバ事件）
③ 最判平成9・6・16刑集51巻5号435頁（片足持ち上げ転落事件）
④ 最決平成20・5・20刑集62巻6号1786頁（ラリアット事件）
⑤ 最判昭和46・11・16刑集25巻8号996頁（くり小刀事件）
⑥ 最判昭和50・11・28刑集29巻10号983頁（散弾銃発砲事件）

●】問題の所在【●

正当防衛（36条）の成立要件は，「急迫不正の侵害」という正当防衛「状況」の要件と，これに対する正当防衛「行為」の要件（防衛の意思，反撃行為，防衛行為の相当性）とに分けられる。前者は，正当防衛成立のための入口であり，これが存しなければ，防衛行為が正当防衛として正当化されることはない。

本問では，「急迫性」の存否が問題となる。急迫性については，主として2つの問題があり，1つは，急迫性の時間的限界，すなわち，急迫性の継続の存否の問題である。もう1つは，「侵害予期類型」における急迫性の存否の問題である。本問では，後者が問題となり，参考判例①を基礎にしたものである（以前の判例は参考判例②）。前者の問題に関わるのは，参考判例③である。さらに，自招侵害（「侵害自招類型」）（参考判例④）および防衛の意思（参考判例⑤⑥）についても，若干の検討を行う。

●】解説【●

1　正当防衛の違法阻却根拠

ある行為が一定の構成要件に該当すれば，原則として違法性が推定されるが，例外的に違法性が阻却される場合がある。正当防衛は，この違法性阻却事由の1つであり，そのうち緊急行為の1つに位置づけられる。

違法阻却の一般原理は，衝突する利益と利益を衡量し，優越する利益を保護するという優越的利益の原理，あるいは，行為が社会的に是認されるという社会的相当性などによって基礎づけられている。それらを基礎としつつ，正当防衛固有の違法阻却原理については，次のような見解が主張されている。第1に，自己保存本能から派生する「自己保護の原則」と「法は不法に譲歩する必要はない」という「法秩序保護の原則（法確証原理）」に求める見解，第2に，侵害者の法益は防衛に必要な限度でその法益を失うとする「法益性の欠如」に求める見解，第3に，急迫不正の侵害には回避・退避義務がないということから，被侵害者の絶対的優位性に求める見解などがある。以上の，正当防衛の違法阻却根拠を基礎として，正当防衛の成立要件を検討しなければならない。

2　急迫性の意義と正当防衛の時間的限界

急迫性とは，侵害が目前に迫っていることを意味する。将来の侵害には急迫性は認められないが，いわゆる忍び返しのように，侵害が迫ったときに効果がある場合には急迫性が認められる。過去の侵害にも急迫性は認められない。この場合は，自救行為（超法規的違法阻却事由の1つであり，権利に対する侵害があり，法律上正規の手続による救済を待っていては時期を失して当該権利の回復が事実上不可能ないし著しく困難となる場合に，私人が実力によってその救済を図ることをいう）の成否が問題となるだけである。

これは，正当防衛の時間的限界の問題である。すなわち，相手の侵害がいつから開始され，いつ終了するのかという問題である。侵害開始時については，実行の着手の直前の危険性で足りる。侵害終了時については，既遂で侵害は終了し，あとは自救行為の問題というわけではない。既遂は犯罪の形式的終了であり，犯罪の実質的終了が問題とされるべきであり，その段階までは，依然として急迫性は存在しているといえる場合もあろう。

参考判例③において，侵害者が２階手すりの外側に上半身を前のめりに乗り出した姿勢となっていても，鉄パイプを握りしめる等加害の意欲が旺盛かつ強固であり，間もなく姿勢を立て直して再度の攻撃に及ぶことが可能であったことから，侵害は継続しており，急迫性は存在すると判示された。

３　「侵害予期類型」における急迫性の存否

参考判例②以来，判例は，「急迫性」を３段階構造として理解してきた。すなわち，第１に，客観的な急迫不正侵害の存在であり，第２に，侵害の予期の有無であり，第３に，侵害の予期の存在＋積極的加害意思の有無がこれである。急迫性が否定されるのは，第３段階，すなわち，侵害に対する十分な予期があったうえ，積極的加害意思があった場合である。しかし，その後，参考判例①により，積極的加害意思が認定できない場合であっても，それ以外の客観的な状況の考慮によって急迫性が否定されることが認められた。すなわち，急迫性判断は，「対抗行為に先行する事情を含めた行為全般の状況に照らして検討すべきである」として，その考慮要素として，①行為者と相手方との従前の関係，②予期された侵害の内容，③侵害の予期の程度，④侵害回避の容易性，⑤侵害場所に出向く必要性，⑥侵害場所にとどまる相当性，⑦対抗行為の準備の状況（特に，凶器の準備の有無や準備した凶器の性状等），⑧実際の侵害行為の内容と予期された侵害との異同，⑨行為者が侵害に臨んだ状況，⑩その際の意思内容が列挙された。もっとも，例示として，積極的加害意思で侵害に及んだときを挙げていることから，これまでの判例の流れにあるといえよう。

以上の考慮要素を本問に当てはめると，甲は，Ａの呼出しに応じて現場に赴けば，Ａから凶器を用いるなどした暴行を加えられることを十分予期していながら，

Aの呼出しに応じる必要がなく，自宅にとどまって警察の援助を受けることが容易であったにもかかわらず，包丁を準備したうえ，Aの待つ場所に出向き，Aがハンマーで攻撃してくるや，包丁を示すなどの威嚇的行動をとることもしないままAに近づき，Aの左側胸部を強く刺突したのであるから，急迫性の存在は否定されるという帰結となろう。

4　自招侵害（侵害自招類型）における急迫性の存否

これに対して，自招侵害のような「侵害自招類型」が問題となったのが参考判例④である。本決定は，被告人とAが言い争いとなり，被告人がAのほおを殴打して立ち去ったところ，自転車で追いかけてきたAが水平に伸ばした腕で被告人の背中を殴打したため，護身用に携帯していた特殊警棒でAの顔面等を数回殴打する暴行を加えて傷害を負わせた事案につき，自招行為と侵害行為の一体性，不正な自招性，ソフトな均衡性という考慮要素から判断して，結論として，「正当防衛状況における行為とはいえない」と判示した。本決定の理解について，正当防衛の個々の成立要件に関連させず，正当防衛状況という大きな枠組みを示したという評価がなされているが，本決定は，急迫性の存否を客観的事情から判断し，前述の「侵害予期類型」とは別の類型に対する判断をしたものと評価できる。すなわち，積極的加害意思論などによる解決がふさわしい類型（侵害予期類型）と，自招行為と侵害行為の関係を中核とする客観的事情（自招侵害論）による解決がふさわしい類型（侵害自招類型）との2類型があり，両者とも急迫性要件にかかわる問題といえよう。

5　防衛の意思

なお，判例は，正当防衛の成立要件として，防衛の意思を要求している。参考判例⑥では，防衛の意思と同時に攻撃意思も存した場合に，防衛の意思が認められるか否かが問題となり，それが肯定された。防衛の意思の内容について，以前の判例は，防衛の目的の意味に解していたが，その後，防衛行為の意思ないし認識で足りると解するようになった（参考判例⑤）。しかし，反撃行為がもっぱら攻撃の意思でなされた場合には防衛の意思が否定される（最判昭和60・9・12刑集39巻6号275頁）。要するに，判例は，防衛の意思の内容として，単に侵害が加えられることの認識では足りず，他方，防衛を動機とすることまでは必要ではなく，「侵害を排除する意思」であると解しているといえよう。通説は，防衛の意思を必要と解しているが，結果無価値論を徹底させ，客観的に正当防衛であればよいとして，防衛の意思を不要と解する見解もある。この点は，偶然防衛（防衛の意思なく実行したところ，客観的には急迫不正の侵害が存在していたために，結果的には正当防衛となった場合）の処理に関わる問題である（正当防衛成立か，既遂犯か，未遂犯か）。

●】参考文献【●

橋爪隆・百選Ⅰ 48頁／田山聡美・百選Ⅰ 50頁／髙山佳奈子・百選Ⅰ 54頁／瀧本京太朗・インデックス〔総〕150頁／城下裕二・インデックス〔総〕146頁・152頁・154頁・156頁／橋爪隆・ハンドブック〔総〕96～98頁・100頁・104頁

（高橋則夫）

11 正当防衛：過剰防衛

甲は，屋外喫煙所において，以前からけんか状態にあったAと激しくもみ合っていたところ，Aがアルミ製灰皿（直径19センチメートル，高さ60センチメートルの円柱形をしたもの）を持ち上げて投げつけたので，これを避けてAの顔面を右手で殴打すると（第1暴行），Aは転倒して，後頭部を地面に打ちつけ，仰向けに倒れたまま意識を失ったように動かなくなった。しかし，甲は，憤激の余り，倒れたままのAに対し，その状況を認識しながら，「おれを甘く見ているな。おれに勝てるつもりでいるのか。」などと言い，その腹部等を足げにしたり，足で踏みつけたりし，さらに，腹部にひざ頭を落としてぶつけるなどの暴行を加え（第2暴行），Aに傷害を負わせた。Aは6時間余り後に死亡したが，死因となる傷害は第1暴行によって生じたものであった。

甲の罪責はどうなるか。

●】参考判例【●

① 最決平成20・6・25刑集62巻6号1859頁（灰皿投げつけ事件）
② 最決平成21・2・24刑集63巻2号63頁（拘置所暴行事件）
③ 最判平成9・6・16刑集51巻5号435頁（片足持ち上げ転落事件）
④ 最判平成元・11・13刑集43巻10号823頁（包丁脅迫事件）
⑤ 最判昭和44・12・4刑集23巻12号1573頁（バンパー激突事件）

●】問題の所在【●

刑法36条1項は，正当防衛の成立要件の1つとして，「やむを得ずにした行為」であることを要求し，同法37条1項は，緊急避難にも同様の文言を使用してこの要件を要求している。しかし，正当防衛と緊急避難とでは，「やむを得ずにした行為」の内容は異なるものと理解されている。すなわち正当防衛は，不正対正の関係であり，正は不正に譲歩する必要はないため，不正に対して退避義務を負わず反撃してかまわないことから，この要件は，緊急避難の場合よりも緩やかに解されているのである。

しかし，「防衛の程度を超えた」場合には，過剰防衛（36条2項）が規定されていることから，許容される防衛行為には限度があり，その限度をいかに画するかが問題となる。これが「防衛行為の相当性」の問題である。

●】解説【●

1　過剰防衛の意義

過剰防衛とは，急迫不正の侵害に対し，自己または他人の権利を防衛するためにした反撃行為であって，防衛の程度を超えたものをいい，刑が任意的に減軽または免除される（36条2項）。刑の減免の根拠については，非難が減少すると解する責任減少説，正当な利益が維持されたという防衛効果があると解する違法減少説，外枠は違法減少であり刑の減免の前提的根拠を責任減少に求める違法・責任減少説に分かれている。

過剰防衛には，「故意の過剰防衛」と「過失の過剰防衛」とがある。前者は，行為者が防衛の程度を超えたことを認識していた場合であり，後者は，不注意により認識を欠いていた場合である。過失の過剰防衛は，誤想防衛の一種でもある。

過剰防衛における過剰性については，「質的過剰」と「量的過剰」とがあり，前者は，必要性・相当性の程度を超えて強い反撃行為を加えた場合をいい，後者は，攻撃者がすでに侵害をやめたのに反撃を続けた場合をいう。量的過剰においては，急迫不正の侵害が存在せず，違法減少説によれば，被侵害者の正当な利益を守ったという違法減少の前提が存しないから過剰防衛の成立が否定され，責任減少説によれば，内心の動揺の点では質的過剰の場合と同じだから責任減少が認められ，過剰防衛の成立が肯定されよう。違法・責任減少説によれば，違法減少は認められないが，責任減少は認められるので，過剰防衛の成立可能性は肯定でき，過剰防衛規定の「準用」が可能となろう。

2　防衛行為の一体性と過剰防衛の判断（量的過剰）

前述した「質的過剰」と「量的過剰」の区別は，急迫不正の侵害の存否にあり，急迫不正の侵害が継続しているのか否かがまず問題となる（基本問題⑩参照）。すなわち，第２暴行の際に急迫不正の侵害が継続しているか否かという点である。この継続性の有無は，行為が複数にわたり局面が変化した場合に，複数行為を全体として評価するか，それとも分割して評価するかという判断に影響するのである。

参考判例②と③では，被告人による一連の暴行が全体として防衛の程度を超えたものと判断されており，防衛行為として行われた一連の暴行について，基本的に，正当防衛に当たるか過剰防衛に当たるかは全体的な判断によって決定されている。このような全体的判断が可能となるのは，急迫不正の侵害が継続している場合，あるいは，被告人に防衛の意思が存する場合であろう。参考判例③においては，被告人が第２行為に及んだ際に，相手方の「被告人に対する加害の意欲は，おう盛かつ強固であり，被告人がその片足を持ち上げて同人を地上に転落させる行為に及んだ当時も存続していたと認めるのが相当である」として，急迫不正の侵害の継続性が肯定され，さらに，「それまでの一連の経緯に照らすと，被告人の右行為が防衛の意思をもってされたことも明らか」であるとされた。

これに対して，本問の基礎となる参考判例①においては，被告人が被害者に対し，反撃として，正当防衛に当たる暴行に引続き暴行を加えて死亡させた事案につき，両暴行を全体的に考察して１個の過剰防衛の成立を認めず（「両暴行は，時間的，場所的には連続しているものの，Ａによる侵害の継続性及び被告人の防衛の意思の有無という点で，明らかに性質を異にし，……相当に激しい態様の第２暴行に及んでいることにもかんがみると，その間には断絶がある」），第１暴行（傷害致死）につき正当防衛を認めつつ，第２暴行（傷害）については，正当防衛も過剰防衛も認めず，被告人には傷害罪が成立するとされた。本決定では，急迫不正の侵害の継続性が否定され，かつ，防衛の意思が存在しないということから，第１暴行と第２暴行とが分断されて判断されたのである。

このように，量的過剰の場合，２つの行為を分断して評価するか，一連の行為として評価するかが問題となる。

３　防衛行為の相当性（質的過剰）

判例は，相当性について「反撃行為」が「必要最小限度のものであること」であるとし，防衛手段としての相当性を有することと相当性の判断対象は防衛行為であることを認めている。参考判例⑤は，押し問答を続けているうち，Ｘが突然被告人甲の左手の中指と薬指をつかんで逆にねじあげたので，被告人が痛さのあまり振りほどこうとして右手でXの胸の辺りを1回強く突いたところ，Xは仰向けに倒れ，たまたま付近に駐車していた自動車の後部バンパーに後頭部を打ち付け傷害を負ったという事案について，刑法36条1項の「やむを得ずにした行為」とは，「急迫不正の侵害に対する反撃行為が，自己または他人の権利を防衛する手段として必要最小限度のものであること，すなわち，反撃行為が侵害に対する防衛手段として相当性を有するものであることを意味するのであって，反撃行為が右の限度を超えず，したがって，侵害に対する防衛手段として相当性を有する以上，その反撃行為により生じた結果がたまたま侵害されようとした法益より大であっても，その反撃行為が正当防衛行為でなくなるものではないと解すべきである」と判示し，過剰防衛の成立を認めた原判決を破棄した。

このような判例の立場について，「武器対等の原則」を適用するものであるとの指摘もある。しかし，この「武器対等の原則」は，相当性の問題が違法（阻却）判断における基準であることから，形式的に適用されるべき性質のものではなく，事例に応じて実質的に判断されるべき性質を有するものといわねばならない。参考判例④は，まさにこのことを認め，素手の攻撃に対して菜切包丁で脅迫した行為について，相当性の範囲を超えるものではないとしたのである。

学説上，防衛行為の必要性と相当性の関係については争いがあり，相当性要件による限定を不要であるとして必要性要件のみを認める見解，必要性要件は防衛効果の有無の判断であると解する見解などが主張されている。

4　相当性の判断対象

相当性の判断対象が行為か結果かという問題は，正当防衛の違法阻却根拠の理解に依拠する。優越的利益説によれば，防衛行為によって生じた法益侵害が正当化されるか否かが根拠となるから，侵害者に生じた「結果」が判断対象となり，判断基準は，侵害者の法益の要保護性と被侵害者の法益の要保護性との利益衡量となる。これに対して，法秩序保護説によれば，防衛者は法の代理人の立場で行為するのだから，行為価値が強調され，防衛行為の態様が判断対象となる。

前述の参考判例③は，もみ合いの際勢い余って2階手すりに上半身を乗り出してしまった者の片足を持ち上げて階下に転落させた行為につき，その防衛行為の危険性から相当性を否定し，過剰防衛を認めたのである。また，行為者の主観も考慮されるべきである。武器使用の場合でも，威嚇のためか殺害のためかによって評価は異なるべきである。さらに重要なのは，防衛行為の類型であろう。侵害者と同等の反撃を加える攻撃防衛の場合と，防御防衛，たとえば，脅迫・強要類型，防御的な暴行類型，逮捕類型などの場合とでは，異なる評価を行うべきであり，後者の場合には原則として相当性の範囲内にあるといえるだろう。たとえば，前述の参考判例④は，素手の攻撃に対して菜切包丁で脅迫した行為につき，相当性の範囲を超えるものではないとしたが，本判決において，形式的には武器対等ではないものの脅迫類型であり，「防御的な行動に終始していたもの」であるがゆえに，防御防衛と位置づけられ，相当性が肯定されることになろう。

●】参考文献【●

橋田久・百選Ⅰ 52 頁／成瀬幸典・百選Ⅰ 56 頁／山口厚・刑ジャ15 号 53 頁／山口厚・刑ジャ18 号 76 頁／山田利行・インデックス〔総〕106 頁／山本輝之・インデックス〔総〕162 頁・168 頁・170 頁／橋爪隆・ハンドブック〔総〕98 頁・101～102 頁・105～106 頁

（高橋則夫）

12 誤想過剰防衛

ドイツからの観光客で，空手３段のＸは，新橋駅前で，酔っぱらいＡとＢのもみ合いを目撃し，Ａが一方的にＢに攻撃を加えているものと誤信し，これを止めようとしてＡに近寄ったところ，Ａは，Ｘが鬼のような形相でまっしぐらに自らのほうにどんどん近寄ってくるのを見て怖くなり，とっさに威嚇するつもりで，ボクシングのファイティングポーズをとった。Ｘは，Ａが中年太りしたおよそ攻撃能力などなさそうなサラリーマン風の男性であることを認識しながらも，Ａに殴られたら無傷ではいられないと考え，また，Ｂを助けるつもりで，いきなりＡに回し蹴りをくらわせたところ，Ａは酔っていたせいもあってバランスを崩して転倒し，頭蓋骨骨折により死亡した。

Ｘの罪責はどうなるか。

●】参考判例【●

① 広島高判昭和 35・6・9 高刑集 13 巻 5 号 399 頁（はじきやげたろうか事件）
② 最決昭和 62・3・26 刑集 41 巻 2 号 182 頁（勘違い騎士道事件）
③ 大阪高判平成 12・6・2 判タ 1066 号 285 頁（迷惑宿泊客事件）
④ 大阪地判平成 23・7・22 判タ 1359 号 251 頁（首絞め事件）

●】問題の所在【●

本問は，参考判例②を素材にしたもので，いわゆる「誤想過剰防衛」が問題となる。現在の支配的見解によれば，この問題は２段階に分けて論じられる。すなわち，第１段階では，「故意犯の成立が認められるか」が問われ，続く第２段階では，「過剰防衛として刑法 36 条２項による刑の任意的減免が認められるか」が問われることになる。前者は，故意犯が重く処罰される根拠に，後者は，過剰防衛の場合に刑が減免される根拠に，それぞれかかわる問題である。また，前者の問題処理の前提としては，急迫不正の侵害の有無，防衛行為の相当性など，正当防衛の成立要件の判断も必要になる。

●】解説【●

1　構成要件該当性と正当防衛の成否

Xは，少なくとも暴行の故意でもって，Aに回し蹴りをくらわせ，頭蓋骨骨折により死亡させており，刑法上の因果関係ないし結果の予見可能性の存在を疑わせる事情も見当たらないから，傷害致死罪の構成要件該当性が認められよう。

では，Xの行為について正当防衛は成立しないのか。確かに，AはXに対して脅迫的行動に出ているが，これは，身構えたという程度のことであり，いまだXに対する急迫不正の侵害とみるのは困難であろう。また，XがAを攻撃した時点で，AがBに対して現に暴行をし，あるいは暴行をする差し迫った危険があるわけでもない。それゆえ，Xの行為が正当防衛として正当化される余地はない。

2　誤想防衛による故意阻却の可否

そこで，次に，Xに正当防衛に当たる事情の誤信があったとみて，誤想防衛として，故意犯の成立が否定されないかが問題となる。Xの回し蹴りが，誤想した急迫不正の侵害に対する防衛行為として相当なものだといえるならば，Xとしては，正当化されるべき事情しか認識していないことになる。判例・多数説によれば，このような認識でもっては，違法性の意識を直接呼び起こすことができないので，故意犯としての重い処罰を認めるべき実質的根拠に欠けるから，故意犯の成立は否定されることになる（参考判例①）。

しかし，Xの誤想した侵害は，中年太りのサラリーマン風の男による軽微な暴行であるにすぎず，空手３段のXが回し蹴りで応じることは，明らかに過剰であろう。防衛行為の相当性については，ⓐ防衛行為の危険性と侵害の危険性を比較検討して，それが著しく不均衡でなければよいとする観点と，ⓑ侵害回避のためにとり得たうちで最小限度の手段であれば，そこからどのような結果が起きてもよいとする観点があるが，軽微な暴行に対して致死力のある回し蹴りをくらわせることは，著しく不均衡である（ⓐ）し，空手有段者なのだから，相手の攻撃を軽く受け止め，あるいは，より軽微な反撃をすることも可能である（ⓑ）と判断されるのである。

そして，Xとしても，そこまでの手段でなくてもAによる侵害をやめさせることが可能だということは，わかっていたと考えられる。したがって，本問では，Xには過剰事実，つまり，違法性を基礎づける事実の認識があるので，故意犯の成立が認められるべきである。本問類似の事案に関する参考判例②も，被告人の行為は，誤想した侵害に対する防衛行為として明らかに必要かつ相当な程度を超えており，その点に関する認識もあったとして，傷害致死罪の成立を認めた原判決を支持している（さらに参考判例③）。なお，これと異なり，そうした過剰事実の認識が認められない場合には，誤想防衛として，故意が否定されることになる。参考判例④は，防衛行為として背後から侵害者の首に手を回し締めつけて窒息死させた際に，首に手を回していることは認識していたものの首を絞めていることまでは認識していなかった事案につき，過剰性を基礎づける事案の認識が欠けていたとして，故意責任を否定している。

3　過剰防衛の成否

続いて，Xの行為につき，誤想した侵害に対して，防衛の意思でもってした防衛行為であり，その程度を超えたものとして，刑法36条2項により刑の任意的減免を認めることはできないか。過剰防衛の刑の減免根拠としてもっぱら違法性減少を考える見解からすれば，これは否定される。違法性減少は，「不正」な侵害に対して「正」の利益を守ったことにより認められる以上，侵害が誤想されただけの場合には，違法性減少を認めるべき根拠が欠けるからである。

しかし，Xの主観（心理）面は，現に急迫不正の侵害を受けて防衛行為に及んだ際に，過剰にわたってしまった場合と違いはない。過剰防衛の刑の減免根拠として責任減少を（も）考慮する見解（責任減少説と違法性・責任減少説）は，急迫不正の侵害を受け，恐怖・驚愕・興奮・狼狽といった異常な心理状態に置かれた行為者が過剰な反撃に及ぶことは，強くは非難できないと考えている。そうだとすれば，急迫不正の侵害が誤想のものにすぎない本問のような場合でも，行為者の主観（心理）においては，急迫不正の侵害が現に存在する場合と同様の影響を受けているから，責任減少を認めるべき根拠があるのであり，刑法36条2項により，刑の任意的な減免が認められてよいことになろう。参考判例②も，「刑法36条2項により刑を減軽した原判断は，正当である」としている。

以上より，Xには，傷害致死罪が成立し，その刑は刑法36条2項により任意的に減軽されうる。

●】参考文献【●

坂下陽輔・百選Ⅰ 60 頁／山本輝之・インデックス〔総〕176 頁／森永真綱・プラクティス〔総〕205 頁

（安田拓人）

13 緊急避難

甲は，自動車で狭い脇道を走行中，前方にいる歩行者AやBのトラックを認識していたが，Bと並んで別の対向車両が近づいてきたので，上記トラックの横をすり抜けようとした。その際，甲は，物陰から何者かが飛び出してくるのを予期して，自車の速度を落とすなど，不測の事態に備えるべき注意義務を負っていた。ところが，甲は，こうした注意義務を怠り，漫然と通常の速度で運転を続けたため，突然にCが上記トラックの陰から出てきた際，これを避ける目的で急ハンドルを切ったため，自車のコントロールを失って，反対車線にいた通行人Dにぶつかり，Dを内臓破裂により即死させた。

甲の罪責はどうなるか。

●】参考判例【●

① 大判大正13・12・12刑集3巻867頁（回避運転致死事件）
② 大判昭和12・11・6裁判集刑11号87頁（飼犬撲殺事件）
③ 東京地判平成8・6・26判時1578号39頁（オウム真理教リンチ殺人事件）
④ 大阪高判平成10・6・24高刑集51巻2号116頁（暴力団事務所放火事件）
⑤ 東京高判平成24・12・18判時2212号123頁（覚醒剤使用強要事件）

●】問題の所在【●

自らの意思で危険な状況を招いた者については，緊急時の回避行動が限定される。たとえば，自招危難に対する緊急避難は，原則として認められないが，緊急避難の捉え方次第では，一部で正当化されることもある。設問中の甲は，スピードを緩めず漫然と進行した過失により死亡事故を引き起こしており，いわゆる自動車運転過失致死罪が成立する。もっとも，A・B・Cとの衝突を避けるべくDを犠牲にした点では，過失犯における緊急避難の成否が問題となる。しかし，緊急避難の場合，加害者の側には「法確証の利益（正当防衛）」がないため，自招危難に基づく緊急避難は否定されることが多い。また，緊急避難を認める際にも，避難行為としての補充性や法益権衡の原則が認められる範囲はより狭くなるであろう。

●】解説【●

1　過失犯における緊急避難

現行法上，甲の行為は，過失運転致死罪（自動車の運転により人を死傷させる行為等の処罰に関する法律5条）の構成要件に該当する。かつては，日常生活上反復・継続して運転に従事するドライバーであれば，業務上過失致死罪（旧211条1項）の規定が適用されたが，今日，自動車事故に特化した法律があるため，運転中の人身事故であれば，過失運転致死罪の成否が問題となる。すなわち，ドライバーの甲は，物陰から人間が出てくる可能性を認識することで，他者に衝突するのも予見できた。その意味で，認識のある過失さえあったといえよう。

また，甲の乱暴な運転によって反対車線にいたDが死亡しており，甲の過失行為とD死亡の間には因果関係も認められる。そうである以上，過失運転致死罪の構成要件は完全に充足されていた。そこで，同罪の違法性をめぐって，緊急避難による正当化が問題となる。現在の通説・判例は，過失を構成要件要素ないし違法要素とみており，その意味で，過失犯にも緊急避難の成否が考えられる。これに対して，もっぱら責任段階で過失を論じる立場では，過失犯固有の問題として，緊急避難などの違法性阻却事由が登場することはない。

2　現在の危難とは何か

緊急避難によって違法性を阻却するためには，刑法37条の要件を具備しなければならない。まず，ⓐ現在の危難とは，現に生命・身体・自由・財産などの法益が侵害されているか，その危険が目前に迫っていることをいう。次に，ⓑ現在の危難を避けるために「やむを得ずにした行為」でなければならない。なるほど，甲が他者と衝突する危険を認識したからといって，ただちに危難の「現在」性が欠けるわけではない。むしろ，事前に危難を察知した点で，それ以外にも回避する方法を選択できたとすれば，避難行為の「補充性」が欠けることになる。さらに，正当防衛と異なり，ⓒ守られた保護法益と被害法益の均衡がとれていることも必要である（法益権衡の原則）。

本問の甲は，物陰に人がいる可能性を認識しながら，自車の走行速度を落とさず，漫然と運転を続けている。その結果，飛び出してきたCと衝突するほか，前方のトラックや歩行者のAと衝突する危難に直面した。そうである以上，甲の自動車がA・B・Cと衝突するという緊急状態は，甲が道路交通法上の安全運転義務を怠ったことで，自ら招いたものである。本問の素材となった事件でも，犯人の有責行為から生じた現在の危難である以上，社会通念上当該避難行為を是認できないとして，緊急避難による正当化が否定された（参考判例①）。

3　自招危難と避難行為

もっとも，自ら招いた危難の程度と比較して，きわめて重大な法益侵害の危険に遭遇したならば，緊急避難の成立する余地は残されている。本問では，飛び出してきたCの生命・身体に対する切迫した危険があった以上，Cにおける現在の危難は，客観的には明らかに存在した。また，現在の危難は，第三者に対するものでもよい（これは緊急救助と呼ばれる）。危難の「現在」性は，正当防衛の「急迫」性と同じく，客観的に存在することで足りるからである。

さて，本問のような事例では，緊急避難による正当化が許されるであろうか。甲には，衝突を回避する意思があったので，避難の意思が認められる。また，とっさの場合に急ハンドルを切ることは，通常の回避行動とみられる。しかし，刑法上許された避難行為というためには，避難行為の補充性や法益権衡の原則が充たされねばならない。しかも，自招危難による避難行為では，甲の行為が「やむを得ずにした」といえるかは，特に厳しく吟味される。すなわち，急ハンドルを切って反対車線に進入することが，当該危難を避けるための唯一の方法でなければならない。

4　補充性と過剰避難

本問の甲には，とっさの回避行動として，前方のA・BまたはCに衝突するか，反対車線に乗り入れる以外には，選択肢がなかったといえよう。その意味では，いわゆる補充性を備えている。しかし，事前に衝突の危険を回避できたにもかかわらず，漫然と通常速度で運転を続けた甲には，自らが守ろうとした法益と比較したとき，全体として，反対車線の歩行者Dを轢いたことが，真に「やむを得ない」行為であったとはいいがたい。近年の判例でも，犯人にとって切迫した危難状況が，それだけでは避難行為の補充性に結びつかないとされた（参考判例③）。

なお，行為の補充性と過剰避難の関係をめぐっては，前者を後者の前提条件として厳しく解釈することが多い（最判昭和35・2・4刑集14巻1号61頁参照）。たとえば，暴力団組事務所内で監禁されていた被告人が，その場所から脱出するために放火したとき，より平穏で害の少ない逃走手段が存在した以上，過剰避難の規定は適用されない，しかし，「やむを得ずにした行為」としての実質を備えており，「行為の際に適正さを欠いたために，害を避けるのに必要な限度を超える害を生ぜしめた場合にも過剰避難の成立を認める余地はある」と述べた判例がある（参考判例④）。

そのほか，拳銃を頭部に突きつけられて，自ら覚醒剤を注射するように強要されたとき，避難行為としての補充性があるとして，覚醒剤使用罪の成立を否定したものがある（参考判例⑤）。

5　法益権衡の原則

最後に，緊急避難では，避難行為によって生じた害が避けようとした害の程度を超えなかったことが必要である（法益権衡の原則）。したがって，大きな価値の法益を救うために小さな価値の法益を犠牲にしたほか，同一価値の法益を救うために一方を犠牲にした場合だけが正当化される（参考判例②）。かりに大きな価値の法益を犠牲にして，小さな価値の法益を守ったならば，過剰避難となる（37条1項但書）。本問では，A・B・Cの生命・身体の安全とDの生命・身体の安全を比較するとき，外見上は相対立する複数法益の均衡が保たれている。しかし，自招危難であることから，事前に他の方法をとりえたという意味で，厳格な意味では補充性の要件を充たさない。したがって，甲には，自動車運転過失致死罪が成立する。

●】参考文献【●

松宮孝明・百選Ⅰ 64頁／山本輝之・百選Ⅰ 66頁／井上宜裕・平26重判159頁／内田浩・インデックス〔総〕182頁・184頁／遠藤聡太・プラクティス〔総〕220～221頁／森永真綱・プラクティス〔総〕223頁／井上宜裕・ハンドブック〔総〕114頁／遠藤聡太・判例セレクト2015〔1〕法教425号（2016）27頁

（佐久間修）

14 被害者の承諾

甲は，仲間の乙と共謀して，自動車事故を装った保険金詐欺を計画した。甲は，乙と事前に打ち合わせたところに従い，交差点で停車中のA運転の自動車に追突したところ，Aの車が前方に押し出され，その前に停車していた乙運転の車にも追突する結果になった。甲は，この衝突事故によってAと乙に傷害を負わせたが，Aの傷害は，加療数カ月を要するムチ打ち症であったのに対し，乙の傷害は，入院加療を要しない程度の打撲傷にとどまった。

甲の罪責はどうなるか。

●】参考判例【●

① 最決昭和55・11・13刑集34巻6号396頁（自動車事故保険金詐欺事件）

② 大判昭和9・8・27刑集13巻1086頁（無理心中事件）

③ 仙台地石巻支判昭和62・2・18判時1249号145頁（指詰め事件）

④ 札幌高判平成25・7・11高検速報平25号253頁（自殺意思秘匿事件）

●】問題の所在【●

およそ傷害罪は，被害者の承諾によって正当化されるであろうか。学説上，同意傷害は，傷害罪の構成要件に該当しないとする見解もある。すなわち，刑法典は，同意殺人罪の規定を設けたが，同意傷害を処罰する規定は存在しないからである。その意味で，本問の事例では，まず，傷害罪の構成要件該当性を検討した後，いかなる条件の下で傷害行為の違法性が阻却されるかを論じなければならない。なお，甲が第三者Aの身体を傷害した点については，およそ被害者の同意が欠ける以上，傷害罪が成立するのは当然である。

●】解説【●

1 同意傷害の可罰性

傷害罪は，他人の身体の生理的機能（または完全性）を害するものである（詳細については，基本問題29の解説参照)。しかし，一部の学説は，被害者の意思に反する機能障害だけが「傷害」に当たるとして，被害者の同意があったならば，傷害罪は成立しないと主張する。こうした不可罰説は，普通殺人罪（199条）に対して同意殺人罪（202条）の規定があるのと異なり，傷害罪（204条）には「同意傷害罪」の規定がないことを理由とする。また，本人の自己決定権を強調する見解も少なくない。しかし，同意殺人罪では，そもそも殺人罪の法定刑（の下限）が重いため，被害者の承諾に伴う特別減軽類型が設けられたにすぎない。したがって，法定刑の幅が広い傷害罪では，特別の条文を設けなかったと考えられる。その意味で，当然に同意傷害につき，傷害罪の適用が排除されるわけではない（通説・判例）。

本問の場合，自動車事故を装った傷害行為は，甲と乙の共謀に基づく保険金詐欺の手段であった。それに加えて，保険金詐欺とは無関係の第三者Aを傷害した事実も無視できない。Aの傷害結果については，甲らに未必の故意があった以上，故意の傷害罪が成立するのは当然である。これに対して，乙の傷害結果は，甲と乙が事前に共謀した偽装事故に伴うものであり，その限度で，通常の同意能力をもった乙が（参考判例②），あらかじめ傷害の結果に同意したことで，その違法性が阻却されるかを検討しなければならない。

なお，最近，同意による傷害致死の取扱いが問題になった判例がある。そこでは，被害者から自らの殺害を依頼された犯人が，傷害の嘱託にすぎないと誤解したうえ，被害者の頸部を締め付けて浴槽の水中に沈めるなどした結果，最終的には被害者を死亡させた。しかし，裁判所は，たとえ殺害を依頼した場合であっても，刑法202条後段は殺意がない場合を含んでおらず，刑法205条が適用されるとした（参考判例④）。

2　被害者の同意における正当化要件

傷害罪の違法性は，どのような要件を充たしたとき，阻却されるであろうか。そもそも，刑法上の違法評価は，行為無価値論と結果無価値論のいずれかによるかで異なる。ⓐ行為無価値論では，個人が処分可能な法益であって，被害者の真摯な同意があった場合，その同意を与えた動機・目的や侵害行為の態様などが社会的相当性の枠内にある限度で，行為の違法性が阻却される。他方，ⓑ結果無価値論では，被害者の自己決定権も考慮しつつ，被害者が自らの個人的法益（身体の安全など）を放棄した以上，およそ守るべき法益が存在しないとされる。したがって，法益欠如の原則からして，およそ同意傷害では行為の違法性が欠けることになる。

もっとも，被害者の真摯な同意があったときにも，報酬目当てで奴隷契約を結んだり，第三者に臓器を売り渡すなど，社会生活上許容できない場合がある。したがって，ⓑの見解でも，一律に正当化するわけでなく，個人の自己決定権と被害法益を比較衡量して，軽微な身体傷害に限って違法性を阻却しようとする。すなわち，自己決定権が軽微な法益侵害より優越する場合はともかく，生命の侵害や重大な後遺症をもたらす場合には，正当化を否定するのである。ただ，こうした限定を設けること自体，法益欠如の原則とは合致しないであろう。

3　正当化原理と社会的相当性

そもそも，ⓐの立場では，当該行為が社会的相当性を逸脱したり，国家社会規範に違反したときには，たとえ被害者の同意があっても，違法性を阻却しない。しかし，こうした見解は，ⓑの論者から，社会的相当性の判断基準があいまいであると批判されてきた。もっとも，実際の裁判では，傷害行為の動機・目的，侵害態様のほか，結果の重大性なども考慮しつつ，個別具体的に判断されている。本問の素材となった事案でも，最高裁は，被害者が保険金詐欺を計画したという背景だけでなく，身体傷害の手段・方法や損傷の部位・程度なども勘案していた（参考判例①）。

本問の甲は，仲間の乙から，追突事故による傷害の同意を得ていたとはいえ，交通事故を装って保険金を詐取するため，第三者の自動車を巻き込んで衝突事故を起こすという危険な方法を用いている。その意味で，ヤクザの指詰め（エンコ詰め）と同じく，社会的には不相当な行為であったといわざるを得ない（参考判例③）。また，実際に生じた身体傷害の程度も，Aのムチ打ち症が重大な後遺症のおそれを伴うものであり，たまたま乙の傷害が軽微なものにとどまったとしても，社会的相当性の範囲を超えた違法な傷害に当たるであろう。

●】参考文献【●

佐藤陽子・百選Ⅰ 46頁／島岡まな・インデックス〔総〕134頁／城下裕二・インデックス〔総〕136頁／田中優輝・プラクティス〔総〕151頁・154頁／川崎友巳・ハンドブック〔総〕94頁／佐藤陽子・刑法の判例〔総〕40頁

（佐久間修）

15 原因において自由な行為

> 甲は，勤務先から帰宅する途中，自分の自動車を運転して居酒屋Aに立ち寄った。しかも，A店で酒を飲み始める前に，他人に代行運転を依頼したり，近くの駐車場に自動車を保管させるなど，帰りの飲酒運転を控える手段を講じていなかった。甲は，A店で多量のビールを飲んだ後，かなりの酔いのため自分の自動車をBの自動車と取り違えて運転を始めた。その後，甲は，病的酩酊に近い異常酩酊の状態に陥ったため，犯行当時の追想が困難になるなどの高度な精神的障害が生じており，すでに飲酒運転を開始した時点では，心神耗弱の状態にあったとされる。
>
> 甲の罪責はどうなるか。

●】参考判例【●

① 最決昭和 43・2・27 刑集 22 巻 2 号 67 頁（酒酔い運転事件）
② 最大判昭和 26・1・17 刑集 5 巻 1 号 20 頁（悪酔い刺殺事件）
③ 名古屋高判昭和 31・4・19 高刑集 9 巻 5 号 411 頁（ヒロポン中毒刺殺事件）
④ 長崎地判平成 4・1・14 判時 1415 号 142 頁（肩叩き棒事件）

●】問題の所在【●

責任の本質は，当該行為者に対する非難可能性に求められる。その際，責任評価の前提条件として，刑法 39 条にいう責任能力がなければならない。本問では，酒酔い運転の時点で心神耗弱状態になっており，「行為・責任同時存在の原則」を採用するならば，不当に刑が減軽されてしまう（39 条 2 項）。次に，責任能力が低下する原因としては，長期にわたる精神疾患だけでなく，飲酒や薬物による一時的なものがある。したがって，犯人が飲酒する方法で自ら責任能力を低下させた場合，そのまま同条を適用することはできず，犯人を通常の犯罪者と同様に処罰するために，原因において自由な行為の理論が唱えられた。この理論については，責任無能力（心神喪失）の場合だけでなく，限定責任能力（心神耗弱）の場合にも適用可能なのか，故意犯の場合だけでなく，過失犯の場合にも適用できるのかといった問題がある。

●】解説【●

1　責任能力の意義

刑法 39 条には，責任無能力と限定責任能力の定めがある。しかし，心神喪失と心神耗弱の判断基準は何ら示されておらず，学説上は，責任能力の判断基準をめぐって，精神障害の程度を基準とする生物学的方法のほか，当該行為の社会的意味の認識を含む犯人の是非弁別能力に着目した混合的方法があり，一般には後者が採用されている。その際，混合的方法では，行為制御能力などの心理学的要素も重視され，判例にあっても，是非弁別能力と行為制御能力の両者が必要とされてきた。かような意味で，心神喪失とは，事物の理非善悪を弁識する能力の欠如であり，この弁識に従って行動を制御する能力の欠如である。そして，心神耗弱は，これらの能力が著しく減退した状態と定義される（大判昭和 6・12・3 刑集 10 巻 682 頁）。

次に，刑法上の心神喪失・心神耗弱は，医学や心理学の知見を基礎としつつ，最終的には，裁判官の規範的判断によって決定される（最決昭和 59・7・3 刑集 38 巻 8 号 2783 頁，最決平成 21・12・8 刑集 63 巻 11 号 2829 頁）。すなわち，責任能力の有無は，法的な非難という要素から切り離された生物学や心理学の知見だけに依拠するわけではない。たとえ直接的な侵害行為（結果行為）の時点では，責任能力が著しく劣っていても，それに先行した飲酒行為（原因行為）の時点で責任非難が可能であったならば，刑法 39 条の適用が排除されることになる。それが原因において自由な行為の理論である。

2　原因において自由な行為の理論

本問中の甲は，当初から飲酒運転をしようと考えていた。したがって，その時点では，正常な判断力があったにもかかわらず，あえて飲酒行為に及んでおり，その後の酒酔い運転の時点では心神耗弱状態になったとしても，原因において自由な行為の理論を用いることになる。すなわち，甲については，刑法 39 条 2 項による刑の減軽が否定される。これに対して，飲酒を始めた時点では酒酔い運転の故意がなく，飲酒・酩酊後に始めて運転意思を生じた場合には，原因において自由な行為の理論は適用されない。なぜならば，先行する故意の原因行為がない以上，限定責任能力時の主観的態度（故意・過失）を前提として，刑法39条2項による刑の減軽を認めざるを得ないからである。なお，道路交通法上の酒酔い運転罪は，当初から酩酊による責任能力の低下を想定しており，およそ刑法39条の適用が排除されるという見解もみられる。しかし，特別法上の罰則であるというだけで，刑法の基本原則に当たる責任無能力の規定を排除できるかは疑問である。

原因において自由な行為の理論は，自己の無能力状態を利用することで，免責や減軽という恩恵を享受するのは許さないという考え方であった。また，原因行為の時点では犯人に責任能力が認められる以上，先行した事実を実行行為と捉えることで，行為と責任の同時存在の原則も維持できる（間接正犯類似説）。しかし，原因行為の時点で実行の着手を認めるのは，未遂犯の成立時期が早くなりすぎるという批判がある。そこで，行為・責任同時存在の原則を緩和する方法で，原因行為や結果行為を含む犯行全体が，責任能力を備えた時点の意思決定に支配されたとき，完全な刑事責任を問いうるという見解も有力である（責任原則緩和説）。

3　限定責任能力と間接正犯類似説

心神喪失状態に陥った場合だけでなく，心神耗弱状態で結果行為に及んだ場合にも，原因において自由な行為の理論を適用する見解が，今日の通説・判例である。なぜならば，犯人が心神喪失に陥った場合よりも，心神耗弱状態のほうが犯罪実現の可能性が高いところ，適用否定説では，前者が完全な犯罪となるのに対して，後者では刑が減軽されるのでは，不合理かつ不均衡が生じるからである。最高裁は，本問の素材となった事案で，運転時には心神耗弱状態にあったとしても，飲酒を始めた時点で酒酔い運転の意思があれば，刑法39条2項による刑の減軽を否定できるとした（参考判例①）。

他方，道具理論を基礎とした間接正犯類似説では，心神耗弱下の侵害行為には，完全な道具性を認めがたい以上，原因において自由な行為の理論を適用できないと批判される。しかし，間接正犯類似説であっても，心神耗弱時の違反行為が原因行為から導かれた因果経過の一部である限り，たとえ部分的に責任能力が残っていても，責任能力時の原因行為に支配されたものとして，原因において自由な行為の理論を適用することができよう。これは，間接正犯における「故意のある幇助的道具」と同じであると説明される。

4　二重の故意と原因において自由な行為

責任原則緩和説では，限定責任能力の場合についても，当然に，原因において自由な行為の理論を適用できる。すなわち，原因行為時に責任能力を備えた意思決定さえあれば，その後に心神喪失または心神耗弱のいずれに陥ったかは問題とならないからである。当初飲酒を開始した際，酒酔い運転の意思があったとして，心神耗弱に基づく刑の減軽要求を斥けた最高裁判例は，こうした見解に依拠したといえよう（参考判例①）。しかし，限定責任能力である以上，途中で引き返すことも可能であった。その意味で，心神喪失状態の犯行と対比して，常に現実的危険性が優るわけではない。また，責任原則緩和説は，もっぱら犯意形成時の責任能力を重視しており，その後の行為制御能力（同時的コントロール）を無視していると批判されてきた。

また，故意犯の場合に原因において自由な行為を認めるためには，侵害結果に向けられた（事前の）故意だけでなく，心神喪失状態で犯行を実現する故意が必要となる（二重の故意論）。さらに，薬物依存症から麻薬を使用した場合，一時的な中毒症状に陥ることを認識・認容しただけでなく，責任無能力状態で他人に危害を加える意思（暴行または傷害の故意）がなければ，傷害（致死）罪は成立しない（参考判例③）。たとえば，心神喪失状態になってから殺意を生じたものの，責任能力のある時点では，およそ他人を殺傷する意思がなかったとき，もっぱら過失犯にとどまるとした判例がある（参考判例②）。

なお，夫が妻に暴行を加え始めた後，途中で多量の酒を飲んだため，複雑酩酊の状態に陥り，最終的には肩叩き棒を持ち出して殴り殺した事案では，刑法 39 条を適用しないとした下級審判例がある（参考判例④）。犯人の責任能力が実行途中で低下しても，すでに暴行を開始する時点で完全な責任能力を備えていた以上，その後に心神耗弱状態に陥ったことは，重視されないからである。

●】参考文献【●

三上正隆・百選Ⅰ 74 頁／水留正流・百選Ⅰ 76 頁／中空壽雅・百選Ⅰ 80 頁／内田浩・インデックス〔総〕194 頁・196 頁／南由介・インデックス〔総〕200 頁／仲道祐樹・プラクティス〔総〕238 頁・240 頁・243～244 頁／箭野章五郎・ハンドブック〔総〕121 頁・123～124 頁／南由介・刑法の判例〔総〕158 頁

（佐久間修）

16 違法性の意識

居酒屋の経営者Xは，宣伝用に日本銀行券を模した割引券の作成を思いつき，念のため所轄警察署の防犯課防犯係長Aに照会したところ，Aは通貨及証券模造取締法の条文を示し，紙幣と紛らわしいものの作成は同法違反になるので，割引券を真券より大きくしたり，「割引券」などの文字を入れたりしなさいと助言したが，Xは，同法に違反してもせいぜい罰金程度だと高をくくり，表面は千円札と同寸大・同図案・同色で，上下2カ所に小さく「割引券」と赤い文字で記載し，裏面は広告を記載した割引券100枚を印刷させ，帯封を巻いてAに持参したところ，格別の注意も警告も受けなかったため，安心してさらに5000枚を印刷させた。

Xの罪責はどうなるか。

●】参考判例【●

① 最決昭和62・7・16刑集41巻5号237頁（百円札サービス券事件）
② 最判昭和53・6・29刑集32巻4号967頁（羽田空港ビルデモ事件）
③ 最判昭和32・10・18刑集11巻10号2663頁（関根橋事件）

●】問題の所在【●

本問では，違法性の錯誤が問題となるが，そこにいう「違法性」の意義がまず問題となる。これを可罰的刑法違反性と捉える見解からは，法定刑の錯誤も違法性の錯誤となりうる。これに対し，一般的な見解は，これを法に違反することと捉えるので，その点は違法性の錯誤とはならず，警察署防犯係長Aの対応から自らの行為が法に触れないと誤信したことだけが違法性の錯誤となろう。そして，多数の見解によれば，違法性の錯誤により責任（ないし責任故意）が阻却されるのは，錯誤に相当な理由があった場合に限られるので，本問においてそれが認められるかをさらに検討する必要がある。

●】解説【●

1 「違法性」の錯誤の意義

Xは，警察署防犯係長Aの助言を受けたにもかかわらず，通貨証券模造取締法違反の法定刑が実際には最高3年の懲役なのに，せいぜい罰金くらいだろうと高をくくって割引券作成に及んでおり，こうした法定刑の錯誤が違法性の錯誤になるかが問題となりうる。違法性の意識があったといえるには可罰的刑法違反性の認識が必要だと考える少数説からは，そうした重い法定刑の威嚇でもって思いとどまる自由が保障されていなかったとして，法定刑の錯誤も違法性の錯誤になると主張されている。参考判例③の原判決（仙台高秋田支判昭和30・1・27刑集11巻10号2671頁）も，「悪いこととは思つていましたが，こういう重罪ではなく罰金位ですむものと思つていました」という「被告人等のこれらの供述によれば，被告人等は死刑または無期もしくは7年以上の懲役または禁錮に処せらるべき爆発物取締罰則第1条を知らなかつたものというべきである」としたうえで，刑法38条但書により刑を減軽している。しかし，こうした場合には，行為者は自らの行為が（刑）法に違反していることを認識しているのであるから，有利に扱う必要はまったくないため，違法性の錯誤は認められないとするのが通説である。

他方，Xは，警察署防犯係長Aの対応から，自らの行為が法に触れないと誤信して，割引券の追加作成に及んでおり，この点が違法性の錯誤となることに争いはないだろう。なお，参考判例②の原判決（東京高判昭和51・6・1高刑集29巻2号301頁）は，行為当時事実上警察の取締りが行われていなかったことを（も）信頼して行為に及んだ行為者につき違法性の錯誤を認めたものであり，この判例を支持する，上述した可罰的刑法違反性の認識が必要だと考える少数説からは，仮に，Aの対応をみたXが，「刑罰法規に触れるが実際に処罰されることはない」と考えていただけでも，違法性の錯誤となり得よう。

2 判例・学説による違法性の錯誤の扱い

違法性の錯誤は，これに相当の理由があった場合に限り，責任説によれば超法規的に責任が阻却され，また，制限故意説によれば（責任）故意が否定されることにより，免責されることになる。違法性の錯誤に相当の理由があったのであれば，自らの行為の違法性を意識することは不可能であったといえるからである。これに対し，判例は，いまだ，違法性の意識あるいはその可能性を責任（非難）の要件とはしておらず，行為者が自らの行為の違法性を認識し得なくても，責任は阻却されないとしている。もっとも，昭和50年代からは違法性の意識の可能性不要説を明言しなくなっている。そして，参考判例①は，違法性の錯誤につき相当の理由がある場合には当たらないとした原判決の判断を是認しているが，これは，違法性の意識の可能性不要説であれば不必要な判示であることから，判例変更の可能性を示唆したものと受け止められている。

3　違法性の錯誤に関する相当の理由

問題は，そうした相当の理由が，どのような場合に認められるかであるが，当該の法令の解釈・運用につき権限をもった公的機関の公式回答を信頼した場合には，それがずさんで不十分なものでない以上，相当の理由が認められることには争いはない（酒税法につき村役場・税務署の回答に従った場合に関する名古屋高判昭和25・10・24判特13号107頁，医療法につき保健所長の指示に従った場合に関する広島高岡山支判昭和32・8・20裁特4巻18号456頁，独占禁止法につき通産省の行政指導と公正取引委員会の容認があった場合に関する東京高判昭和55・9・26高刑集33巻5号359頁など）。本問の場合，警察署防犯係長が，こうした立場に当たるとみたうえで，その立場にあるAが黙認したことを重くみれば，Xの錯誤には相当な理由があったという結論が導かれよう。

他方，私人の見解を信頼しただけでは，違法性の錯誤に相当の理由があったとは認められない。東京地判平成14・10・30（判時1816号164頁〔πウェーブ事件〕）は，「被告人らに対し医師法に違反しない旨説明したという『πウェーブ』の輸入販売元側の担当者は単なる私人にすぎず，被告人らは厚生省等の関係機関に問い合わせをしなかったこと」などを指摘して，違法性の錯誤に相当の理由がなかったとしている。それゆえ，本問と異なり，たとえば，事前に取引先銀行の担当者が太鼓判を押したので安心したという事情があったとしても，それだけでは相当の理由があったとは認められないであろう。

●】参考文献【●

一原亜貴子・百選Ⅰ 98頁／丹羽正夫・百選Ⅰ 100頁／南由介・インデックス〔総〕202頁／品田智史・プラクティス〔総〕247頁・250頁

（安田拓人）

17 未遂犯：実行の着手

甲と乙は，キャッシュカードを奪うことを計画し，まず，乙が被害者Aに電話をかけて，A名義のキャッシュカードが悪用されており，キャッシュカードを封筒に入れて保管する必要があると申し向けた。そのうえで，警察官を装った甲がA宅に赴き，Aの面前でキャッシュカードと暗証番号を書いたメモを封筒に入れさせ，Aが封筒に割印する印鑑を取りに行った隙に，あらかじめ用意したニセの封筒とすり替えた。また，甲は，同じ方法でBからキャッシュカードを騙し取るため，すでに乙が電話したB宅の近くで待機していたが，警戒中の警察官に職務質問されたため，その目的を遂げなかった。

●】参考判例【●

① 最判昭和 26・12・14 刑集 5 巻 13 号 2518 頁（風呂敷包み持去り事件）
② 最判平成 30・3・22 刑集 72 巻 1 号 82 頁（警察官なりすまし事件）
③ 大判昭和 9・10・19 刑集 13 巻 1473 頁（財物の物色事件）
④ 大阪地判令和元・10・10LEX/DB25566238（ニセ封筒すり替え事件）

●】問題の所在【●

実行の着手といえるかどうかは，まず，当該犯行が何罪となるか，すなわち，いずれの構成要件に当たるかを明確にしなければならない。設問では，詐欺罪または窃盗罪の成否が争いとなるが，何をもって実行行為とみるかにより，その開始時点も異なるからである。本問中の乙が述べたウソは，被害者であるAやBに対してキャッシュカード入りの封筒を交付させるものでなく，単にその隙をみてニセの封筒とすり替えている点で，詐欺罪でいう「欺く」行為があったといえない。したがって，窃盗罪における実行の着手が問題となる。

●】解説【●

1　詐欺罪の実行行為

詐欺罪では,「人を欺いて財物を交付させた」ことが必要であり（246条), 相手方を錯誤に陥らせたうえで, 何らかの財産的処分をさせなければならない。これに対して, 窃盗罪では,「他人の財物を窃取した」ことで足りるため（235条), 占有者の意思に反して財物を奪う行為があればよい。甲と乙の行為について, Aに対する詐欺既遂とBに対する詐欺未遂が成立するためには, 犯人らの行為で通常人が錯誤に陥って, キャッシュカードの占有を委ねるだけの現実的危険が生じなければならないのである。

刑法上, 未遂犯では「犯罪の実行に着手し」たことが必要である（43条)。実行行為の概念は, 犯罪の出発点として, 結果犯においては, 構成要件的結果を発生させる現実的危険のある行為と定義される（具体的危険説)。他方, 危険犯や挙動犯にあっては, おのおのの構成要件を充足する現実的危険のある行為となる。すなわち, 実行の着手は, 現実的危険の有無で決まるが, 学説の中には, 社会的にみて有害な結果（法益侵害）を惹起する危険性を基準とする見解もある。

2　欺罔行為と財産的処分の関係

しかし, これらの抽象的基準をあてはめることで, ただちに犯罪（未遂犯）の成立範囲が確定されるわけではない。また,「法益」の内容も多岐にわたるため, 法益侵害の危険という指標もあいまいである。詐欺罪の成否をめぐっては, たとえば, 人を欺いて放棄させた財物を拾得する場合, 外形上は被害者の法益侵害がないにもかかわらず, 詐欺罪にあたるとされてきた。同様にして, 設問の客観的状況をみる限り, 甲と乙のウソで生じた間隙を衝いてキャッシュカードをすり替えた点で, 財産侵害の現実的危険が創出されたといえるであろうか。

過去の判例では, 犯人のウソを信じた被害者が, 現金入りの風呂敷包みを玄関口に置いたまま便所に行っている間に, 犯人がその風呂敷包みを持ち去った事案について, 詐欺罪の成立を認めていた（参考判例①)。そこでは, 犯人の欺罔行為で錯誤に陥った被害者が, 犯人らの自由支配内に財物を放置したことで足りるとしたのである。しかし, 犯人が財物の占有を得た場合にも, 被害者に移転しようという意思がなければ, 財産的処分としての交付があったとはいえない。上述した拾得型の詐欺では，被害者が財物を放棄する限度で財産的処分を行っており，本問の場合とは同列視できないのである。

3　特殊詐欺における実行の着手

なるほど，最近の特殊詐欺をめぐる判例は，同じく警察官を装って被害者から現金を騙取しようとした事案について，犯人らのウソを真実と誤信させることで，被害者宅を訪問した仲間が現金を受け取る計画であった以上，あらかじめ電話をかけて預金を現金化するように説得する行為は，被害者が犯人の求めに応じて即座に現金を手渡す危険性を著しく高めるとした。したがって，これら一連の行為が人を欺くためになされ，単に財物の交付に向けた準備的行為にとどまらない以上，仲間の指示により警察官に扮した者が被害者宅に到着する前に逮捕された場合，いまだ現金の交付を求める行為がなくても，詐欺罪の未遂に当たるとされた（参考判例②）。

これに対して，本問の甲と乙は，被害者のA（またはB）にウソを申し向けて，最終的にはそれを真実と誤信したAからキャッシュカードを入手しているが，そのウソはAが引き続きキャッシュカードを保管（占有）することを前提としつつ，その隙を見てニセの封筒をすり替えているにすぎない。したがって，本問の被害者には，そもそもキャッシュカードを放棄する意思がない以上，キャッシュカードの交付（財産的処分）に向けた欺罔行為があったとはいえない。

4　具体的危険説と客観的危険説

また，通説・判例は，実行の着手を判断する際，行為時に一般人が認識できた事情と特に犯人が認識していた事情を踏まえつつ，通常人からみて現実的危険があったかを問題にしてきた（具体的危険説）。これに対して，裁判時までに判明した客観的事情に基づく事後的判断により，実行の着手を判断する向きもある（客観的危険説）。しかし，もっぱら事後的な危険性を問うならば，最終的に侵害結果が生じなかった以上，ほとんどの未遂犯では，当初から客観的危険性がなかったという結論になりかねない。その意味では，犯行時における行為自体の危険性を考慮するほかはない。学説の中には，行為者の犯行計画も含めた主観的認識を重視しつつ，行為それ自体の危険性を判断する見解さえある（主観的危険説）。

本問の甲と乙について，詐欺罪の「人を欺いて財物を交付させ」る危険性が生じたかを検討する際にも，犯人らのウソは，ごく短時間の隙を惹起したにすぎず，甲と乙には，被害者の財産的処分を介してキャッシュカード入りの封筒を入手する意思はなかった。したがって，客観的には容易にニセの封筒とすり替えられる状況を創出したとしても，それだけでは，詐欺罪における実行の着手があったとはいえない。むしろ，財産的処分を媒介としない財物の窃取として危険な行為であるかを問うべきである。

5　窃盗罪における実行の着手

窃盗罪においては，他人の家宅に侵入しただけでなく，財物に対する事実上の支配を侵すだけの密接行為が求められる。具体的には，金品物色のためタンスに近寄ったとき（参考判例③），現金を盗ろうとして店舗内の煙草売場へ向かった時点で（最決昭和40・3・9刑集19巻2号69頁），実行の着手が認められた。本問では，電話による乙のウソは，その後に甲が被害者宅を訪れてニセの封筒とすり替えることを，確実かつ容易にするために必要不可欠であった。しかも，被害者が乙のウソを信用することで，甲の面前に封筒を置いたまま印鑑を取りに行く可能性も高まり，ニセの封筒にすり替えてキャッシュカードを奪取する危険性も飛躍的に高まったのである。

その意味で，すでにウソの電話で相手方を信じ込ませた以上，通常はその後の犯行を続ける際に大きな障害はなく，犯行計画の重要部分が終了していたともいえよう。しかも，乙によるウソや甲の被害者宅近くの待機行為は，犯人らの計画した封筒のすり替えと密接に関連する行為として，すでに犯罪実現の客観的危険性が飛躍的に高まっている以上，その時点で窃盗罪の実行行為が認められるのである。本問の素材となった事件では，Aに対する第1行為につき窃盗既遂，Bに対する第2行為につき窃盗未遂が認められた（参考判例④）。

●】参考文献【●

松澤伸・百選Ⅰ 124頁／塩見淳・百選Ⅰ 128頁／和田俊憲・平30重判150頁／富川雅満・インデックス〔総〕210頁／佐藤拓磨・プラクティス〔総〕265～266頁・273頁／成瀬幸典・法教454号140頁

（佐久間修）

18 不能犯

Xは，帰宅途中で，A交番勤務の警察官Bから執拗な職務質問を受けたため，非常に憤慨して殺意を抱き，Bが右腰に着装していた拳銃を奪いBに向けて発射したが，当日は，たまたまBが拳銃に弾丸を装填するのを忘れていたため，殺害の目的を遂げなかった。我に返ったXは，逃走資金を作らねばと考え，近くの信用金庫支店前で様子をうかがい，業務で預金を下ろしにきた様子のOL・C子に目をつけ，ATMから出てきたC子が大事そうに抱えている信用金庫のネーム入り紙袋をひったくって逃げたが，C子はカムフラージュのために紙袋に無料パンフレットを入れて所持していたのであり，実際には下ろした現金は制服のポケットに分散して入れていた。

Xの罪責はどうなるか。

●】参考判例【●

① 最判昭和37・3・23刑集16巻3号305頁（空気注射事件）
② 福岡高判昭和28・11・10判特26号58頁（空ピストル事件）
③ 大判大正3・7・24刑録20輯1546頁（強盗相手手ぶら事件）

●】問題の所在【●

本問では，Xが拳銃を窃取した後，殺意をもって，空ピストルを発射し，また，窃盗の故意でもって，財産的価値ある物の入っていない紙袋を奪取しているが，これに（拳銃窃取に関する窃盗既遂罪に加え）殺人未遂罪，また，窃盗未遂罪が成立するのか，それとも不能犯として不可罰となるかが問題となる。ここでは，未遂犯の処罰根拠とかかわらせて，どのような危険が認められれば処罰が認められてよいのかを考えたうえで，具体的な事実関係に照らしてそうした危険が認められるかを検討する必要がある。

●】解説【●

1　未遂犯の処罰根拠

未遂犯が処罰されるのは，それが構成要件的結果発生（より厳密には構成要件実現）の現実的危険性をもった行為であるからだとするのが，伝統的見解である。実行行為とは，そうした危険性をもった行為であり，そうした行為を開始すれば，実行の着手が認められ，未遂犯が成立すると考えるのである。

こうした危険性は，後からすべての事情を考慮して科学的に判断されるものではあり得ない。犯罪が未遂に終わったということは，後からみれば何か失敗に終わる原因があったことになり，すべての未遂犯は不能犯になってしまうからである。

2　具体的危険説からの判断

そこで，伝統的見解は，行為の時点に立って，一般の人が認識することができた事情と，行為者本人が特に認識していた事情を基礎にして，一般人の目線からみて結果発生（構成要件実現）の現実的危険性が認められれば，未遂犯により処罰してよいと考えているのである。つまり，失敗に終わった原因を一般の人が認識できなければ，それをなかったことにし，そのことを前提に事態を眺めたときに，一般の人が「危ない」と感じれば未遂犯で処罰するということである。ここでの危険性というのは，人の命が侵害されそうになっていることに対して一般の人が感じる不安感だといってもよいであろう。

これを本問についてみると，空ピストル発射の場合には，拳銃を相手方の枢要部にめがけて発射すれば人を殺害できることは問題ないのだから，判断の基礎のほうが問題となり，警察官Bが防弾チョッキを着ていないようにみえたか，当該ピストルに弾丸が入っていて故障していないようにみえたかといった事情が問題となろう。本問では，一般の人は，勤務中の警察官の着装するピストルに弾丸が装填されていると思うであろうから，弾丸は入っていたという前提で判断をすることになる。そうすれば，危険性は肯定され，殺人未遂罪の成立が認められよう。

ひったくりについては，信用金庫のネーム入り紙袋には財物性がないことを前提に考察を進めよう。具体的危険説の説く危険とは，被害者側の事情をそのまま認識してなお既遂にいたる危険がある場合でないと未遂犯処罰が認められないということではなく，一般人が一連の行為経過を外形的に観察した結果として認められる

（福岡高判平成28・12・20判時2338号112頁参照），行為者の想定した経過を支える事実の存在可能性を基礎とした不安感である。それゆえ，本問では，会社の業務で金融機関支店で預金を下ろし，紙袋を大事そうに抱えて出てきたOLだと認識される状況をもとに，当該紙袋の中に現金（などの財物）が入っていると一般の人が思うかにより判断されることになろう。

3　判例の状況

判例は，「方法の不能」の場合には，絶対的不能・相対的不能区別説と呼ばれる古い客観的危険説の立場に立っており，裁判の時点までに明らかになった事情をすべて考慮したうえで，科学的にみてなお結果としての危険が認められるかを判断し，具体的事案において構成要件実現が100％不可能であれば絶対的不能で不可罰とする一方で，たまたま構成要件実現がなかっただけで100％あり得なかったわけではなければ相対的不能で未遂犯を認める。参考判例①は，殺意を持って致死量に満たない空気を注射したという事案につき，「被注射者の身体的条件その他の事情のいかんによつては死の結果発生の危険が絶対にないとはいえない」ことを指摘して未遂犯の成立を認めているのに対し，殺意をもって硫黄を溶かした汁・水薬を飲ませたという事案につき，その「方法を以てしては殺害の結果を惹起すること絶対に不能」だとして，不可罰の不能犯を認めた例もある（大判大正6・9・10刑録23輯999頁）。これは，行為手段の抽象的性質（その手段でおよそ人が殺せるか）に着目した判断であるといえよう。

もっとも，こうした最高裁の基準からすれば，空ピストルを発射しても，その「方法を以てしては殺害の結果を惹起すること絶対に不能」だから不能犯となる。これに対し，参考判例②は，「制服を着用した警察官が勤務中，右腰に着装している拳銃には，常時たまが装てんされているべきものであることは一般社会に認められているところであるから」，そうした行為は「その殺害の結果を発生する可能性を有するものであつて実害を生ずる危険がある」として，具体的危険説的な判断により未遂犯を認めている。また，「客体の不能」の場合には，判例は，大審院時代から具体的危険説の枠組みにより，未遂犯処罰を確保している（参考判例③）。

なお，具体的危険説に立つ場合には，行為者が，よく知られていない化学物質を用いるなど，一般の人からみて危険かどうかが判断できない事案では，判断に困ることがありうる。したがって，科学的常識が一般の人に知られていなくても，これを前提とするか，少なくとも容易に知り得たような場合には，それを前提として判断するのでないと未遂犯の判断が科学的にみて非常識な結論になりかねないことには注意が必要であろう。

●】参考文献【●

清水一成・百選Ⅰ 134 頁／澁谷洋平・百選Ⅰ 136 頁／金澤真理・インデックス〔総〕224 頁／冨川雅満・インデックス〔総〕228 頁／石川友佳子・プラクティス〔総〕280 頁・284 頁

（安田拓人）

19 中止犯

Xは殺意をもって，別れ話を切り出したA子の左側頭部付近を目がけて牛刀（刃渡り30センチメートル）で一撃し，これを左腕で防いだA子に左前腕切傷の傷害を負わせたが，その直後に，A子から両腰付近に抱きつくようにとりすがられて，「命だけは助けて。あなたが本当はまだ好きなの」と何度も哀願されたため，かわいそうになり，そのまま牛刀を投げ捨て，通りかかったタクシーを呼び止め，タクシー代をA子に手渡し，すぐ病院に行くように言った。XがA子を一撃し，同女が哀願していた時点では，通行人などはなく，牛刀も刃こぼれなどしておらず，その牛刀でさらに二撃，三撃と追撃に及んで，殺害の目的を遂げることは決して困難ではなかった。

Xの罪責はどうなるか。

●】参考判例【●

① 東京高判昭和62・7・16判時1247号140頁（牛刀斬りつけ事件）

② 福岡高判平成11・9・7判時1691号156頁（首締め放置事件）

③ 札幌高判平成13・5・10判タ1089号298頁（無理心中未遂事件）

●】問題の所在【●

刑法43条但書の中止犯が認められるためには，「犯罪を中止した」こと，それも「自己の意思により」したことが必要であり，前者を「中止行為」の要件，後者を「任意性」の要件と呼んでいる。本問では，Xの中止のための努力が，救急車を呼び救急医療を受けさせるといったようなものではないため，Xの与えた傷害などを前提として，そのような努力だけで「中止行為」が認められるのかがまず問題となる。また，Xが中止しようとするに至ったのは，A子が何度も助命を哀願し，Xのことがまだ好きだと言ったからであるが，他方で，かわいそうに思ったからでもある。そこで，こうした経緯からみて「任意性」が認められるかも問題となろう。

●】解説【●

1　殺人未遂罪の成否

Xは，殺意をもって，刃渡り30センチメートルもある牛刀を側頭部にめがけて振り下ろしているが，これはもし命中すれば生命を危うくしかねない，きわめて危険な行為であるから，これでもって殺人未遂罪が成立することはいうまでもない。ところが，Xは，それ以上の攻撃をやめ，タクシーに乗せて病院に行かせようとしていることから，刑法43条但書にいう中止犯として，その刑が必要的に減免されないかが問題となる。

2　要求される中止行為の内容

中止犯の制度は，「後戻りのための黄金の橋」をかけて，既遂結果が発生することを防止しようとするものであるから，中止犯が認められるためには，既遂に至る危険性が存在していなければならない。本問では，すでに受けた傷だけでAが死亡するに至る現実的な危険性はないが，さらに攻撃に及ぶことを妨げる事情はないから，その意味で既遂に至る危険性が認められる。

他方，本問で，Xがなした中止のための努力は，救急車を呼び救急医療を要請するといった結果発生の防止のためになすべき十分なものではないから，その評価としては不作為による中止と同様に扱われることになろう。

中止行為は，既遂に至る危険性を遮断して，未遂に終わらせるための行為である。したがって，中止行為に及ぶ時点で，そのまま放置すれば既遂に至る現実的な危険性がすでに生じていたかにより，なすべき中止行為の内容が異なってくる。

参考判例②は，「客観的にみて，既に被害者の生命に対する現実的な危険性が生じていた」うえ，被告人も，「このような危険を生じさせた自己の行為……を認識していた」として，不作為による中止行為では足りないとしている。これに対し，参考判例①は，本問におけるのと同様に，なおそうした危険性が生じていなかった事案について，「犯人がそれ以上の実行行為をせずに犯行を中止」したので足りるとしている。つまり，そのまま放置すれば既遂に至る現実的な危険性がすでに生じていれば，救急医療を要請するなど，積極的な結果防止のための行為が求められるのに対し，そうした危険性がまだ生じていなければ，そのままさらなる行為に出なければよいのである。

本問では，こうした，そのまま放置すれば既遂に至る現実的な危険性は否定されるから，Xのなした程度の行為でもって「中止行為」の要件は満たされることになる。

3　任意性

それでは「任意性」は認められるか。最高裁は，客観説，つまり中止の原因となった事情が経験上一般に犯罪の遂行を妨げる性質のものであったかどうかを問い，それが否定される場合に任意性を認めるという立場をとっている（最判昭和24・7・9刑集3巻8号1174頁，最決昭和32・9・10刑集11巻9号2202頁）。また，下級審の裁判例で，任意性が認められたケースでは，限定主観説，つまり，「憐憫の情」「悔悟の念」などの広い意味での後悔に基づいて中止したことを要求する立場を思わせる判示がなされている。

Xは，A子がXのことがまだ好きだと言ったために中止しているとも考えられ，こうした場合であれば誰でも中止するかが問題となる。参考判例③は，「一般的にみて，前記のような経過・状況のもとに，一旦相手女性の殺害や無理心中を決意した者が前記のような言葉にたやすく心を動かし犯行の遂行を断念するとは必ずしもいえない」として，客観説的な表現で，任意性を認める方向性を示している。また，本問では，かわいそうに思ったという事情も認められるから，下級審の裁判例の傾向に従っても，任意性は肯定されることになろう。

もっとも，限定主観説に対しては，広い意味での反省という条文に書かれていない内容を要求して中止犯の成立範囲を不当に狭めているという批判が強い。広い意味での反省という事情は，これを要求するとしても，行為者が自ら認識した外部的事情により中止行為を余儀なくされたのかの判断が難しいことに鑑み，それがあれば，「自己の意思により」と確実にいえるという意味で，任意性を推認させる事情として位置づけておくのが妥当であろう。

●】参考文献【●

城下裕二・百選Ⅰ 142頁／金澤真理・インデックス〔総〕230頁・238頁／和田俊憲・プラクティス〔総〕290～291頁

（安田拓人）

20 共謀共同正犯

暴力団組長である甲は，自身の警護を担当する暴力団組員乙ら６名をスワットと名付け，ともにたびたび上京し，遊興していた。ある日，甲は，いつものように，乙らに対し，「東京へ行くぞ」とひとこと述べ，乙らとともに東京へ向かった。東京に着くと，甲は，羽田空港まで車で出迎えに来た在京の暴力団関係者とともに，中央に自らが乗った車両，その前後にスワットが乗った車両が挟むようにして，車列を組んで移動を続けた。その際，乙らスワット６名は，甲の警護のため，弾薬を装填したけん銃を所持していた。

甲には，けん銃加重所持罪（銃砲刀剣類所持等取締法を参照）が成立するか。

●】参考判例【●

① 最大判昭和 33・5・28 刑集 12 巻 8 号 1718 頁（練馬事件）

② 最決平成 15・5・1 刑集 57 巻 5 号 507 頁（スワット事件）

③ 最決平成 17・11・29 裁判集刑 288 号 543 頁（HホテルA会事件）

④ 最判平成 21・10・19 判時 2063 号 155 頁（HホテルB会事件）

●】問題の所在【●

刑法 60 条は，共同正犯について「２人以上共同して犯罪を実行した者は，すべて正犯とする。」と規定しており，共同正犯が認められるためには，「実行」行為が必要とするのが古くからの学説の理解であった。しかし，このように解するとき，実質的に犯罪を指導したものの，自ら実行行為に出ていない背後の黒幕が共同正犯として処罰できない不都合があることから，判例は，このような場合を共謀共同正犯として処罰してきた。このような共謀共同正犯を肯定することは許されるのか，許されるとしてどのような理論構成が妥当なのか，さらに，共謀はどのような要件の下に認定できるのか等が問題となる。

●】解説【●

1　共謀共同正犯否定説

従来，学説中の共謀共同正犯を否定する見解は，共同正犯が成立するためには，少なくとも実行行為の一部を担当している必要があり，そうでない甲・乙は共同正犯にならないと説いてきた。これは，実行行為を行った者が正犯であり，そうでない者が共犯という形で，正犯・共犯を区別してきた従来の通説（形式的客観説）からの理論的な帰結でもある。確かに，60 条の「実行」を「実行行為」と読めば，そのような理解に至る。しかし，「実行」をそのように限定して解釈しなければならない必然性はない。共謀共同正犯否定説は，共謀共同正犯が実務上完全に定着している現在，重要性を失いつつある。

2　共謀共同正犯肯定説

そこで，学説からも，共謀共同正犯を肯定するため，さまざまな理論が主張されてきた。最初に主張されたのは，異心別体である 2 人以上の者が特定の犯罪を実現しようとする共同目的の下に合一したとき，同心一体の共同意思主体が形成されること，その共同意思主体のうちの 1 人以上の者が実行行為に出たとき，それが共同意思主体による犯罪の実行と認められるので，共同意思主体を構成する者全員に共同正犯が成立するという共同意思主体説である。これに対しては，団体責任を認めるものであって，個人責任の原則に反するという批判が向けられる。

共同意思主体説が団体責任の思考を脱却できないでいたところ，共謀共同正犯を個人主義の見地から説明しようと試みたのが間接正犯類似説である。この見解は，背後の者が実行担当者の反対動機・規範的障害を抑圧し，共同実行者全員の手足として行動させた点で間接正犯に類似するものと考え，共謀のみに参加した者についても，共同正犯の責任を問うものである（参考判例①では，「他人の行為をいわば自己の手段として犯罪を行った」という説明がなされており，間接正犯類似説によるものと評価されている）。このような発想は，実行行為者の行為を支配していた背後者は，自己の望む犯罪を実現したのであるから，正犯者に当たるとする行為支配説においても，共通している。これらの見解は，実行行為者を「手足のように用いる」とか，「支配している」といった表現にあるように，実行行為者よりも背後者が優越的な地位にある場合には妥当するが，実行行為に出た者と共謀にのみ参加した者が同一の地位にあるような場合には，説明が困難になるという難点がある。

そこで，近時，有力になってきている包括的正犯説は，正犯者であることは実行行為者であることと同義ではないと解し，実行行為を行っていない者も包括して正犯になる場合があること，すなわち共謀共同正犯になる場合があることを肯定する。そして，正犯者とされるためには，当該犯罪について「重要な役割を果たした者」であるというのである。なるほど，共謀共同正犯者は実行行為こそ行っていないが，犯罪実現の全体に照らしてみると重要な役割を果たしている。重要な役割を果たしていれば，実行行為を行っていたことは，正犯者として処罰される上で必須の条件ではないのであるから，共謀だけに関与した者も共同正犯者となりうるのである。

3　共謀の概念

実行行為を行っていない者が共同正犯として処罰されるためには，正犯意思と共謀が要件となる。正犯意思とは，自己の犯罪として関与する意思のことをいう。本来は主観的な要件であるが，客観面から見れば，重要な役割を果たしているかどうかで判定できよう。

問題は，共謀の概念である。従来，共謀が成立するには，客観的謀議行為が行われることが必要だとされてきた（客観的謀議説）。参考判例①は，共謀概念について，「共謀共同正犯が成立するには，2人以上の者が，特定の犯罪を行うため，共同意思の下に一体となつて互いに他人の行為を利用し，各自の意思を実行に移すことを内容とする謀議をなし，よつて犯罪を実行した事実が認められなければならない」と述べる。これを素直に読めば，共謀が成立するには，客観的な謀議行為が必要であることになろう。

しかし，その後，実務においては，主観的謀議説が有力化するに至った。主観的謀議説は，共謀の成立に当たって客観的謀議行為の存在を要求せず，共同遂行の合意があればそれだけで共謀の存在を認めうるとする見解だといってよい。

主観的謀議説が，客観的謀議行為はもちろん，外部的な意思の連絡さえ不要とするならば，それは妥当ではない。犯罪は行為でなければならないとする行為主義に反するであろう。しかし，共同遂行の合意は，突然降ってわいたように形成されるわけではない。何らかの形での外部的な意思連絡がなければ，合意の形成は不可能であろう。ただ，その形が，謀議行為といった特殊な形態をとる必要はないというだけのことである。ここで重要なのは，共謀の認定では，謀議行為よりも，合意形成に重点が置かれるという点である。

なお，近時，いわゆる特殊詐欺の事案において，故意概念・共謀概念が緩められているということが指摘されている。特に，犯罪組織の一員であることの認識を根拠として，末端に位置する行為者であり，特殊詐欺グループに属する個人がそれぞれ行う行為の内容について逐一認識していなくても，遂行された犯罪全体について包括的に共謀が及んでいる以上，共謀があるものと解し，共謀共同正犯の成立を肯定するという考え方が有力となっているのである。こうした共謀概念は，判例においても以前から存在し，包括的共謀と呼ばれてきたが，特殊詐欺の事案においては，こうした包括的共謀概念が大きな意味を持つものとしてクローズアップされてきている［詳細は→発展問題⑫参照］。

4　本問の検討

その典型を示す最近の判例が，本問とほぼ同様の事案で，被告人に対して，けん銃加重所持罪の共謀共同正犯の成立を肯定した参考判例②である。この判例は,「直接指示を下さなくても，スワットらが自発的に被告人を警護するために本件けん銃等を所持していることを確定的に認識しながら，それを当然のこととして受け入れて認容していたものであり，そのことをスワットらも承知していたこと……〔から,〕被告人とスワットらとの間にけん銃等の所持につき黙示的に意思の連絡があったといえる」としている。同様に，本問においても，甲は以前から乙ら６名による警護部隊スワットを組織し，彼らを引き連れてたびたび上京して遊興していたという前提事情の下で,「東京へ行くぞ」と発言しており，乙らはそれを聞いてけん銃による警護を行うという形で外部的意思連絡が行われている。これをもって，共謀の存在を認定することができるであろう。

ただし，ここでは，合意形成に重点が置かれており，客観的謀議行為は要求されていない。そこで，参考判例①において示された客観的謀議説との関係が問題となる。これについては，事案や状況ごとに要求される共謀概念は異なるのだという理解もありうるが，こうした解釈は場当たり的に過ぎ，疑問が残る。むしろ，共謀を認定するには，強い因果的影響力を与えたか否かが重要であることから，客観的謀議は，そうした強い因果的影響力を与える一場合を示しているのだと考えるのが妥当なのではあるまいか。

なお，参考判例③，④は，参考判例②と類似した事案についての判断である。前者は有罪で確定したが，後者は高裁の無罪判決を破棄して第1審に差し戻したものの，差戻し後第1審において，再び無罪となった（大阪地判平成23・5・24LEX/DB25443755）。類似の事案で結論が異なる理由は，警護組織の組織化の程度に求められるであろう。

●】参考文献【●

亀井源太郎・百選Ⅰ 152頁／井田良・百選Ⅰ 154頁／岡部雅人・刑法の判例〔総〕240頁

（松澤　伸）

21 承継的共同正犯

甲および乙は，日頃から敵対関係にあるAに暴行を加えて傷害を負わせることを共謀して携帯電話販売店に誘い出し，同販売店および付近の駐車場で，Aに対し，手拳で顔面，頭部を殴打したり，ドライバーで背中を突く等の暴行を加え，これら一連の暴行により，Aに軽度の傷害を生じさせた。甲および乙は，Aを車のトランクに押し込み，市内のM駐車場に向かったが，Xがかねてよりを探していたことを思い出し，Xに電話をかけ，Xを連れてM駐車場に行く旨を伝えた。甲および乙は，M駐車場で引き続きAに暴行を加え，Aは流血・負傷するに至った。そこにXが現れ，頭部や顔面から血を流しているAの姿を見て，逃走や抵抗が困難であることを知りつつ，これを利用して，甲らと共謀のうえ，ともに，Aに対して，角材や金属製はしごで頭部や背部を殴りつける等の暴行を加えた。その結果，Aは，約6週間の安静加療を要する傷害を負った。

Xの罪責はどうなるか。

●】参考判例【●

① 最決平成24・11・6刑集66巻11号1281頁（傷害途中加担事件）

② 大阪高判昭和62・7・10高刑集40巻3号720頁（暴力団情婦報復事件）

③ 横浜地判昭和56・7・17判時1011号142頁（恐喝途中加担事件）

④ 最決令和2・9・30刑集74巻6号669頁（川口暴力団員暴行事件）

●】問題の所在【●

先に犯罪の実行に着手した者（先行者）がいたが，その犯罪が終了するまでに，意思を通じて，新たにその犯罪に加わった者（後行者）について，先に犯罪の実行に着手した者の行為から生じた結果についても責任を負うことになるのかどうかが問題とされている。これが承継的共同正犯の問題である。本問では，甲や乙の暴行行為から発生した傷害結果について，Xも責任を負うことになるのかどうかが問題となる。

●】解説【●

1　承継的共同正犯とは何か

本問におけるXは，甲・乙と共謀のうえ，角材や金属製はしごでAを殴打して負傷させており，当該行為は，傷害罪の構成要件に該当している。この行為については，甲・乙とともに，傷害罪の共同正犯が成立することは疑いないであろう。

しかしXは，「頭部や顔面から血を流しているAの姿を見て，逃走や抵抗が困難であることを知りつつ，これを利用して」，Aに対する暴行行為に出ている。そこでXは，甲らの行為から生じた傷害結果についても共同正犯として責任を負わせるべきかどうか，すなわち，この場合に，承継的共同正犯を肯定してよいかどうかが問題となる。

2　承継的共同正犯を肯定する見解

犯罪共同説を徹底した場合（完全犯罪共同説）や，共同意思主体説による場合には，承継的共同正犯の成立が肯定されやすい。完全犯罪共同説は，罪名の完全な一致を要求するため，後行者についても，先行者と同一の罪名で処罰する。本問では，甲らの暴行行為から傷害結果が発生していることから，甲らには傷害罪の共同正犯が成立するが，これに意思を通じて加担したXについても，甲らの行為によって生じた傷害結果を含めて，全体について傷害罪の共同正犯が成立するとされるのである。また，共同意思主体説は，共犯現象を共同意思主体による犯行と考えることから，共同意思主体に加わったXについても，共同意思主体が負う傷害罪の共同正犯の罪責が問われることになる。

しかし，このような理論構成は，Xが自ら影響力を及ぼしていない行為について責任を問うことになるため，責任主義に反するとか，連帯責任を認めるものとして批判されるであろう。

3　承継的共同正犯を否定する見解

上記の見解に対し，あくまでXが自ら影響力を及ぼしている行為についてのみ責任を負わせる趣旨を徹底し，承継的共同正犯を一切否定するという見解もある。すなわち，因果的共犯論によれば，共犯が一部の実行しか分担していないにもかかわらず全部の責任を負うのは，他の共犯者に因果的な影響力を及ぼしているからであって，そのような因果的な影響力が及んでいない行為から発生した結果については，責任を負う必要はないと解される。そして，因果性は，時間を逆行することはないのであるから，Xが因果性をもって影響力を及ぼすことができるのは，あくまで，Xが加わった後の共犯行為に限られる。そうすると，Xは，甲らが発生させた傷害結果について責任を負うことはない。すなわち，承継的共同正犯は否定されることになるのである。

行為無価値論と結果無価値論のいずれに立脚するとしても，法益侵害（またはその危険）を惹き起こしていない限り，犯罪が成立すると解すべきではない（行為無価値論に立つにしても，結果無価値の存在が既遂犯としての処罰の必要条件である）。そうだとすれば，因果的共犯論に基づく承継的共同正犯否定説には，極めて説得力がある。

4　承継的共同正犯を部分的に肯定する見解

上記３のように承継的共同正犯を全面的に否定すると，不都合が生じる場合がある。たとえば，強盗罪などの結合犯や，詐欺罪などの結合犯に似た類型の犯罪，および，結果的加重犯の場合である。先行者が暴行を加え，後行者は財物奪取の段階から加わった場合，あるいは先行者が欺罔行為を行い，被害者が錯誤に陥った後に，後行者が加わって財物を騙し取った場合などといった特殊な犯罪類型の場合にまで承継的共同正犯を否定するのは，結論として妥当ではないとするのである（参考判例③も，被害者が恐喝行為により畏怖した後に指示を受けた後行者が金銭を受け取った事案について，恐喝罪の承継的幇助犯を認めている）。

このように考えると，結論としては部分的肯定説が正当と思われるが，この見解の問題点は，承継的共同正犯が認められる基準が明らかでないところにある。たとえば，参考判例③は，先行者の行為およびそこから生じた結果を認識・認容するにとどまらず，これを自己の犯罪遂行の手段として積極的に利用した場合という基準を立てている。この基準によれば，傷害罪についても承継的共同正犯が認められる余地があろう（現に，参考判例①の原審の高松高判平成23・11・15刑集66巻11号1324頁参照）は，この基準に従って，被告人に傷害罪の承継的共同正犯が成立するとしている）。しかし，参考判例①を見る限り，最高裁は，より否定説に近いところに実質的な基準を設けているように思われる（同判決の千葉裁判官の補足意見を参考にすると，強盗・恐喝・詐欺罪については，先行者の行為の効果を利用することで承継的共同正犯が成立する余地があるが，傷害罪については否定説を採用したものと解されよう）。なお，学説上は，構成要件の一部に介入して犯罪を実現したとき，あるいは行為の特質上，先行者の行為の一部を前提としたうえで自らの行為を行ったときという基準が主張されており，参考となろう。

5　本問の解決と同時傷害の特例

本問のベースとなっている参考判例①は，本問とほぼ同一の事例において，Xに承継的共同正犯の成立を否定している。本問で問題となる犯罪は，傷害罪であり，結合犯や結合犯に類似する犯罪類型ではないこと，傷害罪においては，先行者の行為を積極的に利用して結果に因果性を及ぼすといった関係は生じえないことから，否定説に立った場合はもちろん，部分的肯定説に立った場合でも，承継を認めないのが妥当であろう。したがって，Xには，自己が加わった後の傷害結果についてのみ，傷害罪の共同正犯になると解される。

なお，Aの傷害結果について，Xが加わる前に行われた甲らの暴行と，Xが加わった後に行われた3名の暴行のどちらの結果として生じたのか，明らかとならなかった場合，Xの罪責はどうなるであろうか。この場合，原則としては，因果関係の証明がない以上，Xについては，傷害結果を帰属することはできない。

しかし，状況によっては，同時傷害の特例（207条）の適用が問題となりうる。すなわち，Xが加わる前の甲らの暴行と，Xが加わった後の3名の暴行が，同一の機会に（外形的には共同実行に等しいと評価できるような場所的・時間的近接性のもとで）行われたものである場合には，同時傷害の特例の適用が問題となりうるのである。そして，最近，判例は，このような場合について，同時傷害の特例の適用を認めている（参考判例④。詳細は基本問題30参照）。

本問の場合は，そもそも，各暴行が同一の機会に行われたと評価できないから，同時傷害の特例の適用の前提を欠いている。しかし，上記のような要件が揃っている場合には，Xに傷害罪が成立することになりうることにも注意しておかなければならないであろう。

●】参考文献【●

小林憲太郎・百選Ⅰ 164頁／本間一也・インデックス〔総〕268頁／照沼亮介・プラクティス〔総〕367頁

（松澤　伸）

22 過失の共同正犯

A建設会社の現場監督である甲は，部下である作業員の乙と丙が溶接工事を行う際，強い引火性のある接着剤を，現場近くの路上に放置しておいた。そのため，乙らが休憩時に，バーナーの炎を消し忘れたまま工事現場を離れたとき，バーナーの炎が上記の接着剤に引火して，近隣の住宅にも燃え移り，多数の死傷者を生じさせた。なお，A社の経営者である丁は，工事の納期を守らせることのみ腐心し，甲を含む現場の作業員に対して，バーナーの取扱いや接着剤の管理に関する十分な安全教育を行っていなかった。

甲・乙・丙および丁の罪責はどうなるか。

●】参考判例【●

① 東京地判平成4・1・23判時1419号133頁（世田谷ケーブル火災事件）
② 最判昭和28・1・23刑集7巻1号30頁（メタノール販売事件）
③ 最決昭和60・10・21刑集39巻6号362頁（ウレタンフォーム炎上事件）
④ 名古屋高判昭和61・9・30高刑集39巻4号371頁（溶接工事火災事件）
⑤ 最決平成28・7・12刑集70巻6号411頁（明石歩道橋副署長事件）

●】問題の所在【●

現代社会では，複数人の不注意な行為が競合して，重大な過失事故につながることがある。本問の惨事では，溶接工事の際，バーナーの火を消し忘れた乙と丙の過失が直接の原因となったが，それと並んで，接着剤を現場に放置した監督者である甲の不注意も認められる。さらに，安全教育を怠った経営者の刑事責任も無視できない。したがって，本問の前半では，乙と丙が過失の共同正犯といえるか，また，後半では，甲と丁における管理・監督過失が問題となる。その際，過失の共同正犯にとって必要な諸条件のほか，複合過失の事案において，刑事責任の限界をどうみるかも検討しなければならない（なお，過失の競合について，基本問題23を参照されたい）。

●】解説【●

1　過失の共同正犯

今日の共犯理論からして，過失の共同正犯は認められるであろうか。まず，反復・継続して火気を取り扱う乙と丙が，本問の火災事故を惹起した以上，業務上失火罪と業務上過失致死傷罪が成立する。すなわち，現場作業員の乙と丙には，工事現場を離れる際，バーナーの火を消火するほか，接着剤などの発火物を遠ざけておくべき注意義務があったからである。また，いずれの作業員も火気を取り扱う者として，相互に上記の注意義務を励行すべき立場にあった。これに対して，古い学説・判例では，およそ過失による共同正犯が否定される（同時犯構成）。したがって，各人の不注意な行動と個々の侵害結果の間で相当因果関係が立証されねばならず，それが証明されなければ，いずれの関与者も，侵害結果に対する刑事責任を負わないことになる。

なるほど，戦前の学説・判例は，過失行為には共同実行の意思が欠けるため，およそ共同正犯が否定されるとしてきた（大判明治44・3・16刑録17輯380頁など）。しかし，行為共同説によれば，共同実行の意思も行為意思の共同で足りるため，過失の共同正犯も肯定できる。その後，最高裁の時代になって，旧有毒飲食物等取締令違反において過失の共同正犯を認める判例が出された（参考判例②）。具体的には，終戦直後の混乱期に，飲食店の共同経営者が，有毒物質の含有を十分に検査することなく，多数の客にメタノールを販売して死傷者を出したものであった。そこでは，共同して有毒な飲食物を提供した行為が，旧有毒飲食物取締令4条1項後段（過失犯）の共同正犯に当たるとされたのである。

2　共同の過失行為と共同実行の事実

このメタノール販売事件は，特別法違反に関する判例であったが，それ以降，次第に，過失の共同正犯を肯定する見解が有力となった。そもそも，過失犯の注意義務は，各行為者ごとに定められるが，法律上，共同の注意義務が課せられるとき，複数の者が共同して注意義務に違反することもありうる。こうした見解の推移は，過失の体系的地位が，主観的および個別的な責任要素にとどまらず，客観的な違法要素としての客観的注意義務違反に転化した後，定型的な構成要件要素に引き上げられたことと無縁ではない。客観的にみて共同の注意義務違反があった以上，通常は，共同の実行行為（共同の過失行為）も認められるからである。

現在では，過失の共同正犯を肯定する見解が通説・判例である。たとえば，2人以上の者が協力して高度に危険な作業を実施するとき，予測可能な侵害結果を防止するため，自分の行為だけでなく，お互いの行為にも十分な注意を払うことが要請されるからである（共同の注意義務）。近年の判例では，溶接工事の際，一方が他方を監視する方法で，お互いに対等の立場で同一作業を実施したことから，相互の意思連絡の下に実質的に危険な行為を共同実行したものとみている。そこでは，溶接作業に従事した両名が，業務上失火罪の共同正犯に問擬された（参考判例④）。すなわち，故意犯の場合と同様，相互的な利用補充関係に基づく共同の注意義務違反があったとき，過失犯における共同実行も肯定できるのである。

3　各人の役割分担と共同実行の意思

これに対して，最近，各人の具体的な役割分担の違いから，過失の共同正犯を否定した最高裁判例がみられる（参考判例⑤）。それによれば，警備計画策定の第一次的責任者である現場指揮官と，警察署の組織全体を統括する署長を補佐していた副署長（被告人）では，各人の分担する役割が基本的に異なる以上，当該花火大会に際して（基本問題23の参考判例①と同一事件である），人なだれの発生を避けるために負うべき具体的注意義務まで当然に共同していたとはいえず，業務上過失致死傷罪の共同正犯が成立する余地はないとされたのである。そのため，直接の警備担当者に対する公訴提起があっても，それだけで公訴時効は停止せず，当該事故から5年が経過した時点で時効が完成するとした。

次に，共同実行の意思は，過失犯にも認めうるのであろうか。過失犯でいう共同実行の事実が，客観的な注意義務に違反することならば，共同実行の意思は，客観的行為の主観的な反映として，これらの事実を認識・認容することで足りるであろう。その意味で，犯罪共同説にあっても，共同実行の意思を肯定できる。本問の素材となった事案は，まさしく共同作業をしていた者が，トーチランプの消火を十分に確認することなく工事現場を離れたため，その炎が防護シート等に点火することで，電話ケーブルなどを焼損させた事件であるが，同じく過失の共同正犯が肯定されている。すなわち，トーチランプを使用した複数の作業員は，現場を離れる際にはランプの炎が完全に消火したかを，相互に確認し合うべき業務上の注意義務があり，犯人らはこれらの事実を十分に認識していたからである（参考判例①）。

4　管理・監督過失と人的な上下関係

なお，現場監督者である甲は，易燃物を管理する上司として，その引火による火災を防止する注意義務がある。したがって，自らの注意義務を怠って火災事故が生じた以上，業務上失火罪および業務上過失致死傷罪の責任を免れない（参考判例③）。さらに，経営者である丁は，甲・乙・丙らの従業員に対して十分な安全教育を施しておらず，火災防止のための物的設備（アラームなど）も用意していなかった。この点で，管理・監督者としての安全管理義務に違反している（安全体制確立義務の違反）。

通常，管理・監督過失は，現場作業員による直近の過失と競合することになるが，甲・乙・丙・丁には，人的な上下関係があるため，過失の共同正犯が予定する平等・対等の関係にはない。また，管理・監督過失でいう結果予見義務は，上位者の過失に固有のものであって，安全体制の不備に起因する結果発生の予見可能性で足りるといえよう（最決平成2・11・16刑集44巻8号744頁，最決平成5・11・25刑集47巻9号242頁など）。

●】参考文献【●

嶋矢貴之・百選Ⅰ 160頁／嶋矢貴之・平28重判166頁／本間一也・インデックス〔総〕262頁／瀬川行太・インデックス〔総〕／嶋矢貴之・プラクティス〔総〕321頁・323～324頁・327頁／豊田兼彦・ハンドブック〔総〕164頁／成瀬幸典・判例セレクトMonthly法教435号（2016）178頁

（佐久間修）

23 過失の競合

人気アイドルグループのライブ公演を計画したA音楽事務所の社長Bは，地方都市のドーム会場を確保したものの，近隣の道路がいずれも狭いことに加えて，過剰な枚数のチケットを販売したため，唯一の公共交通手段である地下鉄の駅出入口あたりに，多数のファンが集中することとなった。しかし，所轄の警察署署長Cによる交通整理が十分になされず，A音楽事務所から依頼されたD警備会社のEもこの異常事態を放置した結果，公演開始が近づく時間帯になって会場前の歩道橋を一気に昇ろうとした群衆が，階段付近で折り重なって転倒し，多数の死傷者が出るに至った。

BおよびC・Eの罪責はどうなるか。

●】参考判例【●

① 最決平成22・5・31刑集64巻4号447頁（明石歩道橋人なだれ事件）
② 最決平成19・3・26刑集61巻2号131頁（患者取り違え事件）
③ 最決平成22・10・26刑集64巻7号1019頁（日航機ニアミス事件）
④ 最決平成24・2・8刑集66巻4号200頁（三菱自動車ハブ脱輪事件）

●】問題の所在【●

過失犯の基本類型は単独正犯であるが，複数人の過失行為が競合して，1つの構成要件的結果を惹起する場合がある。たとえば，深夜トラック便の運転手Xが，前方不注視の状態で歩行者Aに衝突した後，現場を通りかかったYのタクシーが，路上に倒れていたAを轢いたため，Aが即死した場合である。おのおのの過失行為と死亡結果の間に因果関係が認められるとき，XとYの刑事責任は，それぞれの過失の度合いによって異なる。本問では，ずさんな企画を立てたイベント主催者のBに加えて，当日の雑踏警備を担当するCとEが，群衆の殺到による人身事故の回避義務を負っているため，こうした過失の競合をどのように捉えるかが問題となる。

●】解説【●

1　過失の競合とは何か

いわゆる過失の競合（広義）は，過失の共同正犯も含めて，複数の過失行為が併存することで構成要件的結果を引き起こした場合をいう。これに対して，狭義の過失の競合は，複数の単独正犯が成立するため，お互いに同時正犯の関係となる。本問の素材である花火大会死傷事件は，会場近くの歩道橋に集積した群衆が転倒した結果，いわゆる「人なだれ（雪崩）」による死傷者が出たものであり，花火大会を企画した市の担当者らと警察関係者および警備会社支社長の刑事責任が問われた。その際，警備担当者は，死傷事故の発生を予見したうえで機動隊に出動を要請するなど，本件事故を未然に防止すべき業務上の注意義務を怠った点で，各人が業務上過失致死傷罪に当たるとされた（参考判例①）。

およそ複数人の過失行為が競合する場合，各行為が時間的に相前後するほか，同時並行的に過失行為が生じる場合がある。本問におけるＢとＣ・Ｅの過失は，時間的にずれているが，ＣおよびＥの過失は，同時並行的な関係にあるため，いわば並列型の過失競合が問題となる。これに対して，過失の共同正犯では，共同の注意義務に対する共同の違反が必要であり，管理監督過失では，組織内における上下主従ないし指揮命令の関係が前提となる。前者は「相互依存的競合型過失」であり，後者は「組織内競合型過失」と呼ばれる（なお基本問題22参照）。

2　過失の競合と信頼の原則

狭義の過失の競合は，異なる注意義務を負担する対等当事者の間で生じるため（過失の同時正犯），各行為と結果の間の因果関係が問われる（なお基本問題4参照）。特に不作為の過失では，いずれが因果的支配を有するかで犯罪の成否が決定される。他方，第三者の合義務的態度を踏まえた信頼の原則が，違法性阻却事由になることも少なくない。もっとも，これらの過失は，常に同一の次元で議論されるわけでなく，一方の過失が他方の前提条件になる場合もある（直列型過失競合）。たとえば，同一の医療チームで手術をする場合にも，指導医と執刀医，看護師などは，時間的なズレがある別々の役割を担っており，共同正犯が成立する余地は乏しい（参考判例②）。また，過去には，信頼の原則を用いて過失犯の成立範囲を限定したものがある（北大電気メス事件，札幌高判昭和51・3・18高刑集29巻1号78頁）。

次に，過失犯の成否は，組織内の人間関係だけで決まるわけではない。むしろ，実質的な結果回避義務（および結果予見義務）の内容に左右されるため，組織体内部でも，独立した複数人による過失が考えられる（抗がん剤過剰投与事件，最決平成17・11・15刑集59巻9号1558頁）。本問では，イベントの開催・実施に携わった関係者の中で，雑踏警備を担当するCとEの役割いかんで，各人の注意義務の程度や範囲が異なってくる。したがって，イベントの企画それ自体に決定的瑕疵があった場合はともかく，当日の運営方法によって人身事故の危険性が低下するのであれば，その範囲で現場担当者の過失責任が問われる。

3　過失の競合と因果関係

過失の競合では，第三者の過失行為が介入するため，因果関係の存否も問題となる。なるほど，一方の競合者が注意義務を遵守したならば（すなわち，過失行為がなければ），当該結果は発生しないという意味で，それぞれの過失行為だけをみる限り，侵害結果の間には条件関係が認められる。判例によれば，実験則上，当該行為から侵害結果が生じうる以上，それ以外の過失行為が優勢または直接的なものであっても，因果関係は中断されないからである（最決昭和35・4・15刑集14巻5号591頁）。ただし，先行の過失行為と対比して，その後に介入した過失行為が決定的なものであるならば，先行行為と侵害結果の因果関係が欠けるとした判例もある（大阪高判昭和63・2・4高刑集41巻1号23頁）。

したがって，各過失の比重を検討しなければならないが，ある過失行為が唯一の原因である必要はないし，有力な後発過失が存在した場合にも，先行する過失と当該結果の間には因果関係が認められる。本問において，主催者のずさんな企画・立案と現場担当者の不十分な対応が相俟って死傷事故を発生させたならば，故意犯における重畳的因果関係と同じく，複数の要因が合併して当該結果を実現したといえよう。その際，現場担当者が適切に注意義務を履行すれば，当該結果に至らなかった点では，後行の過失が直近のものといえるが，警備上の不備が事故発生の決定的要因でない以上，BおよびC・Eの行為と死傷結果の因果関係は否定されないのである。

4　過失の競合と組織的過失

本問のCとEは，別々に警備を担当する者であり，過失の共同正犯における共同の注意義務と共同の違反が存在しない。また，管理監督過失で前提となる上下関係や支配・被支配関係もみられない。まさしく各人が独自に不注意な行動を選択したことで，最終的に死傷事故を発生させており，上述した過失の競合（狭義）に当たる。同様な人的関係は，日航機ニアミス事件において，航空管制官と被害機長の間，および，指導役の管制官と見習い管制官の間でも存在した。すなわち，実地訓練中の管制官が便名を言い間違えて降下指示を出したため，異常接近状態（ニアミス）になった旅客機の機長が機体を急降下させることで，跳ね上げられた機内の搭乗客らが負傷した事案である（参考判例③）。

そこでは，見習い管制官の誤った降下指示と乗客の傷害の間に，衝突回避装置の警告に従わなかった機長の判断ミスが介在した。しかし，裁判所によれば，たとえ衝突防止装置の上昇指示に従わなかった（機長の）過誤があるとしても，当該管制官には，適切な降下指示を与えて接触や衝突等を未然に防止する業務上の注意義務がある。また，不適切な指示に気づかないまま是正しなかった上司にも，指導監督者としての注意義務違反があった以上，これらの過失が競合して本件結果に至っており，両管制官には業務上過失傷害罪が成立するとされた（参考判例③）。なお，指導役の管制官と見習い管制官の間では，後者から前者に対する働きかけが想定されておらず，相互的な補充関係が欠ける以上，共同正犯も認められない。

5　過失の競合と不作為の過失

なるほど，委託者によるずさんな企画や過密作業が立案された後，その実施を請け負った現場担当者の対応が不十分であったため，死傷事故に結びついた場合，委託者と受託者の間には，何らかの上下主従関係があったようにみえる。しかし，本問の委託者であるＢには，企画・立案した後も引き続き，常時かつ直接的に警備状況を監視する注意義務があったわけでなく，警備の専門家であるＥらに委託したことで，企画段階の過失責任だけが問われることになる。しかも，当初から明らかに警備計画の不備があった場合は格別，企画段階における過失と，その後に人身事故の危険が高まった時点における現場担当者の過失は，相互的な注意義務に当たらないので，過失の共同正犯とならない。

他方，過失の不作為犯にあっては，各人の注意義務違反を論じる以前に，不作為犯における作為義務が必要となる。すなわち，現場の警備担当者は，保障者的地位になければならず，当日の警備対応では限界があるとき，むしろ，ずさんな企画を立てたＢが過失正犯になることもある。いわゆる製造物責任にあっては，トラックの走行中にハブが輪切り破損して，脱落したタイヤが歩行者に激突して死亡させた事件について，自動車メーカーの品質保証部門の責任者がリコール実施の措置等を採らなかった点で，業務上過失致死傷罪に問われた（参考判例④）。もっとも，イベントの企画者は，ずさんな企画を立案・実施したという作為犯でもある。その意味で，もっぱら過失不作為犯とみるのは，注意義務の「懈怠（不履行）」という側面と混同するものであり，失当である。

6　引き受け過失と段階的過失論

本問のBは，現場のCとEを指導・監督する関係になく，せいぜい委託関係にとどまるため，受託者の過誤を予見すべき立場にない。したがって，管理監督過失として処罰することはできず，特に現場担当者のミスを具体的に予見できる事情がない限り，警備上の過失については，信頼の原則が適用されることもある。また，コンサート企画者と警備担当者という立場の違いがあり，共同正犯にとって必要な共同の注意義務と共同の違反もない。

そのほか，ずさんな企画が現に実施されたとき，警備担当者が，その不備を補完する役割も担って当該イベントに関与したならば，過失の承継的共犯を認める余地がある。先行者の過失を引き継いだ保障者的地位にある者には，引き受け過失の問題も生じるであろう。これに対して，全体の因果経過を支配していない警備担当者には，過失の単独正犯を認めるだけの作為義務がないケースも考えられる。なお，同一人による複数の過失行為が併存する場合には，いわゆる段階的過失論（直近過失論）や引き受け過失が問題となるし，被害者の過失が競合するならば（対向型過失競合），いわゆる「危険の引き受け」が論じられることになる。

●】参考文献【●

嶋矢貴之・百選Ⅰ 160 頁／甲斐克則・平 22 重判 194 頁／古川伸彦・平 22 重判 196 頁／北川佳世子・平 24 重判 148 頁／山田利行・インデックス〔総〕98 頁／杉本一敏・プラクティス〔総〕52 頁／古川伸彦・プラクティス〔総〕108 頁／山本紘之・プラクティス〔総〕112 頁／平山幹子・プラクティス〔総〕116 頁

（佐久間修）

24 共犯と身分

> A市の市長である甲とA市の助役である乙は，A市の大学招致委員会の委員長および副委員長であったが，A大学建設用の積立資金を保管する収入役の丙と共謀のうえ，地元企業のBなどから預かった寄付金の一部を，自らの飲食費や遊興費としてほしいままに費消した。ただし，同委員会の委託を受けて，寄付金の受領・保管などに従事していた者は，収入役の丙だけであり，甲と乙は寄付金を保管する権限を有していなかった。
> 甲・乙および丙の罪責はどうなるか。

●】参考判例【●

① 最判昭和32・11・19刑集11巻12号3073頁（寄付金流用事件）
② 大判昭和9・11・20刑集13巻1514頁（偽証共謀事件）
③ 最判昭和27・9・19刑集6巻8号1083頁（警察官もみ消し金横領事件）
④ 最判昭和31・5・24刑集10巻5号734頁（母親毒殺共謀事件）

●】問題の所在【●

犯罪の中には，一定の身分を備えた者だけが主体となる類型（真正身分犯）と，犯人の身分に応じて法定刑が加重・減軽される類型（不真正身分犯）がある。しかし，これらの犯罪を実現するに当たり，身分者の犯行に非身分者が加功したり，身分者と非身分者が共同して犯罪を実現することも少なくない。こうした場合，どのように取り扱うかを定めた条文が，刑法65条である。すなわち，同条1項は，身分犯であっても，非身分者による共犯が成立しうるといい，同条2項では，不真正身分犯における身分のない共犯には，通常の刑を科するとした。その際，刑法上の「身分」とは何か，同条1項の「共犯」には，狭義の共犯（教唆犯・従犯）だけでなく，共同正犯も含まれるのか，また，同条2項では，科刑上の処理だけでなく，犯人の罪名も身分に応じて異なるかについては，何ら明記されていない。さらに，学説上は，構成的身分・加減的身分や，違法身分・責任身分という概念を用いる見解も有力である。

●】解説【●

1　身分の意義

本問中の甲と乙は，収入役の丙が保管する寄付金の一部を，飲食代金などに費消した。したがって，目的物の占有者でない甲と乙が，業務上の占有者である丙の横領行為に加功した形になる。丙には，業務上横領罪が成立するのは当然として，これに加功した非身分者の甲と乙の取扱いが検討されねばならない。その際，およそ業務上横領罪は，真正身分犯と不真正身分犯のいずれであろうか。非身分者による共犯の成立範囲をめぐっては，共犯と身分の関係を規定した刑法65条の解釈論が反映されることになる。

まず，身分の意義については，「男女の性別，内外国人の別，親族の関係，公務員たるの資格のような関係のみに限らず，総て一定の犯罪行為に関する犯人の人的関係である特殊の地位又は状態を指称する」とされる（参考判例③）。刑法65条1項の身分として，収賄罪における公務員や，横領罪にいう他人の物の占有者，背任罪における事務処理者，強姦罪における男性などの地位・属性が挙げられる。他方，同条2項では，業務上横領罪の業務者，業務上堕胎罪の業務者（医師など），常習賭博罪の常習犯などが挙げられる。横領罪にいう「他人の物の占有者」は，同条1項の身分に当たるとともに（大判明治44・3・16刑録17輯405頁），業務者という要素が加わることで，同条2項の身分にもなる。

2　刑法65条の解釈

従来の確立した判例によれば，麻薬密輸入罪における営利の目的も身分とされる（最判昭和42・3・7刑集21巻2号417頁）。学説の中には，刑法65条1項の身分が，社会生活上ないし法律上の義務を負担する特殊な地位・資格に限られるとして，目的犯の目的や常習犯の常習性のような，一時的な（心理的）状態を身分概念から排除するものがある。かりに厳格な身分概念を維持するならば，横領罪の占有者たる地位や強姦罪における性別は，同項の「身分」には該当しないことになろう。しかし，占有者の負うべき保管義務は，当該物品の委託に伴う社会的責任や法律的義務と結びつくため，占有者という地位も，同項の身分に含まれる。また，同条2項の身分では，刑の加重・減軽の原因となる限り，広く行為者の地位・資格や一定の心理状態も含まれてきた。

次に，刑法65条の解釈をめぐる通説・判例は，同条1項が真正身分犯，同条2項が不真正身分犯を規定したものとする（参考判例④）。前者は，共犯の連帯性を明らかにし，後者は，身分犯における個別性を定めているからである。しかし，同一法条の中で，異なる原理が併存するのは不合理である。そこで，同条1項が，共犯の成否にかかわるのに対し，同条2項が，科刑について定めたとみる見解もある。だが，犯罪の成否と科刑は分離するべきでないとすれば，同条1項が違法身分の連帯的作用を宣言し，同条2項が責任身分の個別的処理を認めたものとされる。最後の見解では，およそ刑法上の身分は，違法身分と責任身分に分割されるが，違法性または責任の一方だけで構成される身分概念はそれほど多くないであろう。

3　非身分者による共犯

学説上，刑法65条1項は，真正身分犯および不真正身分犯における非身分者の共犯（共同正犯を含む）を認めたのに対して（参考判例②），同条2項は，不真正身分犯における非身分者の科刑を定めたとされる。したがって，本問中の甲と乙は，業務上丙が占有する金銭を共同して費消（領得）したため，この範囲で（単純）横領罪の共同正犯が成立する。これに対して，有力説は，同条1項の「共犯とする」の意味をめぐって，真正身分犯では，非身分者による実行が考えられず，せいぜい従属的共犯である教唆犯や幇助犯にとどまるという。他方，通説・判例は，真正身分犯であっても，身分者と非身分者による共同実行が可能であるとして，甲と乙にも，同条1項の連帯的作用から，全員に横領罪の共同正犯を認めてきた（大判明治43・8・25刑録17輯1510頁，大判昭和15・3・1刑集19巻63頁など）。

次に，業務上横領罪の規定は，単純横領罪よりも業務者の刑を加重しているから，不真正身分犯という性格も兼ね備えている。そこで，およそ占有者の地位を欠く甲と乙については，丙の（業務上）横領罪という真正身分犯に加功した点で，同条1項により業務上横領罪の共同正犯が成立した後，不真正身分犯である「業務上」横領罪に対して非身分者が加功した点で，同条2項を適用しつつ，単純横領罪の刑を科することになる（参考判例①）。これとは反対に，同条1項により，単純横領罪の限度で甲・乙・丙の共同正犯が成立したうえで，業務者である丙についてのみ，不真正身分犯の加重身分をもって業務上横領罪の刑を科する解釈も考えられる。さらに，行為共同説または部分的犯罪共同説の見地から，同条1項を適用することなく，直接に同条2項を適用することで，甲と乙には業務上横領罪の共同正犯を認めつつ，非身分者として減軽類型である単純横領罪に問う見解もありうる。

●】参考文献【●

内田幸隆・百選Ⅰ 190頁／星周一郎・インデックス〔総〕298頁／齊藤彰子・プラクティス〔総〕395～396頁／照沼亮介・ハンドブック〔総〕190頁

（佐久間修）

25 共犯関係からの離脱

甲・乙・丙は，Aの態度に憤慨し，同人に謝らせようと考え，深夜，Aを車で乙宅に連行した。甲は，乙・丙とともに，乙宅において，Aに，謝ることを強く促したが，Aが反抗的な態度をとり続けたことに激昂し，その身体に対して暴行を加える意思を乙・丙と相通じたうえ，翌日午前3時30分頃から約1時間にわたり，竹刀で殴打した。その後，丙が，「もう十分だ。そろそろやめよう」と言い出したところ，乙は，「勝手なことを言うな」と申し向けながら丙を力任せに殴りつけ，丙を失神させた。その後も，甲・乙は，Aの顔面，背部等を多数回殴打するなどの暴行を加え続けた。甲は，同日午前5時過ぎ頃，乙方を立ち去ったが，その際，「おれは帰る」と一言述べただけであった。その後ほどなくして，乙は，Aの言動に再び激昂し，さらにAの顔を木刀で突くなどの暴行を加えた。Aは，そのころから同日午後1時ころまでの間に，乙方において甲状軟骨左上角骨折に基づく頸部圧迫等により窒息死したが，上記の死の結果は，甲・乙・丙のいずれの暴行によって生じたものか断定できない。

甲および丙の罪責はどうなるか。

●】参考判例【●

① 最決平成元・6・26 刑集43巻6号567頁（おれ帰る事件）
② 最判平成6・12・6 刑集48巻8号509頁（ファミレス暴行事件）
③ 名古屋高判平成14・8・29 判時1831号158頁（仲間割れ失神事件）
④ 最決平成21・6・30 刑集63巻5号475頁（電話中止連絡事件）

●】問題の所在【●

甲・乙・丙は，Aに対して暴行する意思を通じ，共同して暴行を加え，Aを傷害している。したがって，両者は傷害罪の共同正犯であり，甲・乙・丙はそれぞれ正犯としての罪責を負う（60条）。その後，丙は気絶し，甲は現場を去っているが，乙はさらにAに暴行を加えている。問題となるのは，丙および甲が，気絶後・現場を去った後も，依然として共同正犯としての罪責を負うのかどうかである。すなわち，共同正犯関係からの離脱が認められるには，どのような要件が必要になるかが問題となるのである。

●】解説【●

1　共犯の処罰根拠

共犯の処罰根拠については，従来，さまざまな議論が行われてきたが，現在の通説は因果的共犯論である。因果的共犯論は，別名・惹起説とも呼ばれ，共犯は正犯に因果性を及ぼしているがゆえに処罰されると理解される（なお，その内容の詳細については，学説によって争いがあるものの，ここでは立ち入らない）。

因果的共犯論によれば，共犯者が自らの因果性を断ち切った場合は，共犯の処罰根拠が失われ，共犯としての罪責を負わないことになる。共犯からの離脱が認められるのは，その因果性が断ち切られた場合であると解される。ここでは，その要件が問題となる。

2　着手前の離脱と着手後の離脱

共犯からの離脱は，実行行為に着手する以前の離脱と，実行行為に着手してからの離脱の２つの場合に分けられる。着手前の離脱は，共謀関係を解消すればよいのに対し，着手後の離脱は，いったん実行行為に着手している以上，結果防止措置をとらなければならないとされる。確かに，実行の着手前には，共犯者に対する因果的影響力は弱く，結果防止措置までは不要な場合が多いであろう。しかし，問題の本質は，共犯者が実行に着手したかどうかではなく，因果的影響力が除去されたかどうかである。参考判例④は，そうした観点から，実行の着手前であっても，結果防止措置を要求した点で，注目される。このように，実行の着手前・着手後という分け方は，相対的なものにすぎない。ただ，一般論としていえば，着手後の離脱については，共犯者が因果性を完全に除去するのは，極めて困難である。

本問では，甲および丙は，乙とともに，傷害の実行に着手している。因果的影響力は極めて大きくなっているといってよい。着手後の離脱が認められるためには，因果的共犯論をそのまま当てはめれば，離脱を希望する者が，共犯関係からの離脱を表明して他の共犯者から同意を得たうえで，自己が与えた心理的・物理的因果性を，完全に失わせなければならないことが必要になると考えられる（因果関係遮断説。なお，特定の共犯者間に新たな共謀が生じたときには，これを共犯からの離脱の問題と見るかどうかについては評価が分かれるが，新たな共謀に関わっていない者については，それ以降の行為について，共犯とされないと考えられる。参考判例②参照）。以下，この基準に従い，丙および甲について考えてみよう。

3　共犯関係からの離脱と同時傷害の特例

丙は，乙に殴られて気絶している。参考判例③では，仲間に殴打されて失神した者は，共犯関係から離脱したものと認められている。実際，失神者は，たとえ望んだとしても，失神後に離脱を試みることは不可能であり，他の共犯者の犯行を食い止めることもできない。法が不可能を強いるものではないのであれば，離脱を試みて殴打され失神した者については，その他の共犯者のその後の行為について責任を問われないと解する余地は十分あると思われる。

しかし，失神者の最終的な罪責の判断について，同時傷害の特例が適用されるのであれば，結局は，離脱後に発生した結果について，失神者も責任を負うことになりうる。本問において，Aの死亡結果は，甲・乙・丙いずれの傷害行為により生じたかわからないのであるから，同時傷害の特例の適用があれば，甲・乙・丙は共犯として扱われるから，丙もAの死亡結果について責任を負わざるを得ず，傷害致死罪が成立することになる。

しかし，死亡結果については，同時傷害の特例の適用範囲外とも考えられる（通説）。なぜなら刑法207条は，「疑わしきは被告人の利益に」の重大な例外であり，適用はできるだけ厳格に解すべきだからである（ただし判例は，傷害致死の場合も，同時傷害の特例の適用を認めていることに注意すべきである）。

なお，もし離脱を認めないとすれば（参考判例③の原審はそのように解している），そのまま共同正犯の問題となる。丙は，甲・乙とともに，傷害致死罪の共同正犯となる。

4　物理的・心理的因果性

甲は，本問に表れている事実を見る限り，これ以上制裁を加えることをやめると告げているだけで，乙に対して以後はAに暴行を加えることをやめるよう求めたり（心理的因果性の除去），あるいは同人を寝かせてやってほしいとか，病院に連れていってほしいなどと頼んだり，竹刀を破棄するなどの行為（物理的因果性の除去）はしていない。このような場合，甲の行為の心理的・物理的因果性は，依然として除去されていないと評価できる（参考判例①）。したがって，甲は，乙・丙とともに，傷害致死罪の共同正犯となる。

ただし，因果性の除去は，あまり厳格に考えると，着手後の離脱を事実上不可能にしてしまう。そこで，因果性の除去について規範的に捉える見解が主張されているが，注目に値しよう（しかし，本問では，規範的に捉える見解によったとしても，離脱は認められないであろう）。

5　共犯の中止との関係

「共犯からの離脱」に似たものとして，「共犯の中止」と呼ばれるものがあるので整理しておこう。これは，共犯の処罰根拠論についての研究が進んでいなかった時代に，もともと，共犯の離脱に当たる現象の一部が，共犯の中止として議論されてきたものである。この理論によれば，中止犯である以上，適用しうる事案は，ⓐ実行行為に着手している場合であって，ⓑ既遂結果が発生していない場合であることが前提となる。したがって，この理論は，実行の着手前の離脱（共謀からの離脱）や，最終的に結果が発生してしまったが，それ以前に共犯関係から完全に離脱していた場合について，実際上，適用することができなかった。

その後，因果的共犯論の発展により，共犯の離脱の議論が行われるようになると，共犯と中止の議論は，その存在意義を減少させた。すなわち，共犯の中止は，共犯の離脱が生じた場合のうち，実行の着手後に離脱した者が他の共犯者の犯行を阻止して結果を発生させなかった場合について，中止犯規定の適用の可否を考えるという形でのみ問題となることが理解されるに至ったのである。

本問は，ⓐ実行行為に着手している場合であるが，ⓑ結果が発生してしまっているから，共犯の中止の問題は生じないことになる。

●】参考文献【●

島岡まな・百選Ⅰ 194 頁／曲田統・百選Ⅰ 196 頁／十河太朗・百選Ⅰ 198 頁

（松澤　伸）

26 罪　　数

> 甲は，犯行当日，夜中の２時すぎから翌日の未明にかけて，Ａが管理する事務所に忍び込み，順次，パソコンや事務機器類を運び出して，あらかじめ用意しておいた軽トラックに積み込んだ。また，上記の荷物を運び出す途中で，事務机の中にＡ名義の預金通帳があるのに気づいたため，Ａの預金を不正に引き出す目的で，これを自分のポケットへ入れた。しかし，盗品を積み込んだ直後，事務所内の警報機が鳴り始めたため，甲は，急いで軽トラックを発進させて，大幅に制限速度を超えるスピードで暴走したが，運転免許のない甲は，ハンドル操作を誤って，歩道上の通行人Ｂを轢き殺して逃走した。さらに，その翌日，甲は，Ｃ郵便局に出向いて，有り合わせ印を用いたＡ名義の貯金払戻し金受領証を提出し，預金の払戻しを受けた。
>
> 甲の罪責はどうなるか。

●】参考判例【●

① 最判昭和24・7・23刑集3巻8号1373頁（米俵窃盗事件）
② 最判昭和25・2・24刑集4巻2号255頁（預金引出し事件）
③ 最大判昭和49・5・29刑集28巻4号114頁（酒酔い運転轢死事件）
④ 最決平成5・10・29刑集47巻8号98頁（２個のスピード違反事件）
⑤ 最決平成22・3・17刑集64巻2号111頁（街頭募金詐欺事件）
⑥ 最決平成26・3・17刑集68巻3号368頁（反復暴行傷害事件）

●】問題の所在【●

犯人が複数の罪を犯したとき，その個数はどうなるか。かりに数罪が成立するとして，科刑上一罪である観念的競合や牽連犯に当たるか，それとも併合罪として処理されるかが，いわゆる罪数の問題である。まず，本来的一罪となる範囲をめぐって，犯意標準説，行為標準説，法益標準説，構成要件標準説が対立してきた。現在では，被害法益の個数を基準とする法益標準説のほか（大判明治41・3・5刑録14輯161頁），侵害行為の態様も含めて構成要件に該当した回数を問う構成要件標準説が支持されている（最大判昭和24・5・18刑集3巻6号796頁，最判昭和28・3・20刑集7巻3号606頁など）。なお，本問では，連続した住居侵入窃盗に関連して，不可罰的事後（事前）行為の範囲が問題となる。また，本来的には数罪となる無免許運転などについても，科刑上一罪（観念的競合・牽連犯）または併合罪のいずれに当たるかを検討しなければならない。

●】解説【●

1　罪数の標準と包括一罪

本問の甲は，わずか数時間の間に同種の窃盗行為を繰り返しており，これらは包括一罪となる可能性がある。また，Bの死亡結果については，通常，過失運転致死罪（自動車の運転により人を死傷させる行為等の処罰に関する法律5条）が問題となるが，特に悪質な事案では，危険運転致死傷罪（同法2条）の規定が適用されることもある。その際，甲は，現場から逃走するために無免許運転をしており，道路交通法上の罰則にも違反する。さらに甲は，A名義の貯金通帳を用いて預金の払戻しを受けており，払戻し行為が，窃盗罪の不可罰的事後行為に当たるか，それとも別途，詐欺罪を構成するかも問われるであろう。

さて，冒頭に掲げた住居（建造物）侵入窃盗にあっては，それぞれ，住居の平穏と財産権というAの保護法益が侵害されており，法益標準説によれば，通常，一個の犯罪が成立することになる。なるほど，個々の窃取行為が時間的・場所的に隔たっているときには，もはや本来的一罪とみることができないが，Aの事務所内の財物を奪う甲の動作は，まったく同一であって，しかも，これらの侵害行為は，同一場所で数時間程度の短い間に繰り返されている。こうした犯行態様は，旧法時代に連続犯ないし接続犯と呼ばれていた。したがって，現行法上も，甲による1個の人格的態度の現れとして，包括的に評価することが可能である（参考判例①）。

また最近では，事情を知らないアルバイトを利用して，多数の通行人を欺くという募金詐欺を繰り返した事案について，1個の意思に基づく同一態様の行為である以上，詐欺罪の包括一罪を認めたものがある（参考判例⑤）。さらに，同一被害者に対し，約1か月から約4か月の間，ある程度まで限定された場所で，共通の動機から繰り返し犯意を生じて，おおむね同一態様の暴行を反復累行したために種々の傷害が生じた場合，その全体を包括して一罪と評価できるとした（参考判例⑥）。なお，上述した住居侵入罪と窃盗罪は，それぞれが手段・結果に当たるので，牽連犯の関係となる（大判明治45・5・23刑録18輯658頁）。

2　科刑上一罪と併合罪

次に，甲の運転行為については，ⓐ無免許運転（道路交通法64条・117条の4第2号），制限速度違反（同法22条1項・118条1項1号），負傷者の救護義務違反（同法72条1項・117条・117条の5第1号）の罪が成立する。また，こうした道路交通法上の犯罪と，ⓑBを死亡させた危険運転致死罪または自動車運転過失致死罪の罪数関係も問題となる。ⓐの各行為については，1個の自然的行為として数個の罪名に触れるため，刑法54条1項前段の観念的競合に当たる。また，その中で，犯情と罰条の最も重い無免許運転の刑が選択されるであろう。他方，ⓑでは，犯行現場から逃走するため，自動車を疾走させており，通常の自動車走行を超える危険な運転行為があった。すなわち甲の行為は，第三者の生命・身体の安全を脅かす運転による人身事故として，危険運転致死罪にも該当する。

その際，自動車の走行中は，安全運転義務違反が継続しており，道路交通法上の犯罪と危険運転致死罪が時間的・場所的にも重なり合う。したがって，観念的競合とみることも可能であるが（最決昭和49・10・14刑集28巻7号372頁参照），過去の最高裁判例では，道路交通法違反（酒酔い運転罪）と業務上過失致死罪を併合罪としてきた（参考判例③）。また，道路交通法違反の罪では，近接した2カ所における速度違反行為でさえも，各地点の交通規制や犯行の態様が異なることから，それぞれ別罪を構成するとされる（参考判例④）。なるほど，不作為犯であるひき逃げと救護義務違反を観念的競合とみた判例もあるが（最大判昭和51・9・22刑集30巻8号1640頁），作為犯である危険運転致死罪と不作為犯である救護義務違反は，常に同一の行為になるわけではない。さらに，先行する無免許運転罪と危険運転致死罪は，自然的行為として重なっておらず，併合罪とみるべきであろう。

3　不可罰（共罰）的事後行為と併合罪

窃盗罪や強盗罪などでは，目的物を領得して犯罪が完成した後も，違法な財産状態が継続する（状態犯）。こうした違法状態は，先行する財産犯によって包括的に評価されるため，たとえば，犯人が盗品を損壊・遺棄しても，新たに器物損壊罪（261条）が成立するわけではない（不可罰的事後行為）。したがって，本問の甲が，事務机から盗み出した預金通帳を破棄する行為は，窃盗罪の単なる事後的処分にすぎないが，新たな違法行為に及んだ場合には，別罪を構成する（参考判例②）。本問では，郵便局員に対して，A本人が払戻し請求をすると誤信させた結果，現金を騙取しており，詐欺罪に当たる。また，A名義の貯金払戻し金受領証を作成・提出した行為は，有印私文書偽造・同行使罪に当たり，詐欺罪とは牽連犯の関係になる（大判明治42・1・22刑録15輯27頁）。

なお，近年では，所有者から委託された不動産に抵当権を設定・登記したうえで（第1行為），これをほしいままに売却した（第2行為）という事案にあって，第2行為を捉えて業務上横領罪の成立を肯定した判例がみられる（最大判平成15・4・23刑集57巻4号467頁）。すなわち，自己が占有する他人の所有物に抵当権を設定すること自体，横領行為に当たるが（最判昭和31・6・26刑集10巻6号874頁），およそ「横領」は，他人の物を自己の所有物のように，処分もしくは処分しうべき状態に置くことで足りる（大判明治42・8・31刑録15輯1097頁）。したがって，上述した占有者が，なお他人の不動産を占有している以上，別途，委託の趣旨に背く行為があったならば，単なる不可罰的事後行為ではないとされた。

4　加重減軽の順序

上述したように，本問の甲については，特に再犯加重や法律上の減軽がないとき，牽連犯や観念的競合による罪数処理の後で，その刑種を選択することになる（大判明治42・3・25刑録15輯328頁など）。そして，併合罪加重をしてから，酌量減軽の可能性が論じられる（72条1～3号）。すなわち，窃盗罪は包括一罪として住居侵入罪と牽連犯関係に立つが，観念的競合とされた各道路交通法違反については，その中の最も重い無免許運転罪の刑が選択されるところ，さらに，Bの死亡にかかる危険運転致死罪のほか，預金の払戻しをめぐる詐欺罪と私文書偽造・同行使罪の牽連犯が，お互いに併合罪の関係に立つことになる。

●】参考文献【●

岡西賢治・百選Ⅰ 202頁／宮川基・百選Ⅰ 204頁／只木誠・百選Ⅰ 206頁／佐伯和也・百選Ⅰ 210頁／渡辺咲子・平22重判206頁／丸山雅夫・平26重判161頁／荒木泰貴・インデックス〔総〕316頁／齋藤実・インデックス〔総〕318頁／山本雅昭・プラクティス〔総〕404頁・407～409頁・413頁／小池信太郎・ハンドブック〔総〕200頁・202～203頁・210頁

（佐久間修）

基本問題〔各論〕

27 生命に対する罪

甲は，スナックのホステスAと同棲するようになり，将来は結婚する約束をしていたが，その後，資産家の娘Bと交際を始めたため，Aの存在が邪魔になった。そこで，Aに別れ話を切り出したところ，Aから「それなら心中しよう」と言われて，やむなくこれに同意した。しかし，数日後には，Aだけが死ねば好都合であると考えて，事前に用意した青酸カリをAに渡し，甲も一緒に飲んで自殺するかのように装って，上記の毒薬を飲み込んだAを中毒死させた。

甲の罪責はどうなるか。

●】参考判例【●

① 最判昭和33・11・21刑集12巻15号3519頁（偽装心中事件）

② 最決昭和27・2・21刑集6巻2号275頁（首吊り教唆事件）

③ 福岡高宮崎支判平成元・3・24高刑集42巻2号103頁（老人連れ回し事件）

④ 最決平成16・1・20刑集58巻1号1頁（自殺強要殺人事件）

●】問題の所在【●

被害者本人が死ぬことに同意した場合にも，自殺関与・同意殺人罪（202条）ではなく，普通殺人罪（199条）が成立するためには，どのような条件が必要であろうか。そもそも，自殺とは，自殺者本人の自由な意思決定により，自らその生命を断絶する行為である。また，自殺の教唆は，本人に自殺を決意させる一切の行為をいい，その手段・方法のいかんを問わない。しかし，自殺を決意した原因が，物理的強制や心理的強制に基づくとき，刑法上は，被害者の自殺意思が無効となる。これに対して，本問のような欺罔・錯誤があった場合には，心中を提案したのが誰であるか，犯人が毒物や凶器を用意したかなど，自殺に至る経緯を詳しく見る必要がある。

●】解説【●

1　普通殺人罪と自殺関与罪

普通殺人罪と自殺関与・同意殺人罪の違いは，服毒死や縊死（首吊り）といった行為態様だけでは区別できない。被害者本人が自殺を決意した過程を，仔細に検討するべきである。たとえば，妻の浮気を疑った夫が，数カ月にわたり激しい暴行や虐待を加えて，妻を自殺に追いやったにもかかわらず，自殺教唆罪とした判例がみられる（広島高判昭和29・6・30高刑集7巻6号944頁）。しかし，正常な判断力のない被害者を欺くことで，自ら首を吊って自殺させた場合には，普通殺人罪が成立するとされた（参考判例②）。また，独居する老女に警察の追及があると誤信させて，長期間にわたって連れ回した挙げ句，心理的に追いつめて自殺させた場合にも，単なる自殺教唆ではないと認定されている（参考判例③）。

最高裁は，本問の素材となった事案で，犯人に追死の意思があるように装って，被害者を自殺させたならば，殺人罪に当たるとした（参考判例①）。そこでは，甲が心中を偽装した結果，Aが甲の追死を信じて自殺を決意したならば，被害者の真意に沿わない自殺であり，欺罔に基づく無効な自殺意思と評価されるのである。したがって，Aを自殺に追いやった甲は，被害者の行為を利用して普通殺人罪を実現したことになる。なお，偽装心中については，犯人が積極的に自殺を働きかけ，被害者の口に毒物を入れて飲み込ませた事案（仙台高判昭和27・9・15高刑集5巻11号1820頁），被害者の金品を奪い取る意図で一緒に自殺するように勧めて死亡させた後，その金品を奪った事案（名古屋高判昭和34・3・24下刑集1巻3号529頁）についても，普通殺人罪の成立が認められた。

2　法益関係的錯誤と動機の錯誤

学説の中には，被害者が毒物を飲んで死ぬことに同意した以上，かりに犯人が追死するように装ったとしても，単なる動機の錯誤にすぎないという見解がみられる。この見解によれば，甲の罪責は，自殺関与（教唆）罪にとどまることになる。しかし，担当医師が末期がんであると欺く方法で，将来を悲観した患者に自殺させた場合には，反対説であっても，「法益関係的錯誤」を認めて普通殺人罪とするであろう。もちろん，人生の重大事を偽装することで，自殺を推奨または促進する行為が，ただちに普通殺人罪となるわけではないし，恋人の一方が嫌がる相手方に心中を迫ったならば，たとえ前者が死亡して後者だけが生き残ったとしても，自殺関与罪さえ成立しないことがある。

このような意味で，一部の反対説は，人間の行動や動機過程を表面的に捉えたものであり，形式的な基準だけで普通殺人罪と自殺関与罪を区分するべきではない。換言すれば，追死を誤信したことが動機の錯誤に当たるという理由だけで，真摯な自殺意思や有効な同意があったとはいえないのである。かりに形式的な同意だけを判断基準とするならば，犯人が物理的強制を加えたり，被害者を心理的に追い込んで自殺意思を生じさせたとしても，普通殺人罪の成立が否定されてしまう。同様にして，個人の自己決定権を強調するあまり，生命の安全と意思の自由を同等に位置づけたうえで，安易に自殺関与・同意殺人罪の規定を適用する見解は，刑法における保護法益の差異を無視した形式的論理に陥るであろう。

3　偽装心中と自殺意思

本問のように，追死すると偽って自殺させた場合，それが被害者にとって重要な錯誤に当たる以上，被害者の自殺意思は無効となる。しかし，被害者が積極的に心中を提案し，実際上も自らが進んで毒を飲んだ場合には，必ずしも同じ法的処理になるわけではない。むしろ，被害者が心中を主導したならば，すでに自殺意思を固めていた点で，およそ自殺教唆にも当たらず，毒物を調達するなどの（幇助）行為もなかった場合，自殺幇助罪も成立しないであろう。これに対して，最終的な自殺意思の確定をめぐって，犯人が強く働きかけた場合には，普通殺人罪の成立する余地がある。本問では，被害者の自殺意思が相手方の追死を前提条件とするため，犯人の偽装心中に支配された意思決定として，甲の罪責は，単なる自殺教唆罪にとどまらず，普通殺人罪となるであろう。

こうした捉え方は，犯人の偽装行為が被害者の死亡（自殺）につながる現実的危険を有するかという，普通殺人罪の実行行為性とも重なってくる。かりに暴行・脅迫などの強制に近い事実があったとしても，ただちに被害者の死亡を惹起しない反面，極端な場合には，被害者の行為を利用した殺人の間接正犯も成立しうるのである。たとえば，生命保険金を詐取する目的で，被害者に命じて自動車ごと海中に転落するように強要したものの，被害者が生き残ったとき，間接正犯による殺人未遂罪とした判例がある（参考判例④）。学説の中には，相手方が追死すると誤信して自殺した場合にも，すでに自殺者本人が規範的障害を乗り越えており，被害者を道具とする間接正犯に当たらないという見解もある。しかし，規範的障害という基準の曖昧さはともかく，精神的に追い詰めて自殺を決意させる行為が，およそ殺人罪の実行行為でないとするのは不合理であろう。まして，死の意味を理解できない幼児や認知症の高齢者を欺いて自殺させた場合，もっぱら形式的な同意を援用して自殺関与・同意殺人罪にとどめる立場は，実態を無視した空理空論といわざるを得ない。

●】参考文献【●

佐伯仁志・百選Ⅱ 4 頁／園田寿・百選Ⅰ 148 頁／伊東研祐・平 16 重判 155 頁／小名木明宏・インデックス〔総〕248 頁／神馬幸一・インデックス〔各〕4 頁・6 頁／塩谷毅・プラクティス〔各〕5 ～ 7 頁／岩間康夫・ハンドブック〔各〕20～21 頁／若尾岳志・刑法の判例〔各〕1 頁

（佐久間修）

28 遺棄罪

産婦人科医であるXは，妊娠26週の妊婦Aから依頼されて，自分の医院内で堕胎手術を行ったが，現行の母体保護法（旧優生保護法）によれば，通常妊娠22週未満の中絶手術が合法化されるだけである。その後，胎児のBが未熟児の状態で出生したため，Xは，Bの生育可能性を認識したにもかかわらず，そのまま自己の医院内に放置して，2日後にはBを衰弱死させた。なお，Xは，Bを保育器などがある他の病院に移送すれば十分に救命できたし，こうした措置も容易にとり得たところ，母親Aの希望もあってBを放置したものである。

Xの罪責はどうなるか。

●】参考判例【●

① 最決昭和63・1・19刑集42巻1号1頁（堕胎手術後放置死事件）
② 大判大正15・9・28刑集5巻387頁（行き倒れ人放置事件）
③ 最判昭和34・7・24刑集13巻8号1163頁（轢き逃げ致死事件）
④ 最決平成元・12・15刑集43巻13号879頁（覚せい剤少女放置事件）
⑤ 最判平成30・3・19刑集72巻1号1頁（ミオパチー児死亡事件）

●】問題の所在【●

遺棄の罪とは，他人の助けなしに生活できない者を「捨てる」行為である。故意に人の生命・身体を危殆化する点で，危険犯の一種とされる。刑法上「扶助を必要とする者」には，高齢のため起居不能な老人（大判大正4・5・21刑録21輯670頁），嬰児（参考判例③），幼児・精神病者（大判昭和3・4・6刑集7巻291頁），負傷者（参考判例③）などが含まれる。保護責任者遺棄罪（218条）では，客体の表記が異なるが，ともに被遺棄者の生命・身体を危険にする行為であって，単純遺棄罪（217条）と同じ客体と解されてきた。したがって，本問中の嬰児Bも，遺棄罪の客体に当たる以上，XがBを放置して死なせた行為は，単純遺棄罪または保護責任者遺棄致死罪のいずれであるかが問題となる。

●】解説【●

1　遺棄罪の客体と保護責任の発生根拠

本問中のBは，早期の救命措置を必要とする未熟児であるから，遺棄罪の客体に当たる。次に，医師のXは嬰児のBを「保護する責任のある者」といえる。すなわち，保護責任者とは，法律上，被害者の生命・身体の安全に配慮する義務を負う者であり，保護責任の発生根拠については，ⓐ法令の規定のほか，ⓑ契約，ⓒ事務管理，ⓓ慣習・条理などが挙げられる。Xは，母親Aの依頼によるとはいえ，自らの堕胎手術によりBを未熟児の状態で出生させた。また，母体保護法が定める人工妊娠中絶手術は，「胎児が，母体外において，生命を保続することのできない時期」でなければならず（同法2条2項），通常妊娠で満22週未満であることが求められる（平成3年厚生事務次官通知）。したがって，同法の正当化要件を充たさない。

本問中のXは，法令上の治療義務だけでなく，自らの違法な先行行為（堕胎）からBを未熟児の状態にした点でも，保護責任を負っている。このことは，母親Aが病院内にいる場合であっても異ならない。しかも，判例によれば，最初に病者を引き取った者には，病者が回復するか新たな保護者が現れるまで，その面倒をみる責任がある（参考判例②）。また，轢き逃げの事例では，先行する過失行為から通行人に重傷を負わせた自動車運転手は，その被害者を保護すべき責任が生じる（参考判例③）。さらに，犯人が覚醒剤を注射したため人事不省に陥った少女を放置して死亡させたとき，保護責任者遺棄致死罪に当たるとした最高裁判例もある（参考判例④）。

2　「遺棄」と「不保護」

次に，Xが適切な医療措置を施すことなくBを放置した行為が，「遺棄」と「不保護」のいずれに当たるかである。そもそも，遺棄の概念には，被害者を危険な場所に移す「移置」だけでなく（狭義の遺棄），危険な場所に置き去りにする行為も含まれる（広義の遺棄）。単純遺棄罪では，狭義の遺棄に限られるが，保護責任者遺棄罪では，積極的な移置だけでなく，消極的な置き去りも処罰対象となる。被遺棄者に対して保護責任を負う者には，何らかの作為義務が生じるため，刑法218条の遺棄が，純然たる不作為を含む広義の遺棄まで広がるのは当然であろう。したがって，痴ほう老人が危険な場所に赴くのを放置したり（不作為による移置），幼児が父母のもとに戻ろうとするのを妨げる場合も含めて（作為の置き去り），作為・不作為のすべてが保護責任者遺棄罪の構成要件的行為となる。

本問中のXは，自分の医院内にBを放置したにすぎず，何ら場所的な離隔を生じさせていない。また，Bを置き去りにしたともいえないため，保護責任者遺棄罪でいう「不保護」の類型に当たる。その際，遺棄と不保護の範囲をめぐって，冒頭で述べた危険犯の中でも，被害者の生命・身体に対する具体的危険とする見解と，抽象的な危険でよいとする見解が対立してきた（前掲大判大正4・5・21など）。しかし，法文上は，いずれの遺棄罪においても，具体的な危険の発生まで要求されておらず，要扶助者の保護を十全なものにする意味でも，抽象的危険が生じることで足りるであろう。

本問の事例では，かりに母親Aが近くにいたとき，なおAがBを救助する可能性が皆無でなかったとしても，すでにBには切迫した生命の危険が生じており，これを放置するXの行為は，いずれの見解にあっても，刑法上の不保護に当たる。これに対して，先天性ミオパチーにり患していた児童に対し「生存に必要な保護」を施さないで衰弱死させたものの，保護を必要とする状態にあると認識しておらず，保護責任者遺棄罪に当たらないとした例がある（参考判例⑤）。また，自らの過失（運転）により学校内で受傷させた被害児童を別の場所まで引きずっていき，そのまま放置した教師について，被害児童の生命・身体に具体的危険が生じなかったとして，保護責任者遺棄罪の成立を否定したものがみられる（大阪高判平成27・8・6平成26年(ウ)522号）。

3　不作為の殺人と遺棄致死罪

最後に，本問の素材とした事案では，堕胎手術を行ったXについて，業務上堕胎罪（214条）が成立するほか，保護責任者遺棄致死罪にも当たるとされた（参考判例①）。しかし，犯人が被害者の死亡を予期しつつ放置した点に着目すれば，不作為の殺人罪となる可能性もある。過去の判例では，いわゆる轢き逃げの事案について，保護責任者遺棄致死罪にとしたものがある反面（参考判例③），自らが重傷を負わせた被害者を病院に搬送する途中，未必の殺意を抱いて自動車の運転を続けた結果，走行中に被害者を死亡させた場合には，不作為の殺人罪が認められた（東京地判昭和40・9・30下刑集7巻9号1828頁）。

そこで，不作為の殺人罪と保護責任者遺棄致死罪を区別する基準が問題となる。学説の中には，殺人の故意があった点を重視して，ただちに殺人既遂罪を認める見解も少なくない。しかし，不真正不作為犯では，作為との等価値性が要求される。そのため，たとえXが未必の殺意を抱いた場合にも，犯人の主観面だけに依拠して不作為の殺人罪に問うことはできない。なるほど，X自身管理する医院内にBが放置された点で，他者による救助が難しいという事情もあるが，およそ第三者による救助の可能性が排除されたわけでなく，ただちに作為犯と同視するほどの支配領域性は認めがたい。したがって，Xには，せいぜい，保護責任者遺棄（不保護）による致死罪が成立することになる（219条）。

●】参考文献【●

松原和彦・百選Ⅱ 18頁／遠藤聡太・百選Ⅱ 20頁／岩間康夫・百選Ⅰ 10頁／齊藤彰子・平27重判155頁／岩間康夫・平30重判156頁／松原和彦・インデックス〔各〕34頁／岡部雅人・プラクティス〔各〕49頁／金澤真理・プラクティス〔各〕54頁／岩間康夫・ハンドブック〔各〕32頁／萩野貴史・刑法の判例〔各〕32頁

（佐久間修）

29 暴行・傷害罪

> Xは，隣人のAに嫌がらせをするため，約1年半にわたり，毎日，早朝から深夜まで，最も隣家に近い窓際にラジオや目覚まし時計を置いて，大音量で鳴らし続けるなどした結果，Aを慢性頭痛症にさせた。しかも，この様子をビデオカメラで撮影して警察に届け出た近所のBに報復する目的で，数カ月にわたり，毎晩，B宅に無言電話をかけ続けたため，Bが加療約3週間を要する精神衰弱症になった。
>
> Xの罪責はどうなるか。

●】参考判例【●

① 最決平成17・3・29刑集59巻2号54頁（騒音おばさん事件）
② 最判昭和27・6・6刑集6巻6号795頁（性病感染事件）
③ 最判昭和29・8・20刑集8巻8号1277頁（耳元で大音量事件）
④ 最決平成24・1・30刑集66巻1号36頁（勤務医薬物中毒事件）

●】問題の所在【●

暴行と傷害の関係については，刑法上，「暴行を加えた者が人を傷害するに至らなかった」場合が暴行罪とされる（208条)。したがって，傷害罪は，暴行罪の結果的加重犯であり，その反対解釈として，暴行罪には，傷害未遂の場合が包含されることになる。しかし，暴行から傷害にいたる事例が傷害罪の典型例であるとしても，それ以外の手段による傷害も考えられる。本問では，異常な騒音を繰り返し発したり，無形的方法による傷害が問題となったため，そこでは，傷害罪と暴行罪の主観的要件と客観的要件の異同が明らかにされねばならない。

●】解説【●

1 傷害の概念

刑法でいう傷害の意義については，通説と判例の間で必ずしも一致がない。一部の判例と有力説は，生理的機能の障害に限定するが（生理的機能障害説。最決昭和32・4・23刑集11巻4号1393頁），多くの判例は，身体の完全性の毀損を含む生活機能の障害とみてきた（完全性説。最判昭和24・7・7裁判集刑12号132頁）。これに対して，通説は，生理的機能の障害および外貌の重大な変更を含むとする中間的見解を採用している。たとえば，数本の毛髪を抜き取る行為は，身体の完全性を害するが，傷害というほどではない。その意味では，完全性説は広すぎる。反対に，頭髪をすべて刈り取る行為は，被害者の外貌に重大な変化をもたらす行為として，傷害罪に当たるといえよう（通説）。

なるほど，下級審判例の中には，たとえ丸坊主にしても，単なる暴行罪にすぎないとしたものがある（東京地判昭和38・3・23判タ147号92頁）。しかし，社会生活上，頭髪をなくすという重大な変化が，一時的なめまいや嘔吐感を超える支障を生じさせる以上，通説の主張が妥当であろう。そのほか，一部の学説は，生理的機能を毀損する程度をめぐって，日常生活上の支障という程度では不十分であって，少なくとも医師の治療を要するとした見解もみられる。しかし，実務上は，単なる疼痛に加えて（前掲最決昭和32・4・23），キスマークをつける場合も（東京高判昭和46・2・2高刑集24巻1号75頁），傷害に当たるとされてきた。

また，病院で勤務中の被害者に睡眠薬などを摂取させることで，数時間にわたり，意識障害および筋弛緩作用を伴う急性薬物中毒の症状を生じさせたとき，被害者の健康状態を不良に変更したものとして傷害罪の成立が認められている（参考判例④）。もっとも，構成要件上，被害者の意識障害を想定した昏酔強盗罪や準強姦罪の場合，刑法239条や同法178条2項に包含される範囲内であれば，強盗致傷罪や強姦致傷罪でいう傷害に当たらない。その限度で，一時的な意識障害についても，傷害の概念から除外されることがある。

2 傷害罪の態様と暴行の概念

傷害罪の規定は，「人の身体を傷害した」と述べるにとどまり，傷害の方法を限定していない。傷害の行為態様としては，通常，物理的な暴力による打撲傷や切創が挙げられるが，被害者を病気に感染させたり（参考判例②），有毒物を投与して中毒症状を起こす場合も（大判昭和8・6・5刑集12巻736頁，参考判例④），傷害の概念の中に含まれる。また，無形的方法を用いた例として，脅迫により強度の恐怖心を生じさせ，相手方を精神障害に陥れるような場合が考えられる（名古屋地判平成6・1・18判タ858号272頁）。したがって，有形的方法であると無形的方法であるとを問わず，客観的にみて，人の生理的機能を害する現実的危険性があれば，傷害罪の実行行為があったといえよう。

次に，暴行の概念は，広く不法な有形力（物理的な力）の行使を意味する（最広義の暴行）。特に刑法208条の暴行罪では，人体に対して直接加えられた物理的な有形力が必要である（狭義の暴行。大判昭和8・4・15刑集12巻427頁）。具体的には，人を殴ったり蹴ったりする場合はもちろん，相手方の身体に接触していないが，人の身体に向けて物を投げつけたり，被害者の近くで日本刀を振り回すなどの行為も，それが人体に危害を及ぼしうるものである限り，暴行罪が成立するとされる（最決昭和39・1・28刑集18巻1号31頁）。さらに，被害者の耳元で極度に大きな音を発する行為も，音による暴行と認定された（参考判例③）。

3　傷害の故意と暴行の故意

傷害罪の故意をめぐっては，傷害罪と暴行罪の関係が争われてきた。通説によれば，ⓐ傷害罪は故意犯であるが，暴行の故意で傷害するに至った結果的加重犯の場合も含むとされる。これに対して，確立した判例は，ⓑ傷害罪がもっぱら結果的加重犯であって，暴行の故意さえあれば足りるという（大判明治42・4・15刑録15輯438頁，最判昭和25・11・9刑集4巻11号2239頁）。しかし，およそ犯罪は故意犯が原則とされるため（38条1項），傷害罪の構成要件が「人の身体を傷害した」という以上，通常は傷害の故意がある場合を予定している。その意味で，ⓑ説のように，もっぱら結果的加重犯とみることはできない。

もっとも，故意犯の場合だけに限定すれば，暴行の故意で傷害の結果を生じさせたとき，暴行罪の未遂（不可罰）と過失傷害罪（209条）の観念的競合となり，結局，過失傷害罪で処罰されることになる。これでは，暴行の故意で暴行に終わった場合よりも，かえって軽く処罰されるため，罪刑の不均衡が生じると批判されてきた。しかも，条文上は，刑法208条が「暴行を加えた者が人を傷害するに至らなかった」と明言することの反対解釈として，暴行の故意で傷害の結果になった場合も，傷害罪の規定を適用できる。したがって，傷害罪の構成要件は，暴行罪との関係では結果的加重犯の類型を包含するが，無形的方法による場合には，傷害の故意が必要となってくる。

4　騒音による傷害とPTSD

本問中のXは，Aに対して直接的な有形力を行使していない。しかし，ラジオやアラームを大音量で流すことで，被害者の生理的機能障害を引き起こしている。これは，過去の判例でみられた「音による暴行」，すなわち，被害者の耳元で大音量を立てて聴覚に異常を引き起こす場合（参考判例③）ではない。むしろ，長期間にわたって不快な音を出し続けたことにより，暴行以外の方法を用いた傷害の例に含まれる。そこで，Xには，傷害の事実に関して，少なくとも未必的な故意が必要となる。本問の素材となった事案では，Aが精神的ストレスで何らかの機能障害に陥るのを認識しながら，ラジオなどを大音量で鳴らし続けた以上，傷害罪に当たるとされた（参考判例①）。同様にして，Bに対する嫌がらせ電話についても，多大の精神的不安感を与えることで，Bを不眠状態にする事実を認識・認容していた以上，傷害罪の主観的および客観的要件が充たされる（なお，東京地判昭和54・8・10判時943号122頁，富山地判平成13・4・19判タ1081号291頁など参照）。

もちろん，精神的ないし心理的なストレスを与えて，相手方の生理的機能に障害を生じさせる場合，実務上は，少なくとも医師の診断書などが必要となる。これに関連して，暴行や強姦などで生じたPTSD（心的外傷後ストレス症候群）が，刑法上の傷害に含まれるか否かが争われた。犯罪被害に伴う持続的なストレスの中には，医師の治療が必要となる場合もあるとはいえ，せいぜい一過性の症状であれば，量刑事情として考慮されるにすぎない（福岡高判平成12・5・9判時1728号159頁）。しかし，被害女性をホテルの客室等に誘い込んだ後，暴行や脅迫を加えて監禁した結果，重篤なPTSDなどを生じさせたとき，それが一時的な精神的苦痛にとどまらず，いわゆる再体験症状や回避・精神麻痺症状および過覚醒症状といった特徴的な症状を継続して発現させたならば，監禁致傷罪にいう傷害に当たるとした最近の判例がある（最決平成24・7・24刑集66巻8号709頁）。

●】参考文献【●

薮中悠・百選Ⅱ 10 頁／島岡まな・百選Ⅱ 12 頁／辰井聡子・平 24 重判 155 頁／島岡まな・平 24 重判 157 頁／薮中悠・インデックス〔各〕18 頁・24 頁／塩谷毅・プラクティス〔各〕10 頁／柑本美和・プラクティス〔各〕18～19 頁／岩間康夫・ハンドブック〔各〕25～26 頁

（佐久間修）

30 同時傷害の特例

XとYは，同窓会の帰りにAを「今日は俺たちの奢りだから」と言って飲食に誘い，Yの車でB市内のレストランCに移動して飲食をしたが，20時頃に店を出る際，XとYが「所持金が足りない」と言って割り勘にしたため，AはCの駐車場まで歩きながらぶつぶつと文句を言ったところ，Yが立腹して手拳でAの左眼付近を2回殴打した。その後，X・YはAをD市内の自宅まで送っていったが，Aは自宅前で降車する際，「嘘つき。覚えてろよ」等と悪態をついたため，20時30分頃，これまで自制していたXが立腹して，自らの履いていたサンダルを脱いでAの左眼付近を2回殴打した。Aはこれらの暴行により，左眼瞼への腫瘍が生じる傷害を負い，生来の脳の組織の脆弱性と相まって脳の組織が崩壊し，死亡するに至った。レストランCからAの自宅までは約3キロメートルであった。

X，Yの罪責はどうなるか。

●】参考判例【●

① 最決平成28・3・24刑集70巻3号1頁（ぼったくりバー事件）

② 福岡高判昭和49・5・20刑月6巻5号561頁（偽計誘い出し事件）

③ 札幌高判昭和45・7・14高刑集23巻3号479頁（絡み酒事件）

④ 東京高判平成20・9・8東高59巻1～12号76頁（借金返済強要事件）

●】問題の所在【●

本問のように，2人以上の行為者が意思連絡なく暴行を加え，これらの暴行により被害者が傷害を負った場合には，刑法207条の同時傷害の特例が適用され，それぞれ傷害罪の責任を負わないかが問題となる。同条が適用されるためには，①傷害致死罪に本特例が適用されるのか，②各暴行がいずれも当該傷害をもたらしうるものか，③各暴行の時間的・場所的近接性，の検討が必要になる。また，本問では，被害者の死亡結果が，被害者の素因と相まってはじめて生じたものであるため，刑法上の因果関係が認められるかも，以上の検討の前提として問題となる。

●】解説【●

1　同時傷害の特例の趣旨と傷害致死罪への適用の可否

同時傷害の特例は，2人以上の者が共同正犯類似の状況において，それぞれ当該傷害を負わせるだけの暴行を行いながら，同時犯であるがゆえに本来必要となる個別の因果関係の立証ができないために，誰も当該傷害結果につき責任を問われないことの不都合さを回避するために設けられたものである（もっとも，参考判例①は，傷害致死の事案につき,「いずれかの暴行と死亡との間の因果関係が肯定されるときであっても」本特例が適用されるとしている。これは，当該「傷害」の意義を，最終結果ではなく，傷害の「発生」との関係で捉える理解を前提としたものである)。

学説上は，傷害致死罪の場合には，条文上「傷害した場合」について規定していること，致死結果をもたらすほどの重大な傷害は暴行による傷害と比べて立証が容易であり，基本原理を修正してまで立証の困難さを救済する必要はない等の理由で，本特例の適用に反対する見解も有力であるが，判例上は，傷害致死罪の場合にも適用が認められている（参考判例①など)。すなわち，それぞれの暴行が当該「傷害」結果をもたらしうることを検察官が立証した場合，被告人側が，当該暴行がその「傷害」との間に因果関係がないことを立証しない限り，本特例が適用されて傷害罪が成立し，もってその結果的加重犯である傷害致死罪の罪責も負うことになるというのである。

なお，本問では，被害者の素因があってはじめて致死結果が生じているため，刑法上の因果関係が認められるかも問題となるが，判例上は，「致死の原因たる暴行は，必らずしもそれが死亡の唯一の原因または直接の原因であることを要するものではなく，たまたま被害者の身体に高度の病変があったため，これとあいまって死亡の結果を生じた場合であっても，右暴行による致死の罪の成立を妨げない」(最判昭和46・6・17刑集25巻4号567頁など）としており，これに従えば本問でも傷害致死罪についての本特例の適用が問題とされるべきことになる。

2　当該傷害結果をもたらしうるだけの暴行がなされたこと

本特例が適用されるためには，各暴行が当該傷害結果をもたらしうる危険性を有するものでなければならない（関連判例①)。たとえば，被害者に出刃包丁による切り傷があり，Aが出刃包丁，Bがカッターナイフにより刺突を行ったのであれば，Bの暴行が当該傷害結果をもたらすことは考えられないから，本特例の適用は認められない。

他方，本特例が適用されるためには「2人以上の暴行がその態様を同じくする必要はない」（東京高判昭和47・12・22判タ298号442頁）のであり，当該傷害結果をもたらしうるものである限り，Xがサンダル，Yが手拳で殴打したという手段の違いによっては，本特例の適用は否定されないであろう（参考判例②）。

本問では，X，Yの暴行はいずれも，左眼瞼への腫瘍を生じさせうるだけのものであるから，この要件は問題なく満たされる。

3　各暴行の時間的・場所的近接性

本特例が適用されるためには，「各暴行が外形的には共同実行に等しいと評価できるような状況において行われたこと，すなわち，同一の機会に行われたものであること」が必要である（参考判例①）。

このような機会の同一性は，各暴行が「時間的および場所的に近接して……加えられた場合」（前掲東京高判昭和47・12・22），「（イ）数人による暴行が，同一場所で同時に行なわれたか，または，これと同一視し得るほど時間的，場所的に接着して行なわれた場合のように，行為の外形それ自体が，いわゆる共犯現象に強く類似する場合」「（ロ）右各暴行間の時間的，場所的間隔がさらに広く，行為の外形面だけでは，いわゆる共犯現象とさして強度の類似性を有しない場合につき同条の適用を認め得るとしても，それは，右時間的，場所的間隔の程度，各犯行の態様，さらに暴行者相互間の関係等諸般の事情を総合し，右各暴行が社会通念上同一の機会に行なわれた一連の行為と認められ，共犯者でない各行為者に対し生じた結果についての責任を負わせても著しい不合理を生じない特段の事情の認められる場合」（参考判例③）に認められるものとされている。

本問では，各暴行の時間的間隔は最大で30分，場所的間隔は約3キロメートルであり，この間の動きが連続的であることからみても，機会の同一性が否定されることはないであろう。参考判例②は，本問類似の時間的・場所的間隔がある事案につき，機会の同一性を肯定している。

4　関連する判例

本問と異なり，XとYがAの自宅前で共謀を遂げ，暴行に及んだ場合には承継的共同正犯の成否が問題となる。この場合，当該傷害結果（さらには致死結果）が，共謀前のYの単独での暴行から生じていた（可能性がある）場合，最決平成24・11・6（刑集66巻11号1281頁）は，「被告人は，共謀加担前に〔先行者〕らが既に生じさせていた傷害結果については，被告人の共謀及びそれに基づく行為がこれと因果関係を有することはないから，傷害罪の共同正犯としての責任を負うことはなく，共謀加担後の傷害を引き起こすに足りる暴行によって〔被害者〕の傷害の発生に寄与したことについてのみ，傷害罪の共同正犯としての責任を負うと解するのが相当である」と判示しており，これに従えば，Xは暴行罪の限度で責任を負うことになる。

この場合にさらに同時傷害の特例の適用を肯定し，傷害（致死）罪の責任を問うかが問題となる。この場合でも，少なくとも先行者には傷害の刑責を問うことができるので，刑法207条の適用によって解消されるべき著しい不合理な状態は存在しないとして，特例適用に否定的な考え方（大阪高判昭和62・7・10高刑集40巻3号720頁）もみられたが，最高裁は，この場合にも，「刑法207条適用の前提となる……事実関係が証明された場合，更に途中から行為者間に共謀が成立していた事実が認められるからといって，同条が適用できなくなるとする理由はなく，むしろ同条を適用しないとすれば，不合理であって，共謀関係が認められないときとの均衡も失するというべきである」として，特例適用を肯定している（最決令和2・9・30刑集74巻6号669頁）。しかし，本特例は，誰も傷害結果につき責任を問われない不都合を避けるための例外的規定なのだとすれば，このような考え方には疑問が向けられうるように思われる。

●】参考文献【●

玄守道・百選Ⅰ 14頁／高橋則夫・平28重判172頁／薮中悠・インデックス〔各〕26頁／内藤恵美子・ジュリ1555号（2021）109頁

（安田拓人）

31 逮捕・監禁罪

スーパーAの店長Xは，休日にドライブ中，駅前通りを歩いていたAのパート店員B子の姿に激しく劣情を催し，性的意図を秘して近づき「お送りしましょうか」と誘ったところ，B子は喜んでXの車に乗車した。B子宅へは，国道を北へ2キロメートル進んだC交差点を左折するところ，Xは，C交差点北方にあるDホテルに連れ込もうと考えながら車を発進させた。B子はC交差点前で指示を出したがXが直進したので，Xの好色な視線などから危険を感じたB子は「ここで降ります」と強く申し出たが無視されたため，このままではXに犯されてしまうのではないかと恐れ，Xが工事現場のそばを通過するため減速した際，車の施錠を外して車外に転がり出て，打撲傷を負った。

Xの罪責はどうなるか。

●】参考判例【●

① 最決昭和33・3・19刑集12巻4号636頁（連戻し目的偽計監禁事件）
② 広島高判昭和51・9・21刑月8巻9＝10号380頁（強制性交目的偽計監禁事件）
③ 東京高判昭和42・8・30判時508号74頁（逃走中負傷事件）

●】問題の所在【●

本問では，まず，C交差点を過ぎてからB子の明示の意思に反して車を進行させた行為につき監禁罪が成立することには争いはないが，強制性交の意図を秘して乗車させた時点からB子が降車を要求した時点までについても同罪が成立するかについては，同罪の保護法益とのかかわりで検討される必要がある。また，B子は，自らの意思で監禁状態から逃げるのに際して負傷しているが，この致傷結果がXの監禁行為に帰属されるかも問題となろう。

●】解説【●

1　監禁罪の保護法益

監禁罪は人の場所的移動の自由を侵害する罪であるが，この自由がどのようなものであり，どのような場合に侵害されるのかについては，現実的自由侵害説と可能的自由侵害説が対立している。本問では，B子が，C交差点を過ぎるまで自らが監禁されていることに気づいていなかったため，それでも移動の自由が侵害されたといえるかという形で問題になる。1つの考え方（現実的自由侵害説）は，現実に移動しようとしたのに移動できなかった場合にはじめて自由の侵害があると考え，本問の場合には，B子がC交差点を過ぎて降りたいと言ってはじめて監禁罪が成立するのだとするものであり，もう1つの考え方（可能的自由侵害説）は，たとえ移動したいと思ったとしても移動できない状態に置かれていたのであれば自由の侵害があると考え，本問の場合には，強制性交の意図を秘して乗車させた時点から監禁罪が成立するとするものである。

最高裁判例には，監禁されていることに気づいていなかった時間も含めて同罪の成立を認めたもの（参考判例①）と降車の意思を表示してからについて同罪の成立を認めたもの（最決昭和38・4・18刑集17巻3号248頁）があるが，後者の事案では，被害者が降車意思を表明して以降についてしか起訴がなされていないのだから，そのことから，被害者の現実の意思に反した場合でないと同罪の成立を認めないのが最高裁の立場だと解するのは不当であろう。参考判例②は,「被監禁者が行動の自由を拘束されていれば足り，自己が監禁されていることを意識する必要はない」とし,「被害者らが被告人らの意図に気付かず降車を要求していなかったとしても,被告人らの行為が監禁罪に該当することは明らか」だとしている。

2　可能的自由侵害説からの帰結

移動の自由は，客観的に移動できない状態に置かれていれば，被害者が現にどう思っているか，移動したいと思っているかにかかわらず，客観的には移動の自由は制限されているのであるから，そうした状態に置かれていることが，被害者の意思に反している以上は，監禁罪の成立を認めるべきであろう。なお，この争いは，本問のように，いずれにせよB子の意思に反してからの監禁行為につき同罪の成立を認めうる場合には，罪名は変わらないため，大きな問題ではないようにみえるかもしれないが，不法の量は監禁した時間の長さによりやはり異なるから量刑には影響があるし，また，B子が気づいていない時点で後続車により激突されてB子が死傷したような場合には，監禁致死傷罪が成立するかという大きな違いが生じうることに注意を要する。

3　客体の範囲——行動の自由の意義

本問で，仮に，B子が2歳の長女E子を連れており，同女も含めて乗車させたとすれば，同女に対する監禁罪の成否も別途問題になりうる。生後1歳7カ月の男児を監禁した事案において，弁護人は，「監禁罪は人の行動の自由を侵害する行為であるが，本件被害者は……行動の自由の前提要件とされる行動の意思が認められないから，本件監禁罪の対象とはならない」として争ったが，京都地判昭和45・10・12（刑月2巻10号1104頁）は，「自然的，事実的意味において任意に行動しうる者である以上，その者が，たとえ法的に責任能力や行動能力はもちろん，幼児のような意思能力を欠如しているものである場合も，なお，監禁罪の保護に値すべき客体となりうる」としており，学説上も広く支持されている。

このような場合，E子は移動の自由をもつとはいえ，単独で監禁されたような場合とは異なり，監護権者である母親B子と行動を共にしているのだから，同女の移動の自由はB子の意思により制限されたものとなっており，B子が同女の利益をも考慮してなす判断に従うことが自由の内容をなしていよう。それゆえ，同女に対する監禁罪の成否は，B子に対する監禁罪の成否と連動させて考えれば足りるであろう。

4　致傷罪の成否

B子は，監禁状態から逃れるため，車外に転がり出て打撲傷を負っている。減速したとはいえ走行中の車から転がり出る行為は非常に危険であり，B子がそうした危険をあえて冒した以上，その結果はXには帰属されないのではないかも問題となり得ようが，強制性交の被害に遭うことに比べれば軽度の負傷をすることはより軽微であること，追いつめられた状態での被害者の行動は犯人側に強制されたものとみられること（最決平成15・7・16刑集57巻7号950頁参照）などを考慮すれば，致傷罪の成立は争いなく肯定されるであろう。参考判例③は，監禁状態から逃れるため車中から逃走していて負傷した事案につき，「刑法第221条の監禁致傷罪は……本件被害者のごとく，監禁状態から完全に離脱すべく自ら逃走するにさいして生じた場合にも成立するものと解すべ」きだとしているが，妥当だと思われる。

●】参考文献【●

佐藤陽子・百選Ⅱ 22 頁／杉本一敏・プラクティス〔各〕62～64 頁

（安田拓人）

32 強制わいせつ・強制性交等罪

(1) 甲は，深夜，まったく面識のない女性A（当時21歳）に電話をかけ，「ある人にあんたを輪姦するように頼まれた」と切り出したうえ，たまたまAが元恋人のBから脅迫されている事情を聞き出し，言葉巧みに，自分1人と関係をもつならば，複数人に「まわされる」ことはないなどと申し向けて，Aを別の場所に呼び出し，その下着を脱がせて口淫させた後，Aを姦淫した。

(2) 英語教師である乙は，自分を尊敬する女生徒（当時16歳）のCに対し，学校外の個人レッスンにおいて，英語の上達につながるリラックス法があると欺き，自らのわいせつな意図を隠して，Cに下着まで脱がせたうえ，乙の用意した衣服に着替えさせた。

甲または乙の罪責はどうなるか。

●】参考判例【●

① 名古屋地岡崎支判平成9・11・17判時1637号154頁（脅迫電話呼出し事件）
② 東京高判平成13・9・18東高刑時報52巻1～12号54頁（訪問販売員事件）
③ 名古屋高判平成15・6・2判時1834号161頁（ニセ調査員侵入事件）
④ 東京高判平成15・9・29東高刑時報54巻1～12号67頁（女生徒着替え事件）
⑤ 最大判平成29・11・29刑集71巻9号467頁（児童ポルノ撮影送信事件）

●】問題の所在【●

設問(1)の甲は，脅迫的な言辞を用いて呼び出したAを姦淫しており，平成29年法改正前の旧強姦罪（旧177条）の成否が問題となった。旧強姦罪を含む性暴力の罪では，個人の性的自己決定と行動の自由が保護法益とされるが，被害者が13歳以上の場合，手段である暴行・脅迫は，相手方の反抗を著しく困難にする程度のものでなければならない（最狭義の暴行・脅迫）。したがって，設問中の言動がこれに当たるかどうかが争いとなる。また，設問(2)では，乙が虚言を用いたとはいえ，前述した程度の脅迫に当たらない以上，刑法178条の「抗拒不能に乗じ」たといえるかが問題となる。その際，英語教師と教え子という関係は格別の意味をもつであろうか。

●】解説【●

1　暴行・脅迫の意義

前述した旧強姦罪や強制わいせつ罪では，強盗罪の場合とは異なり，被害者の抵抗を著しく困難にすれば足りる（最判昭和24・5・10刑集3巻6号711頁）。すなわち，強盗罪（5年以上の有期懲役）の場合，暴行・脅迫が反抗抑圧の程度に至らなくても，恐喝罪（10年以下の懲役）で処罰される。ところが，性犯罪では，反抗抑圧の程度に至らなかったとき，準強制わいせつ・準強姦に当たる場合を除いて，単なる強要罪（3年以下の懲役）にとどまるのでは，より重大な性的自由の保護が軽視される結果になる。そこで，通説・判例は，最狭義の暴行・脅迫であっても，強盗罪の場合よりも緩やかな手段で足りると解してきた。

設問の素材となった判例では，電話口で脅迫した被害者を呼び出して姦淫しており，旧強姦罪の成立が肯定された（参考判例①）。裁判所は，犯行当時の具体的状況において，心理的に被害者を追いつめることで，その抗拒を著しく困難にする害悪の告知があったと認定したのである。同様にして，娘・妹や親友の夫が危機に瀕していると思わせて姦淫するなど，被害者が身近な家族にも相談できないほど切迫した事態にあると誤信したならば，たとえ警察などに相談しなかったとしても，準強姦罪でいう抗拒不能に当たるとした（東京高判平成11・9・27東高刑時報50巻1～12号93頁）。

2　抵抗困難ないし抗拒不能な状態

次に，契約手続で自宅を訪問した自動車販売会社の女性社員に対し，その臀部などを撫で回したり（参考判例②），電気の調査であると偽って住宅内に立ち入り，被害女性の臀部を着衣の上から撫で回した事例では，強制わいせつ罪（176条）が認められた（参考判例③）。前者では，玄関が施錠されており，家屋内の障子を閉め切った密室状態の中で，執拗に性的関係を迫ったうえ，これを拒絶して逃げ出した被害者を玄関先まで追いかけ，そのスカートを無理やり捲り上げてお尻を露わにして撫で回しており，もはや電車内での痴漢行為とは異なり，被害者の性的自由を不当に侵害したものとされた。

しかし，英語教師の乙が，自分の教え子に下着まで着替えさせた事案は，準強制わいせつ罪（178条）になった（参考判例④）。刑法178条の「抗拒不能」は，物理的・身体的な抗拒不能のみならず，心理的・精神的な抗拒不能をも含むところ，物理的かつ身体的には抗拒可能であっても，身近な者に危難が及ぶのを避けるため，性的侵襲を受け入れるしかないという心理状態に追い込んだならば，精神的に抗拒不能にしたとされる。その際には，被害者の年齢や人的関係のほか，生活状況などの具体的事情が考慮されるのであって，一般的平均人を想定した通常の心理状態を基準とするべきでない。

なるほど，平成29年の刑法一部改正の前後を問わず，現行刑法典は，強姦（強制性交等）および準強姦（準強制性交等）と強制わいせつおよび準強制わいせつを，同一の法定刑としてきたが，少なくとも罪名や適用法条が異なるため，両罪の違いを明確にしておく必要がある。しかも，設問（2）の乙とCは，教師と教え子の関係であるため，これが「抗拒不能」の判断にも影響を及ぼしうる。他方，監護者わいせつおよび監護者性交等罪は，18歳未満の被害者に対し，監護者がその影響力を利用して性交等やわいせつ行為に及んだ場合，通常の強姦罪や強制わいせつ罪と同様に処罰するとした（179条）。その際，どのような人間が，本罪の主体となりうるであろうか。「現に監護する者」とは，親子関係と同視しうるものであって，居住場所や生活費用などの全般にわたり，依存・被依存ないし保護・被保護の関係にある者とされる。しかも，そこでは継続性が要求されるため，単なる地位利用では足りない。また，あえて「乗じて」の文言を用いたことからして，単なる教師と教え子の関係は除外されるであろう。

3　姦淫とわいせつ行為

刑法典上は，被害者の年齢に応じて犯行の手段が異なってくるが（「13歳未満」または「13歳以上」），設問中の被害者は，いずれも13歳以上の女性であるところ，平成29年の法改正の審議では，当該行為の強制的性格と並んで，「姦淫」および「わいせつ行為」とは何かが問題となった。すなわち，旧規定の「姦淫」は，日常用語上，「男女の不正な交接」とか「不正な男女の交わり」とされ，広い意味では，通常のわいせつ行為も含みうるが，刑法上は，男女間の性交に限定されたからである。しかし，新しい強制性交等罪の規定は，（従来の）性交に加えて，「肛門性交又は口腔性交」を「性交等」の概念に含めることで，相手方の膣内・肛門内・口腔内に自己もしくは第三者の陰茎を入れたり，自己もしくは第三者の膣内・肛門内・口腔内に相手方の陰茎を入れさせる行為にまで広げた。したがって，設例（1）の「口淫」が上記の口腔性交に当たるとき，その後の姦淫を待たずして犯罪が完成することになる。なお，法定刑も5年以上の有期懲役に加重されている。

かようにして，新しい刑法典では，強制的な挿入行為さえあれば，その対象を問わない点で，強姦（強制性交等）の範囲を拡大したのである。これに対して，旧規定の強姦罪は，女性を対象とした狭義の性交に限られたため，男性器の女性器への（一部）挿入だけが問題となった。なお，犯人が性的満足を感じたことまでは必要でないが，強制わいせつ罪では，従前，主観的なわいせつ傾向が成立要件とされてきた（いわゆる傾向犯である）。すなわち，ここでいう「わいせつな行為」は，行為者の性欲を満足させる意図の下に，客観的にも性欲を刺激・興奮させる一方，普通人の正常な性的羞恥心を害し，善良な性的道徳観念に反するものでなければならないのである（名古屋高金沢支判昭和36・5・2下刑集3巻5＝6号399頁）。

4　被害者の性的自由と主観的内心傾向

例えば，被害女性の臀部を撫で回したとき（参考判例②③）が，前述した「わいせつ行為」に当たるのは当然であるが（大判大正7・8・20刑録24輯1203頁），設問（2）でCに下着を替えさせた場合はどうであろうか。かつて若い女性を裸にして写真を撮ったにもかかわらず，もっぱら報復や侮辱の意図であったとして，強制わいせつ罪の成立を否定した最高裁判例があった（最判昭和45・1・29刑集24巻1号1頁）。しかし，学説の多数は，被害者の性的自由という保護法益を守るうえで，こうした主観的限定を不要とみている。また，最高裁も，犯人の性的意図を重視した昭和45年判決は維持できないとしたうえで，当該行為の性的意味が不明確な場合につき，具体的状況等を考慮する際の一資料にとどまると述べて，犯人の性的意図を一律に要求すべきでないと解するにいたった（参考判例⑤）。

近年の下級審判例においても，もっぱら客観的な見地から犯人のわいせつ傾向を認めたものが少なくない（東京地判昭和62・9・16判時1294号143頁，東京高判平成26・2・13高等裁判所刑事裁判速報集（平26）号45頁）。そこでは，客観的にみて被害者の性的自由を侵害する行為があり，しかも，犯人がその旨を認識していれば，当然に同罪が成立するものとされる。そもそも，性的自由の侵害が，犯人の心理状態いかんに左右されるとき，被害者の保護に欠けるため，設問中の乙の意図がどうであったかを，あまり重視するべきではない。

そのほか，犯行の手段として暴行・脅迫を併用したり，13 歳未満の女子に対して暴行を加えて姦淫した場合には，旧強姦罪の包括的一罪とされた（大判大正 2・11・19 刑録 19 輯 1255 頁）。また，15 歳の少女を自動車内で姦淫したとき，監禁罪と旧強姦罪の両者を肯定した原審判決を斥けて，旧強姦罪だけの成立にとどめた最高裁判例がある（最判平成 11・10・21 判時 1688 号 173 頁）。

●】参考文献【●

和田俊憲・百選Ⅱ 30 頁／木村光江・平 29 重判 156 頁／宗像雄・インデックス〔各〕50 頁・52 頁／山本雅昭・プラクティス〔各〕91～92 頁・94～95 頁／佐藤陽子＝加藤正明・ハンドブック〔各〕41 頁／成瀬幸典・判例セレクト Monthly 法教 432 号（2016）166 頁／金澤真理・判例セレクト 2014 法教 413 号（2015）33 頁／森永真綱・判例セレクト 2012 法教 389 号（2013）36 頁

（佐久間修）

33 住居侵入罪

甲は，乙と共謀して，利用客のカードの暗証番号，名義人氏名，口座番号等を盗撮するため，ATM が 6 台設置され，行員が常駐しない A 銀行支店出張所に営業中に立ち入り，1 台の ATM（A1）の広告用カードホルダーにビデオカメラを設置し，その隣の ATM（A2）の前の床に受信機の入った紙袋を置き，利用客を A1 に誘導するため，交替で長時間 A2 の前に立ってこれを占拠し続け，その間，一般の利用客のように装った。

甲の罪責はどうなるか。

●】参考判例【●

① 最判昭和 58・4・8 刑集 37 巻 3 号 215 頁（郵便局立入り事件）
② 最判平成 20・4・11 刑集 62 巻 5 号 1217 頁（自衛隊官舎立入り事件）
③ 最決平成 19・7・2 刑集 61 巻 5 号 379 頁（ATM 出張所立入り事件）
④ 最決平成 21・7・13 刑集 63 巻 6 号 590 頁（塀よじ登り事件）
⑤ 最判平成 21・11・30 刑集 63 巻 9 号 1765 頁（ビラ配布目的立入り事件）

●】問題の所在【●

各犯罪の構成要件該当性を判断する際に基本的な視点を与えるのは，各犯罪の保護法益（および，侵害犯・危険犯などの罪質）であることはいうまでもない。構成要件を解釈するためには，まず第 1 に，当該犯罪の保護法益を確定し，それを出発点とすることによって，実行行為や結果などの構成要件要素を確定していくという作業が必要となる。

とくに住居侵入罪については，その保護法益は何かという点が問題となり，その保護法益と個々の解釈問題がどのような連関にあるかを検討することが重要な課題となる。

●】解説【●

1　住居侵入罪の保護法益

住居侵入罪は，刑法典上は社会法益に対する罪に位置づけられているが，現在では，個人的法益に対する罪である点については争いはない。しかし，保護法益の内容については見解が多岐に分かれている。

大別すれば，住居の事実上の平穏と考える「平穏説」と，住居に他人の立ち入りを認めるか否かの自由と考える「住居権説」の２つに分類できる。

大審院の判例は，住居権説を採用し，この住居権は「家長としての夫」にのみある（「旧住居権説」と称する）として，夫の不在中に姦通目的で妻の承諾を得て住居に立ち入る行為について住居侵入罪の成立を肯定した（大判昭和14・12・22刑集18巻565頁)。戦後になって，判例は，平穏説を採用したが（最判昭和51・3・4刑集30巻2号79頁)，参考判例①によって，（新）住居権説が採用された。

学説においても，かつては平穏説が通説であったが，平穏性の意味内容は必ずしも明らかではなかった。すなわち，静かであるという客観的な平穏性をいうのか，行為者の侵入目的も加味する主観的平穏性をいうのかは不明である。平穏説の多くは後者の立場であり，犯罪目的で客を装って飲食店に立ち入ることも平穏ではないとしている。となると，住居権説によれば，住居権者の意思に反するとして住居侵入罪の成立を認めることから，両説の差異はそれほど大きいものではないこととなろう。本問の基礎となる参考判例③は，管理権者の意思に反する行為は建造物利用の平穏を害すると判示し，意思侵害と平穏侵害との連関を指摘している。さらに近時では，狭義の住居については住居権，公共（社会的）営造物については平穏な業務遂行を保護法益とする法益区別説も展開されている。しかし，官公庁の建造物について，管理権者の意思とは無関係に業務遂行だけを保護法益と限定することはできないだろう。なぜなら，管理権者には，建物・構内に誰の立ち入りを許すか否かの決定権が認められるからである。また，この見解に対しては，住居侵入罪と業務妨害罪とを混同するものといえよう。

したがって，本罪の保護法益は，住居・建造物等に対する事実上の支配・管理権，すなわち，住居・建造物等に誰を立ち入らせるかの自由と解するべきであろう。

2 「侵入」概念

1の保護法益論は,「侵入」概念の解釈の差異をもたらす。平穏説によれば,平穏を害する態様での立ち入り（平穏侵害説）と解し（上述のように,客観的平穏性と主観的平穏性の差異はある),住居権説によれば,被害者の意思に反する立ち入り（意思侵害説）と解することとなる。

前述のように,判例は,意思侵害説に立脚し,参考判例①においては,刑法139条前段の「侵入し」とは,他人の看守する建造物等に管理権者の意思に反して立ち入ることであるとして,管理権者が立入り拒否の意思を積極的に明示していなくても,建造物の性質・使用目的・管理状況・管理権者の態度・立ち入りの目的などから,立入り行為を管理権者が容認していないと合理的に判断されるときは,同条の罪の成立を免れないと判示された（さらに,通常の立ち入りではなく,土足のままの立ち入りということも考慮されたのであろう)。

参考判例②は,自衛隊のイラク派兵に反対する旨のビラを自衛隊の宿舎の各号棟の各室の玄関ドアの新聞受付に投函する目的で敷地内に侵入し,ビラを投函したという事案につき,管理権者（自衛隊・防衛庁当局）の管理権を侵害するのみならず,そこで私的生活を営む者の私生活の平穏を侵害するとして,邸宅侵入罪の成立を認めた。参考判例⑤は,マンションの管理組合名義で敷地内でのパンフレットなどの投函を禁止する貼り紙が掲示板に貼付され,管理人によって管理されていたマンションに立ち入り,各住戸のドアポストに某政党の都議会報告書を投函した事案につき,立入り行為が,管理組合の意思に反するとして,刑法130条前段の罪の成立を認めた。

なお,参考判例④は,警察署の塀の上によじ登った事案につき,建造物性を肯定し,建造物侵入罪の成立を肯定した。

3 同意の位置づけ

住居権者が侵入に同意した場合,平穏説によれば,立ち入り方の平穏性こそが重要となるから,同意の有無は平穏性判断の一資料にすぎないことになる。これに対して,住居権説によれば,住居権者の同意の有無に力点が置かれるが,この同意という意思を絶対視するか（ハードな住居権説),あるいは,住居権の要保護性を考慮するか（ソフトな住居権説）に分かれる。たとえば,「甲は,妻A女が不倫相手の乙を家に連れてきたので,『あんな奴を家に入れては駄目だ』と言ったところ,乙は,夜間,Aの誘いで勝手口から入ってAの部屋に忍び込んだ」という事例について,平穏説によれば，客観的に平穏な態様で侵入しているから，住居侵入罪の成立は認められないとするのが一貫している。しかし，平穏説の中にも，住居者の意思を重視する見解もあり（そうであれば，住居権説と同じになる），夫婦の両方が承諾していることが必要だと解すれば，住居侵入罪の成立が認められ，ソフトな住居権説によれば，住居権者の意思の要保護性が考慮され，不倫関係による立ち入りを拒否することには合理的理由があるから，同じく住居侵入罪の成立が認められる。複数現在する居住者のうち一部の者は立ち入りを現に承諾しているが，他の居住者が立ち入りを現に拒絶している場合，複数現在する居住者間に法益の「共有関係」を措定すれば，共有物の窃取と同じように考えて，複数現在する居住者全員の承諾が必要であることになろう。これによれば，乙には住居侵入罪が成立し，妻Aにはその共犯が成立することになる。

錯誤に基づく同意の場合に，本罪が成立するか否かが問題となる。判例は，この場合に，同意を広く無効として，本罪の成立を肯定している（最判昭和23・5・20刑集2巻5号489頁＝強盗殺人の目的を隠し，顧客を装って被害者宅に立ち入った事案，最大判昭和24・7・22刑集3巻8号1363頁＝強盗の目的を隠して住居に立ち入った事案）。これは，目的が違法であり，真意に反する同意は無効であるという考え方に立つものであるが，法益関係的錯誤の有無によって処理する考え方によれば，立ち入り自体に錯誤がない以上，同意は無効であるという帰結となる。さらに，判例は，一般に立ち入りが許容されている場所（デパート，ホテルのロビー，官公庁，展示会場等）への立ち入りについても，目的が違法である場合には広く本罪の成立を認めている。本問の基礎となる参考判例③は，銀行顧客のキャッシュカードの暗証番号等の情報を盗撮する目的で銀行員の常駐しないATM出張所へ立ち入った事案につき，銀行の支店長の意思に反するとして，建造物侵入罪（および偽計業務妨害罪）の成立を肯定した。

●】参考文献【●

十河太朗・百選Ⅱ 34頁／木村光江・百選Ⅱ 36頁／関哲夫・百選Ⅱ 38頁／上嶌一高・刑ジャ23号69頁／松原久利・平21重判181頁／佐藤結美・インデックス〔各〕60頁・62頁・64頁・66頁／佐藤陽子・ハンドブック〔各〕44～47頁

（高橋則夫）

34 公務に対する業務妨害

Xほか「単身者の権利を守る会」メンバー5名は，A市議会で審議中のワンルームマンション規制条例案の成立を阻止しようと考え，議会開催中に，傍聴席に陣どり，条例案の採決が行われようとした際に，「単身者迫害反対」と赤字で大書した横断幕を広げ，爆竹を鳴らしたほか，「単身者をいじめるな」などと大声で叫ぶなどしたため，議場は一時騒然とした状態になり，議事の進行が妨害された。もっとも，議長の議事運営は，与党により野党議員に対する懲罰動議が出されており，A市議会会議規則によれば懲罰動議を先に採決すべきこととされていたのに，同条例案を先に採決しようとしたものであるため，規則に反するものであった。

Xの罪責はどうなるか。

●】参考判例【●

① 最決昭和62・3・12刑集41巻2号140頁（新潟県議会事件）
② 最決平成14・9・30刑集56巻7号395頁（新宿ホームレス排除事件）
③ 最決昭和42・5・24刑集21巻4号505頁（佐賀県議会事件）
④ 東京高判平成21・3・12高刑集62巻1号21頁（虚偽犯罪予告事件）

●】問題の所在【●

本問において，Xらが妨害したのは市議会議長の議事運営という公務であるが，Xらが用いた手段は暴行・脅迫の程度に達しないと思われるため，より軽微な手段である威力に対する妨害からの保護を認める業務妨害罪により保護できないかが問題となる。また，業務妨害罪で保護される業務には要保護性が必要だが，それが公務である場合に，どの程度の要件を充たせば保護されるかも問題となる。

●】解説【●

1　公務に対する業務妨害罪の成否

本問において妨害対象となったのは，A市議会議長の議事運営という公務であるから，Xらの妨害行為については公務執行妨害罪の成立を検討するのが自然であるが，同罪の手段は暴行・脅迫に限られており，本問のXらによる行為では，そのレベルには達しないと考えられる。そこで，より軽微な手段である威力による妨害からの保護を認める業務妨害罪により公務を保護できないかが問題となるのである。

参考判例①（・②）が示すように，現在の判例の立場は，公務を「強制力を行使する権力的公務（権力的公務のうち強制力を行使するもの）」と「そうでない公務」に分け，前者（いわば強い公務）であれば自力で妨害を排除できるのだから，威力（・偽計）レベルの軽微な妨害に対して刑法による保護を認める必要はないとする一方で，「強制力を行使する権力的公務でない公務（非権力的公務と権力的公務のうち強制力を行使しないもの）」（いわば弱い公務）については業務妨害罪による保護を認めるという限定積極説である。これによれば，本問のように議会による立法活動という権力的公務であっても，自力で妨害を排除できるのでなければ，業務妨害罪による保護が認められることになる。参考判例①はこの結論を肯定したものである。

なお，たとえば，虚偽の犯罪予告により無駄なパトロールなどをさせ，その分本来の職務ができなくなったような場合には，ⓐ無駄な仕事をさせたこと，ⓑ本来の仕事ができなくなったことのいずれを妨害と捉えるかが問題となる。参考判例④や名古屋高金沢支判平成30・10・30（LEX/DB25561935）では，ⓐでなくⓑを妨害結果ととらえ，この公務に強制力を行使する権力的公務が含まれていたとしても，その強制力を行使しうる段階にないとして，限定積極説の立場から偽計業務妨害罪の成立を認めている。

学説上は，これと異なり，公務に対して業務妨害罪による保護を一切認めない消極説もあるが，公務といっても水道事業や地下鉄・バス事業のような非権力的で，民間類似の業務もあることから，あまり支持されていない。他方，すべての公務に対して業務妨害罪による保護を認める積極説もあるが，妨害排除力をもつ公務にまで業務妨害罪による保護を認める必要はないとする批判も有力である。

また，民間類似性のある公務にのみ業務妨害罪による保護を認める一方で，公務に対して公務執行妨害罪と業務妨害罪による二重の保護を認めるのは妥当でないとして，業務妨害罪により保護される公務には公務執行妨害罪の成立を否定する公務振分け説も有力である。下級審には，衆議院本会議の議事につき，「その会議の議事遂行そのものの態様は，厳粛な雰囲気の存否は別として，政党や組合の定期大会，学術会議，委員会の会議あるいは民間会社の会議のそれと類似したもので，非権力的職務にあたる」としたものもある（東京高判昭和50・3・25刑月7巻3号162頁）が，こうした見方は表層的であり，立法活動のもつ権力性を考慮すれば，民間類似性のない権力的公務として，業務妨害罪による保護は認められないと考えることになろう。これによれば，本問のXらの行為は不可罰となる。

2　業務妨害罪で保護される公務の要保護性

業務妨害罪による保護が認められるためには，それにふさわしい要保護性が備わっていなければならないが，判例では，「事実上平穏に行われている一定の業務」であれば足り，「その業務の開始される原因となつた契約が民法上有効であることや，その業務に関する行政上の許可が存在することの如きは必ずしもその業務ということの要件ではない」として，行政上の許可を得ていない浴場営業に同罪による保護を認めたもの（東京高判昭和27・7・3高刑集5巻7号1134頁），「事実上平穏に継続されている一定の業務」であれば足り，「反社会性の明らかな業務であれば格別，単に行政取締法規に違反する不適法な点があるからといつて直ちに刑法234条の保護の外におかれるものではない」として，風俗営業等の規制及び業務の適正化等に関する法律（風営法）等の取締法規に違反するパチンコ景品買入業務に同罪による保護を認めたもの（横浜地判昭和61・2・18刑月18巻1＝2号127頁）などがある。

問題は，公務が同罪により保護される場合でも，これと同様のレベルの要保護性を備えていれば足りるのかであるが，公務執行妨害罪においては，国民が違法な公務による侵害を甘受する必要はなく，かえってそれへの抵抗は正当防衛たりうることを理由に公務の適法性が要求されている。そこで，公務が業務妨害罪により保護される場合でも，公務執行妨害罪における適法性の要件が満たされている必要があるとも考えられる。

参考判例③は，公務執行妨害罪に関し，本問同様に，訓辞規定違反レベルではない，議会活動の本質にかかわる重大な違反があった事案につき，「刑法上には少なくとも，本件暴行等による妨害から保護されるに値いする職務行為にほかならな」いとしている。そこでは，そのような措置をとらざるを得なくしたのが被告人側であることのほか，当該措置は，議会の議事進行に関するもので，私人に対して強制力を行使する権力的行為ではないため，より緩やかに要保護性を認める余地があったことが結論を支えていよう。

他方，参考判例②は，行政代執行の手続によらずにホームレスの段ボール小屋を撤去した公務の妨害が問題となった事案につき，撤去行為の目的の公益性の大きさ，被害の大きさ，執行にあたっての行政的対策の存否，事前の周知活動，行政代執行手続をとることの困難さを考慮して，要保護性を肯定している。

業務妨害罪に関する参考判例②は，実質的には，公務執行妨害罪に関する参考判例③と同様に，行為者側と相手側の事情を比較衡量しながら，当該公務が当該態様での妨害から保護されてしかるべきかを判断するものである。この立場を前提とすれば，懲罰動議を無視された野党議員による妨害であれば格別，まったく無関係のXらによる妨害であること，当該公務は議会の議事進行に関するもので，私人に対して強制力を行使する権力的行為ではないことなどからすれば，要保護性を肯定するという結論が自然であろう。

3　威力業務妨害罪の成否

上記1で限定積極説に立ち，要保護性を認めるならば，次に問題となるのは，Xらの行為が「人の意思を制圧するに足る勢力の行使」が認められるかであるが，これは容易に肯定されよう。

その場合，判例のように業務妨害罪を危険犯と解すれば，そのことを確認しただけで本罪の成立を認めることができる。他方，学説上有力な見解のように，妨害結果の発生を要求する場合でも，本問では，実際に議場が騒然となり，議事の進行が妨害されたのだから，同罪の成立を否定することはできないように思われる。

●】参考文献【●

塩見淳・百選Ⅱ 48頁／曲田統・百選Ⅱ 50頁／野澤充・プラクティス〔各〕128頁・131頁・132頁／松原和彦・インデックス〔各〕88頁／鋤本豊博・インデックス〔各〕94頁

（安田拓人）

35 名誉毀損罪：事実の公共性

Xは，A県のみで刊行されている月刊誌Aの論説主幹であり，同誌上において，宗教団体Bの教義批判の一環として，Bの象徴的存在であるC会長の私的行動を取り上げ，Bの有力信者D（仮名）に対する取材で聞いた話として，Cの女性関係が「極めて華やかで，しかも，病的であり色情狂的でさえある」という見解を述べ，その相手であるB婦人幹部E子（実名）を「お手つき情婦として」県議会に送り込んでいるなどと述べた記事を掲載した。なお，XはDの話がうわさ話であるのに，それを軽率に信じそれ以上の取材をせず記事を執筆したものであり，裁判では事実が真実であることを証明できなかった。

Xの罪責はどうなるか。

●】参考判例【●

① 最判昭和 56・4・16 刑集 35 巻 3 号 84 頁（月刊ペン事件）
② 最判昭和 28・12・15 刑集 7 巻 12 号 2436 頁（身体障害者侮辱事件）
③ 最決昭和 43・1・18 刑集 22 巻 1 号 7 頁（人の噂事件）

●】問題の所在【●

名誉毀損罪は，公然と事実を摘示して人の名誉を毀損したことが要件であり，また，摘示された事実が公共の利害に関する事柄で，それが公益目的でなされた場合で，真実性が証明されれば処罰されない。本問では，CおよびE子の名誉を毀損し，刑法 230 条 1 項の要件を満たすことには特に問題はないが，同法 230 条の 2 の要件が満たされるかが問題となる。まず，摘示された事実の公共性に関しては，性生活などのプライバシーに属する事実を摘示した場合にこの要件が満たされるのか，現職の県議会議員であるE子には同条 3 項により，事実の公共性と摘示目的の公益性が擬制されるが，それは無制限に認められてよいかが問題となる。事実の公共性・

目的の公益性の要件が満たされれば，本問のように噂として事実を摘示した場合には，証明の対象が何かがさらに問題となる。

●】解説【●

1　刑法230条の2の要件

刑法230条の2は，同法230条による名誉の保護と，憲法21条で認められた表現の自由・知る権利との調和を図る規定であり，ⓐ事実の公共性，ⓑ目的の公益性，ⓒ真実性の証明の3要件が満たされたときに不処罰を認める規定であり，判例および多数の見解は，違法性阻却を認めたものと考えている（最大判昭和44・6・25刑集23巻7号975頁）。

2　事実の公共性

まず問題となるのは，本問においてXが摘示した事実に公共性が認められるかであり，私人であるCについては，女性関係というプライバシーに属する事実を摘示したにもかかわらず，この要件が満たされるのかが問題となる。参考判例①は，本問同様の事案につき，「私人の私生活上の行状であつても，そのたずさわる社会的活動の性質及びこれを通じて社会に及ぼす影響力の程度などのいかんによつては，その社会的活動に対する批判ないし評価の一資料として，刑法230条ノ2第1項にいう『公共ノ利害ニ関スル事実』にあたる場合があると解すべきである」としたうえ，「同会長は，同会において，その教義を身をもつて実践すべき信仰上のほぼ絶対的な指導者であつて，公私を問わずその言動が信徒の精神生活等に重大な影響を与える立場にあつたばかりでなく，右宗教上の地位を背景とした直接・間接の政治的活動等を通じ，社会一般に対しても少なからぬ影響を及ぼしていた」ことを指摘して，事実の公共性を認めている。

3　相手方に関する事実の公共性

次に問題となるのは，県議会議員E子との関係でも，事実の公共性が認められるかである。刑法230条の2第3項は，公務員につき事実の公共性・目的の公益性があるものと擬制しているため，公務員であるというだけで，その資質・能力とまったく関係ない事柄についてまで真実性の証明を許すべきかが問題となる。参考判例②は，「政治的態度が朝令暮改で無節操である。肉体の片手落ちは精神の片手落ちにつながる」などと述べて村議会議員の名誉を毀損した事案につきこの問題を否定的に解し，同項の適用を認めなかった例である。

本問と異なり，E子が県議会議員を辞めて私人に戻っていた場合はどうだろうか。参考判例①は，相手方の元女性国会議員との関係でも，「同会長の醜聞の相手方とされる女性2名も，同会婦人部の幹部で元国会議員という有力な会員であつた」と指摘するだけで，事実の公共性を認めており，やや緩やかな判断を示している。確かに，ある重要人物の女性関係を摘示することに公共性が認められる場合，その相手方に触れることが密接不可分で不可避であれば，その相手方についても事実の公共性が認められてよいとする考え方も十分に成り立とう。しかし，相手方はまったくの私人なのであるから，事実の公共性が当然に認められるわけではなく（岡山地判昭和34・5・25下刑集1巻5号1302頁），当該公務員が横領した公金で囲われているといった事情があるような場合（なお東京高判昭和26・11・7判特25号29頁は，町会議員で家主であった者が妾を囲い贅沢な暮らしをして家賃を20倍にしたという事案で相手方についても事実の公共性を認めている）のほかは，匿名にするなどの手段を講じ得ない例外的な場合に限るべきだと思われる。

4　証明の対象

事実の公共性が認められた場合，本問では目的の公益性を否定すべき事情がないから，真実性の証明に移行するが，本問のように噂の形で事実が摘示された場合，証明の対象は噂の存在なのか噂の内容をなす事実なのかが問題となる。参考判例③は，こうした場合，「刑法230条ノ2所定の事実の証明の対象となるのは，風評そのものが存在することではなく，その風評の内容たる事実の真否である」とした原判断を相当としている。実際に人の名誉が毀損されるのは，噂の内容である事実があると思われるからだとすれば，それにつき証明がなされるべきだと考えられよう。他方，こう考えれば，噂の内容が犯罪の嫌疑のような場合，証拠収集などにつき強制手段をもたない私人に犯罪があったことを立証せよと要求するに等しく，不可能を強いることになること，また，こうした場合には，噂の存在だけでも名誉を毀損することになることを理由に，噂の存在が証明できればよいとする見解も有力である。

いずれにしても，本問では，Xは真実性の証明には失敗しており，その誤信につき相当の根拠もないから，名誉毀損罪で処罰されることになろう。

●】参考文献【●

臼木豊・百選Ⅱ 42 頁／松尾誠紀・インデックス〔各〕76 頁／古川伸彦・プラクティス〔各〕116～117 頁

（安田拓人）

36 名誉毀損罪：真実性の誤信

Xは，夕刊紙Aの編集長であるが，もう１つの有力夕刊紙Bの編集長Cが，取材で得た情報をもとに恐喝行為に及んでいることに憤慨し，これを弾劾するとともに，Bの読者を一気に奪ってやろうと考え，日頃から信頼を寄せていた部下の記者Dが取材して収集した詳細な情報をもとに，「極悪人Cのゆすりたかり」と題して，CがE市役所のF課長の非行につけ込み，「記事にされたくなければ100万円包め」とすごんだと噂されている旨の記事を掲載し頒布した。ところが，Dの取材にはミスがあり，Cが恐喝に及んだ相手方・日時・場所などにつき真実に合致しないところがあり，Xが自らの情報により立証できたのは当該噂の存在だけであった。

Xの罪責はどうなるか。

●】参考判例【●

① 最決昭和43・1・18刑集22巻1号7頁（人の噂事件）

② 東京地判昭和49・6・27刑月6巻6号724頁（週刊ポスト事件）

③ 最大判昭和44・6・25刑集23巻7号975頁（夕刊和歌山時事事件）

④ 最決平成22・3・15刑集64巻2号1頁（ホームページ事件）

●】問題の所在【●

Xが，Cの恐喝行為に関する噂の存在を述べる記事を掲載し，夕刊紙Aの当該号を頒布したことにより，名誉毀損罪の構成要件該当性が認められることには問題はないが，この行為が刑法230条の2の適用により不可罰となるのかが問題となる。本問の中心的問題は，真実性の証明の対象は噂の存在か噂の内容か，証明はどの程度できればよいのか，真実だと誤信したことに相当の根拠があった場合でも同罪により処罰されるべきかといった点にある。

●】解説【●

1　刑法 230 条の 2 の要件：事実の公共性と目的の公益性

Xの行為が名誉毀損罪の構成要件に該当することには問題がないが，これに刑法230 条の 2 が適用されないかが問題となる。同条は，ⓐ事実の公共性，ⓑ目的の公益性の 2 つの要件が満たされたときに，摘示された事実の真否を判断し，ⓒ真実であることの証明があれば処罰されないものとしている。

本問では，有力夕刊紙編集長として広く社会とのかかわりをもち，マスコミ人としての影響力に鑑み，相応の職業的倫理が求められるCの取材・編集活動に関わる非行を問題にするものであるから，事実の公共性は問題なく認められる。

次に，目的の公益性であるが，本問で，Xは，Cの非行を弾劾する目的のほか，夕刊紙Bの読者を奪い取ろうとする目的が併存しているため，同条に規定する「専ら」の要件を満たさないのではないかが問題となる。しかし，この点につき，判例・多数の見解は，主たる目的が公益を図ることにあれば足りるとしており（参考判例②，広島高判昭和 30・2・5 裁特 2 巻 4 号 60 頁），Xの主観としてもそのように見うるから，目的の公益性の要件も満たされるであろう。

2　真実性の証明の対象

1でみたように，事実の公共性，目的の公益性の要件が満たされた場合には，真実性の証明に移る。真実性の証明は，摘示事実のうち主要な部分についてなされれば足り，その余の付随部分につき立証が尽くされていなくてもよいとするのが，参考判例②の示すところであるが，本問の場合には，噂の内容であるCの恐喝行為については，その相手方・日時・場所という根幹部分につき真実との不一致があるのだから，やはり真実性の証明があったとはいえないであろう。

もっとも，Xは，噂の存在そのものは証明できていることから，本問のように，事実の摘示が噂の存在を指摘する形でなされた場合に，噂の内容までの証明は不要であり，噂の存在を証明できれば足りると解すれば，刑法 230 条の 2 が適用されることになる。

学説上は，本問のように摘示された事実が犯罪事実の場合には，捜査権限もない私人に犯罪を立証させることになるとして不当だとして，噂の存在を証明できればよいとする見解も有力であるが，参考判例①は，真実性の証明の対象は，「風評そのものが存在することではなく，その風評の内容たる事実の真否である」としている。確かに，人の名誉が毀損されるのは，噂の存在によってではなく噂の内容によってであるから，このように解さざるを得ないであろう。そうだとすれば，Xは，噂の内容は立証できていないので，結論的に真実性の証明は失敗に終わったことになり，刑法230条の2は適用されない。

3　真実性の誤信

Xは，真実性の証明には失敗したが，XがCの行為を真実だと判断したのは，日頃から信頼を寄せていた部下の記者Dが取材して収集した詳細な情報があったからであり，こうした相当の資料・根拠に基づいて真実性を誤信した場合でも，そのまま名誉毀損罪で処罰されるべきかが問題となるが，判例・多数説において，この場合が処罰されるべきではないことについては見解の一致がある。

まず，判例は，「行為者がその事実を真実であると誤信し，その誤信したことについて，確実な資料，根拠に照らし相当の理由があるときは，犯罪の故意がなく，名誉毀損の罪は成立しないものと解するのが相当である」としている（参考判例③。もっとも，参考判例④では，「行為者が摘示した事実を真実であると誤信したことについて，確実な資料・根拠に照らして相当の理由があると認められるときに限り，名誉毀損罪は成立しないものと解するのが相当」と判示し，故意を阻却するという構成を明示していない）。これがどのような理論的根拠に基づくものかは必ずしも明らかではないが，学説上は，刑法230条の2が「真実であることの証明があったとき」という訴訟法的規定を実体法に引き直し，ドイツ刑法の文言（erweislich wahr）に示唆を得て，「証明可能な真実性」が違法性阻却事由であるとしたうえで，証明可能性をもって真実だと誤信したときに故意が阻却されるとする見解が，最も判例と整合するものであろう。

もっとも，これに対しては，最終的に決定的であるのが相当の資料・根拠の存在なのであれば，問題を錯誤論ではなく違法論で論じるべきだとして，相当な資料・根拠でもってなされた言論活動のもつ価値に鑑み，刑法35条により正当行為として違法性を阻却するべきだとする見解も有力である。

本問では，Xが信頼を寄せていた部下の取材に基づく詳細な情報をもとに，真実性を誤信したのであり，十分な取材があったと判断するに足りる事情があれば，いずれの理論構成によるにせよ，結論的には不可罰とされてよいであろう。

●】参考文献【●

安達光治・百選Ⅱ 44 頁／松尾誠紀・インデックス〔各〕78 頁・80 頁／古川伸彦・プラクティス〔各〕116 頁・118 頁

（安田拓人）

37 窃盗罪：保護法益

甲は，自動車をもって訪れた客に，時価の５分の１程度の融資金額を示したうえ，用意してある買戻約款付自動車売買契約書に署名押印させて融資をしていた。契約書の内容は，借主が自動車の所有権と占有権を被告人に移転し，買戻期限までに一定の利息を付した金額を払って買戻権を行使しない限り，被告人が自動車を任意に処分することができるというものであったが，契約当事者の間では，借主が契約後も自動車を保管し，利用することができることになっていた。被告人らは，自動車を転売したほうが格段に利益が大きいため，借主が返済期限に遅れればただちに自動車を引き揚げて転売するつもりであったが，客に対してはその意図を秘していた。甲は，返済期限の翌日未明に，密かに合鍵屋に作らせたスペアキーを利用し，借主に断ることなしに自動車を引き揚げただちに転売した。

甲の罪責はどうなるか。

●】参考判例【●

① 最決平成元・7・7刑集43巻7号607頁（乗用車引揚げ事件）
② 最判昭和35・4・26刑集14巻6号748頁（トラック引揚げ事件）
③ 最判昭和30・10・14刑集9巻11号2173頁（脅迫による債権取立て事件）

●】問題の所在【●

窃盗罪の保護法益については，本権説と占有説の対立がある。本権説は，窃盗罪は所有権その他の本権を保護すると解する見解であり，占有説は，事実上の所持を保護するとする見解である。このような理念的な対立は，もともと古典学派と近代学派の対立に由来するものであったが，戦後は，本問に表れているような複雑な権利関係が登場し，折衷的な解決が図られるようになってきている。窃盗罪の保護法益は，他の財産罪の保護法益の総論的な意味も有する。しっかり整理しておくことが重要である。

●】解説【●

1　本権説と占有説の対立から平穏占有説へ

窃盗罪の保護法益については，古くから本権説と占有説の対立があった。本権説は，窃盗罪の保護法益を所有権その他の本権であると解するため，刑法242条でいう「他人の占有」とは正当な権原に基づく場合に限られることになり，窃盗犯人から自己所有物を取り戻すような場合は窃盗罪に当たらないことになる。これに対し占有説は，窃盗罪の保護法益を財物の占有（所持）それ自体であると解するため，窃盗犯人から自己所有物を取り戻すような場合も当然に窃盗罪を構成することになる。

本問において，もし客に所有権があるならば，占有説によっても本権説によっても窃盗罪が成立するが，もし甲に所有権があるならば，占有説による場合は窃盗罪が成立し，本権説による場合は窃盗罪が成立しないということになる。このように本権説による場合は，民法上の所有権関係を確定しない限り，窃盗罪の成否が確定できないことになる。

しかし，資本主義の発展した複雑な経済生活の下では，民事の権利関係の確定を待っていては刑事裁判が立ちゆかなくなる。そこで，本権説をそのまま適用するのは困難であるということ，また，民事においては自力救済が禁止されている（民法202条の趣旨を考慮されたい）ことから占有説が有力となった（参考判例②はこのような考え方を示したさきがけとなる判例である)。

しかし，占有説への動きは，そのまま純粋な占有説が通説化するところまでには至らなかった。そこには，窃盗犯人からの取戻しだけは窃盗として扱うべきではないという判断が存在していたからである。そこで，占有の開始時点において「平穏な占有」ならば，窃盗罪の法益として保護されるとする見解が有力となった。

この見解によれば，本問は，占有の開始時点において客の占有は平穏なものであるから，甲については窃盗罪が成立することになる。

2　純粋占有説への回帰と本権説の再評価

近時，あらためて純粋な占有説へ回帰する見解や本権説を再評価する見解も現れてきている。前者は，すべての占有侵害を構成要件に該当するものとし，窃盗犯人からの取戻しなどの特殊な場合については，違法阻却のレベルで実質的に考慮するというもので，参考判例①も同様の見解をとっているようにみえる。後者は，結果無価値論の論理を推し進めることによって主張される。すなわち，財産犯が個人財産に対する犯罪であることを重視すれば，本権が害されなければ，現実の法益侵害は生じていないといいうる。民事法上返還が義務づけられているものを刑法で保護する理由はないのであるから，そもそも保護すべき法益が欠けるため窃盗罪とはならないという見解は，その代表的な立場である。この立場によれば，占有説が保護しているのは，実体のない現状だけだということになり，占有説は，行為無価値のみを処罰する見解だということになろう。

3　占有説からの回答

上述したように，参考判例①は占有説をとることを確認している。刑事の問題で民事の問題解決を待っていては，現在の経済取引の現状に合わないこと，民事上の自力救済の禁止を考慮するとき，とりあえず占有は保護しておくという判断は，不当なものとまではいえないことを考えると，基本的に，占有説から出発して問題を解決するのがよいように思われる。

しかし，占有説をとるとしても，すべての占有を保護すべきかどうかは１個の問題である。そして，この問題の解決については２つの見解が分かれている。１つは，構成要件のレベルで占有の概念を絞る見解であり（その１つの例が平穏占有説），もう１つは違法阻却のレベルに解決を委ねる見解である（純粋占有説）。

平穏占有説からの回答については，**1**で述べた。純粋占有説に立ち，構成要件レベルではすべての占有を保護すると解すると，違法阻却のレベルで具体的に妥当な結論を図る必要が出てくる。たとえば，判例の立場によれば，社会的相当性の見地から違法阻却を認めようとするのが一般であるが，参考判例①が，本問とほぼ同一の事案において，「社会通念上借主に受忍を求める限度を超えた違法なものというほかはない」と述べていることから考えても，本件では，違法阻却の余地はなく窃盗罪が成立するものと考えられる。

4　権利行使と恐喝罪の成否

窃盗罪の保護法益は，強盗罪・恐喝罪・詐欺罪の保護法益とも一致する。特に，いわゆる権利行使と恐喝罪の成否といわれる問題を解決するには，窃盗罪の保護法益の理解の相違が反映するとされている。たとえば，債権者Xが債権の取立てにあたって脅迫的手段を用いて相手を畏怖させて金銭を交付させた場合，Xには恐喝罪が成立するのか，それとも単なる脅迫罪の限度でしか処罰されないのかといった場面で問題になる。この場合，本権説に立てば，本権者の正当な権利行使である以上，財産犯は成立せず，脅迫罪のみが成立すると解されることになる一方，占有説に立てば，債務者の事実上の財産状態が保護されることになるから，それを脅迫的手段で侵すのであれば恐喝罪が成立し，例外的場合について違法性が阻却される場合があると解することになる。この問題について判例は，恐喝罪が成立するとしているが（参考判例③参照），この点からも，判例が占有説をとっていることが理解されよう。

●】参考文献【●

上嶌一高・百選Ⅱ 54 頁／末道康之・百選Ⅱ 124 頁／松原芳博・刑法の判例〔各〕63 頁

（松澤　伸）

38 窃盗罪：占有の概念

Aは，公園のベンチに座り，傍らに自身のポシェットを置いて友人と話をしていた。甲は，公園のベンチに座った際に，隣のベンチでAが自身のポシェットをベンチ上に置いたまま，友人Bと話し込んでいるのを見かけ，もし置き忘れたら持ち去ろうと考えて本を読むふりをしながら様子をうかがっていた。Aはその後，本件ポシェットをベンチ上に置き忘れたまま，Bを駅の改札口まで送るためBと共にその場を離れた。甲は，Aらがもう少し離れたら本件ポシェットを取ろうと思って注視していたが，被害者らが，公園出口にある横断歩道橋を上り上記ベンチから約27メートルの距離にある階段踊り場まで行ったのを見たとき，自身の周りに人もいなかったことから，今だと思ってポシェットを取り上げそれを持ってその場を離れた。他方Aは，上記歩道橋を渡り，約200メートル離れた私鉄駅の改札口付近まで2分ほど歩いたところでポシェットを置き忘れたことに気づき，上記ベンチの所まで走って戻ったもののすでにポシェットはなくなっていた。

甲の罪責はどうなるか。

●】参考判例【●

① 最決平成16・8・25刑集58巻6号515頁（ポシェット事件）
② 福岡高判昭和58・2・28判時1083号156頁（無施錠自転車放置事件）
③ 最判昭和32・11・8刑集11巻12号3061頁（カメラ行列事件）
④ 東京高判昭和54・4・12判時938号133頁（駅窓口事件）
⑤ 東京高判平成3・4・1判時1400号128頁（スーパーマーケットベンチ事件）

●】問題の所在【●

窃盗罪と占有離脱物横領罪の区別は，窃盗罪の客体が他人の占有している財物である点に求められる。窃盗罪は，他人の占有を奪うがゆえに，占有離脱物横領罪よりも重く処罰されるのである。本問で問題となるのは，窃盗罪を特徴づける占有の有無である。これは，最終的には具体的な事案の中で判断されるが，場当たり的になされるものではなく，その判断には要点がある。これを整理・理解することが重要である。

●】解説【●

1　占有の事実と占有の意思

刑法における占有は，しばしば「所持」と呼ばれ，事実的な占有と説明される。しかし，「占有がある」というためには，文字通り手の中に持っていなければならないことまで要求されるのではない。それは，財物が占有者の事実上の支配内にあるという意味であって，現実の所持や握持よりも広い概念である。それは，占有が一定の規範的概念であることを意味する。

占有が，事実上の支配という規範的な概念であるとすれば，占有の有無についての主たる判断は，占有の事実という占有の客観的な状態からなされるとしても，それだけでは足りないのであって，占有の意思という占有者の主観的な状態も考慮されなければならない。

このように，占有の判断が規範的なものであるとすれば，具体的な事案との関係で問題を論じることが不可欠となる。そこで，判例がどのように判断しているのかを確認しておくことが，問題解決の出発点となる。

2　具体的な判断

「占有の事実」については，占有が，占有者の排他的支配領域内にある場合とそうでない場合とを分けることができる。排他的支配領域内にある場合の例としては，家や建造物の中が挙げられる。この場合，たとえ物の所在がわからなくなっていても，占有者には事実上の支配があり占有の事実があるといってよい（大判大正15・10・8刑集5巻440頁）。

排他的支配領域内にない場合の例としては，外出中に置き忘れた場合が典型例となる（たとえ外出中であっても，手で持っていた場合（握持していた場合）は，排他的支配領域内にあり，占有の事実がある。また，外出中であっても，所有者が意識して置いておいた場合には，「占有の意思」が考慮され，事実上，占有者の支配が物に及んでいると考えられるから，占有の事実があると考えられる。たとえば，参考判例②では，事実上の自転車置場に無施錠のまま放置されていたが，所有者が所在を意識していた自転車について，占有が肯定されている）。本問は，まさに外出中に置き忘れた事案であるが，この場合の判例の基準を確認してみよう。

たとえば，占有が認められた例としては，次のようなものがある。たとえば，参考判例③は，バスを待つ行列の移動につれて動き始めた際に傍らに置いたカメラを忘れ，約5分後，20メートル離れたところで気づき引き返した事案である。また参考判例④は，駅のカウンターに財布を置き忘れて別のカウンターに行ったが，1～2分後，距離にして15～16メートルのところで引き返した事案である。これに対し，占有が否定された例としては次のものがある。参考判例⑤は，大規模スーパーマーケットの6階ベンチに札入れを置き忘れ，約10分後，エスカレータでも片道2分20秒を要する地下1階で気づき，引き返した事案である。このように見てくると，判例においては，時間的距離的な近接性がある場合には占有を肯定するという判断基準がとられていると考えられる。

3　本問の検討

本問は，以上の判例の中間に当たるような事例である。過去の判例と単純に比較すれば，参考判例⑤よりも参考判例③④に近いので，占有が肯定されるともいえよう。しかしその際に，どのような事実を取り上げて判断するかで違いが出てくる。判断方法としては，2つの方法が考えられる。

第1は，被害者が気づいて戻った時点を基準として，占有があったか否かを総合的に判断する方法である。これは，上記に引用した各判例で採用されている手法であるといえる。すなわち，財物が失われた時点における占有の有無は，判断の基礎に取り入れられていない。第2は，参考判例①でとられた方法である。これは，上記の判例における総合的判断とは異なり財物が失われた時点を基準とする。参考判例①は，財物が失われた時点が距離27メートルの時点であることを新たに認定したうえで，その時点での財物の占有を判断した点に特徴がある。

したがって，本問を解答する際にも，「27メートル」という事実をことさらに取り上げて判断の基礎におくか，これを重視せずに，「200メートル」「2分」という事実や，被害者が財物を取り戻すまでの事情を重視するかで異なってくる。少なくとも，現在の判例の立場は，「27メートル」を重視するものであり，本問でもそのように認定して解答することが望ましいであろう。

●】参考文献【●

冨川雅満・百選Ⅱ 58 頁／穴沢大輔・プラクティス〔各〕168 頁

（松澤　伸）

39 不法領得の意思

甲と乙は，裁判所の支払督促制度を利用して，甲の叔父Aの保有財産を差し押さえて，現金に換えようと考えた。そこで，裁判所に対し，虚偽内容の貸金債権があると申し立てて，A宛てに支払督促状が送達される時点で，A宅の前で待機していた乙が，A本人であるかのように装い，郵便送達報告書の受領者欄にAの氏名を記入して，配達人のBから支払督促状を受け取った。その後，Aからは督促異議の申立てがないまま，強制執行手続が進んだため，甲らは，換価処分により多額の現金を入手した。なお，甲と乙は，当初から，支払督促正本を廃棄する意図で受け取っており，実際にも，これらの文書を廃棄した。

甲と乙の罪責はどうなるか。

●】参考判例【●

① 最決平成16・11・30刑集58巻8号1005頁（支払督促状詐取事件）
② 大判大正4・5・21刑録21輯663頁（教育勅語隠匿事件）
③ 大判大正9・2・4刑録26輯26頁（自転車窃盗事件）
④ 最決昭和55・10・30刑集34巻5号357頁（自動車乗回し事件）

●】問題の所在【●

甲の共犯である乙は，A本人であるかのように装って，支払督促状を不正に取得しており，郵便配達人のBから財物を騙取した点で，詐欺罪（246条1項）の成立する可能性がある。しかし，甲と乙は，当初から，この送達文書を廃棄する目的で取得しており，こうした場合にも，不法領得の意思を認めうるかが問題となる。刑法典上，領得罪と呼ばれる犯罪群では，通常の故意とは別に，不法領得の意思が成立要件とされるからである（通説・判例）。したがって，使用窃盗の場合はもちろん，毀棄・隠匿の意思との関係でも，主観的違法（構成要件）要素である不法領得の意思の内容が，理論上明らかにされねばならない。なお，乙は，郵便送達報告書の受領者欄にAの氏名を記載してBに手渡しており，私文書偽造罪の成否についても言及する必要がある。

●】解説【●

1　不法領得の意思必要説と不要説

不法領得の意思とは，「権利者を排除して他人の物を自己の所有物として，その経済的用法に従い利用もしくは処分する意思」である（参考判例②，最判昭和 26・7・13 刑集 5 巻 8 号 1437 頁）。その中には，「権利者を排除する意思」と「経済的用法に従い利用する意思」の 2 つの要素がある。学説の一部は，そのいずれかに重点を置いて不法領得の意思を説明するほか，法文上不法領得の意思が明文化されていないため，故意以外に特別な主観的要素を不要とする見解もみられる（不法領得の意思不要説）。

また，財産罪の保護法益をめぐっては，いわゆる占有説（所持説）の立場から，占有侵害の故意があれば足りるとして，不法領得の意思必要説は，旧来の本権説に依拠していると批判する向きもあった。しかし，占有説と本権説の対立が，ただちに必要説と不要説の対立に結びつくわけではない。むしろ，現代社会の複雑な財産関係を前提とするとき，個人の財産権を保護する際にも，経済的用法に応じて利用・収益・処分する意思は極めて多様化している。その意味で，占有を取得した後の利用目的まで問うことなく，占有侵害の意思さえあればよいという理論構成も可能であろう。

2　一時使用の意思と使用窃盗

従来，窃盗罪でいう不法領得の意思をめぐっては，使用窃盗ないし一時使用の可罰性が議論されてきた。使用窃盗の場合，犯人の側には終局的に権利者を排除する意思がないため，上記の不法領得の意思が欠けるからである。しかし，単なる一時使用であっても，目的物を無断で使用したうえ，これを乗り捨てる意思があったならば，不法領得の意思が肯定されてきた（参考判例③，前掲最判昭和 26・7・13）。また，最高裁は，たとえ元の場所に戻す意思があったとしても，長時間にわたる自動車の無断使用の場合，不法領得の意思を認めている（最決昭和 43・9・17 判時 534 号 85 頁，参考判例④）。さらに，秘密情報については，もっぱら複写目的で一時持ち出した場合にも，不法領得の意思を肯定したものが少なくない（東京地判昭和55・2・14刑月12巻1＝2号47頁など）。

これに対して，刑務所を出所した直後の常習窃盗犯が，もう一度刑務所に入ることを計画し，当初から窃盗犯人として自首するつもりで，路上駐車中の自動車からステレオパックなどを窃取した後，そのまま近くの派出所に出頭するとともに，被害品を任意提出した事案について，およそ経済的用法に従って利用・処分する意思がなく，一時的にせよ「自己の所有物」として権利者を排除する意思もなかった以上，不法領得の意思が欠けるとして，窃盗罪の成立を否定したものがある（広島地判昭和50・6・24刑月7巻6号692頁）。

3　毀棄・隠匿の意思と犯行隠ぺいの目的

次に，毀棄・隠匿の目的で財物の占有を奪ったとき，不法領得の意思を否定する判例も少なくない（参考判例②，大判昭和9・12・22刑集13巻1789頁）。たとえば，報復目的で持ち出した目的物を海中に投棄したり（仙台高判昭和46・6・21高刑集24巻2号418頁），犯行の発覚を防ぐ目的で死体の持ち物を奪ったような事案も（東京地判昭和62・10・6判時1259号137頁），不法領得の意思が欠けるとされた。

他方，犯行隠ぺいの目的で手提げ金庫を持ち出して河中に投棄したり（大阪高判昭和24・12・5判特4号3頁），物盗りによる犯行を装うために金品を奪って埋めておいた事案（東京高判平成12・5・15判時1741号157頁）では，不法領得の意思を認めた判例がある。したがって，これらの判例をみる限り，毀棄・隠匿に伴って何らかの社会的利益が生じるような場合には，不法領得の意思を肯定する傾向が認められる。

4　権利者排除の意思と経済的利用の意思

本問の犯人らは，郵便配達員から騙取した支払督促状を廃棄する意思であった。その際，毀棄・隠匿の意思では，およそ不法領得の意思がないと考えるとき，甲と乙の罪責は，せいぜい，公用文書等毀棄罪（258条）にとどまる。しかし，不法領得の意思が，目的物の取得により何らかの経済的利益を享受する意思とみるならば，たとえ外見上は廃棄するだけでも，およそ権利者のように振る舞うことで，実際にも経済的利益が生じたとき，不法領得の意思が肯定されることになる。学説の一部には，債務者が借用証書を盗んで焼き捨てる場合，これを廃棄することで債務の返済を免れる以上，不法領得の意思を肯定できるとする見解があった。

なるほど，これらの文書が債務の存在を証明する唯一の手段であった場合，借用証書の廃棄によって債権の取立てが困難となり，事実上債務の履行を免れるであろう。その意味では，何らかの間接的利益を得ることになる。しかし，それ以外の証明手段でも債権の存在を立証することができる場合，借用証書の毀棄・隠匿それ自体は，債権者の権利行使を妨害する行為にすぎない。したがって，こうした証書の廃棄も，本来，私用文書等毀棄罪（259条）にとどまるはずである。同様にして，文書以外の物品を廃棄する際にも，せいぜい器物損壊罪（261条）に当たるのではなかろうか。

5　詐欺罪とその他の犯罪

本問では，甲と乙が，送達された支払督促状を廃棄することで，Aの財産を換価処分するという財産的利益に結びついている。しかし，これだけで不法領得の意思を認めるならば，そこでいう財産的利益は，相当程度に抽象的ないし間接的なものになってしまう。むしろ，支払督促状を廃棄することで得られる利益と，犯人が詐取した物自体を利用することで得られる利益は，明確に区別するべきである。そもそも，財物罪である以上，そこで問題となる利益は，あくまで物自体の利用にかかわるものでなければならない。かりに裁判所を欺いて誤った判決を出させる行為が，目的物の換価処分という結果に至ったならば，訴訟詐欺の問題として処理することも考えられる。

本問の素材とした事案でも，犯人らは当該文書を廃棄するだけで，それ以外に利用・処分する意思を有しなかったため，不法領得の意思がないとされた（参考判例①）。その意味で，最高裁は，不法領得の意思を拡張しようとした一部判例に対して（参考判例①の第一審および原審判決），一定の歯止めをかけたといえよう。こうした事理は，「郵便配達員からの受領行為を財産的利得を得るための手段の1つとして行ったときであっても異ならない」とされる。ただし，郵便送達報告書の受領者欄の記名押印は，A本人の受領という事実を証明する私文書であるため，乙の行為は，これを偽造した有印私文書偽造罪（159条1項）を構成する。また，偽造私文書をBに提出することで，同行使罪（161条）も成立するであろう。

●】参考文献【●

高橋直哉・百選Ⅱ 64 頁／伊藤亮吉・百選Ⅱ 66 頁／一原亜貴子・百選Ⅱ 68 頁／宗像雄・インデックス〔各〕106 頁・110 頁／飯島暢・インデックス〔各〕112 頁／小林憲太郎・プラクティス〔各〕197 頁・200 頁・204 頁／飯島暢・プラクティス〔各〕371～375 頁／田山聡美・ハンドブック〔各〕66 頁・69～70 頁／足立友子・刑法の判例〔各〕79 頁

（佐久間修）

40 親族相盗例

日頃からパチンコに興じて金銭を浪費していた甲は，遊ぶ金が不足したことから，同居している甲の父Aが腕時計マニアであり，高価な腕時計を多数持っていることを思い出し，これを売却すればかなりの金銭が得られるだろうと考え，ある晩の午後11時頃，すでに就寝していた父Aの寝室に入り込み，寝室に置かれたタンスの引出しから，腕時計2点（合計価格100万円相当）を盗み出した。しかし，甲が父Aの所有物であると思って盗み出した腕時計は，父Aが同じく腕時計マニアの友人Bから借り受けていたもので，実際にはBの所有物であった。

甲の罪責はどうなるか。

●】参考判例【●

① 福岡高判昭和25・10・17高刑集3巻3号487頁（他人物錯誤窃盗事件）
② 最判昭和25・12・12刑集4巻12号2543頁（親族間窃盗物故買事件）
③ 最決平成6・7・19刑集48巻5号190頁（6親等親族現金窃盗事件）
④ 最決平成18・8・30刑集60巻6号479頁（内縁配偶者窃盗事件）
⑤ 最決平成20・2・18刑集62巻2号37頁（後見人祖母金銭横領事件）
⑥ 最決平成24・10・9刑集66巻10号981頁（成年後見人横領事件）

●】問題の所在【●

甲は，親族から時計を盗み出すつもりで親族ではない者の所有物を盗み出している。親族からの窃盗については，親族相盗例の適用があり刑が免除されるが，本問のような場合にも親族相盗例の適用（あるいは準用）は認められるのであろうか。

●】解説【●

1　親族相盗例の法的性質

本問では，親族関係について甲に錯誤が生じている。このような錯誤について，もし，親族相盗例が犯罪の成立にかかわる事情ならば，犯罪論における錯誤論の適用があるが，もし，犯罪の成立とは無関係ならば，錯誤論の適用はないことになる。そのため，この問題を考えるにあたっては，前提として，親族相盗例の法的性質をいかに理解するかが重要となる。

これにつき判例・通説は，親族相盗例は，犯罪が成立することを前提として，特に政策的理由から処罰が阻却される，処罰阻却事由であると解している（処罰阻却事由説。参考判例②における，「犯人の処罰につき特例を設けたに過ぎないのであって，その犯罪の成立を否定したものではない」という表現に代表される）。ここでいう政策的理由とは，「法は家庭に入らず」という考え方に求められる。親族間の窃盗行為は，家庭内で解決すべきで，法的判断になじまないということである。また，犯罪が成立しているという解釈をとる理由として，親族相盗例の法的効果が刑の免除にあることが挙げられる。すなわち，刑事訴訟法は，刑の免除を無罪判決とは別に設けているのであり，犯罪はあくまでも成立していると解するのである。この見解によれば，本問について，犯罪論における錯誤論の適用はない。

これに対して，近年，違法・有責と無関係な政策的理由から刑罰権の行使を決定するのは望ましくないという視点から，親族相盗例を犯罪論の内部の問題として理解する見解も有力に主張されている。すなわち，被害の軽微性に着目し，違法性が減少・阻却されるとする違法阻却・減少説，親族間で行われる違法行為について適法行為に出ることを期待するのは類型的に困難であるから責任が減少阻却されるとする責任阻却・減少説がこれである。これらの見解によれば，本問について，犯罪論における錯誤論の適用がある。

2　窃盗罪の保護法益との関係

本問を考えるにあたってもう１つ重要なのは，親族関係が必要な相手方はどの範囲まで及ぶのかという問題である。すなわち，所有者・占有者のいずれについても犯人との親族関係が必要なのか，あるいは，どちらか一方でよいのかということである。

この問題は，窃盗罪の保護法益と関連づけて理解することができる。窃盗罪の保護法益については，所有権その他の本権であるとする本権説，事実上の占有であるとする占有説（所持説），占有の開始において平穏な占有であるとする平穏占有説を中心とした中間説が主張されているが，何が保護法益かということは，とりも直さず，誰が被害者であるかということであるから，それぞれの立場において被害者と考えられる者について，親族関係が要求されると解される。

すなわち，本権説では所有者が親族の場合に，占有説では占有者が親族の場合に適用される一方，平穏占有説（中間説）では，1次的には占有が保護されるものの，究極的には所有権が保護されることになるから，占有者・所有者両方が親族でなければならないことになる。最近，参考判例③が，占有者・所有者両方が親族である必要があるとしたのは，判例が窃盗罪の保護法益において，平穏占有説的な理解を示していることとも合致する。

3　親族関係の錯誤

以上のことを前提として，本問について考えてみよう。本問は，占有者は親族であるが，所有者は親族ではないという事例である。上述した参考判例③で示された基準を用いれば，甲がそのことを認識していたとき，親族相盗例の法的性質についてどの見解に立っても，親族相盗例の適用はないということになるであろう。しかし，本問の甲は，占有者も所有者も親族であると考えている。この点の錯誤が親族相盗例の適用について何らかの影響をもたらさないであろうか。法的性質に関する判例・通説である処罰阻却事由説から考えると，処罰阻却事由は故意の認識対象とはならないから，その点について錯誤があっても，甲の罪責には影響しない。したがって，窃盗罪が成立することになるであろう。

しかし，参考判例①は，同様の事案について，刑法38条2項の抽象的事実の錯誤として親族相盗例の適用があるとした。これは本来，処罰阻却事由説からは相いれないものである。そこで，これを違法阻却・減少説，あるいは責任阻却・減少説に関連づけて理解する見解もある。これらの見解によれば，以下のような処理がなされるであろう。まず，違法阻却・減少説では，親族関係の錯誤は，違法性阻却事由に関する事実の錯誤となるから，いわゆる誤想防衛と同じように責任故意を阻却するという処理になる（違法性阻却事由に関する事実の錯誤の処理としては，これが通説である）。また，責任阻却・減少説では，期待可能性に関する事実の錯誤となり，この場合も故意が阻却される。こうして，これらの犯罪論の内部に親族相盗例の法的性質を求める見解による場合には，親族相盗例の適用が認められることになる。

4　内縁の配偶者，未成年後見人・成年後見人と親族相盗例

親族相盗例に関しては，近時，内縁の配偶者がその範囲に含まれないとする判例が登場したことにも注意しておく必要がある。すなわち，参考判例④は，被告人が内縁の妻が金庫に保管していた金銭を窃取したという事案につき，刑法244条1項は，「免除を受ける者の範囲は明確に定める必要があることなどからして，内縁の配偶者に適用又は類推適用されることはない」とし，親族相盗例の（類推）適用を認めなかった。「法は家庭内に入らず」を理由とする一身的処罰阻却事由説を採用するのであれば，内縁の妻との間のトラブルも，事実上家庭内の問題であるから，判例のような解釈には，疑問を差しはさむ余地があるといえよう。さらに，明確な解釈が必要なのは，被告人にとって不利な場合の解釈なのであって，有利な場合の解釈については，明確性を理由とするべきではないようにも思われる。

また，同じく最近登場した参考判例⑤は，未成年である被害者の未成年後見人である祖母が，共犯者2名と共謀のうえ，後見の事務として業務上預かり保管中の被害者の貯金を引き出して横領したという事案について，刑法255条による親族相当例の準用を認めなかった。すなわち，最高裁判所は，親族間の一定の財産犯罪について特例が定められている趣旨について，「国家が刑罰権の行使を差し控え，親族間の自律にゆだねる方が望ましいという政策的な考慮」であると説明したうえで，「未成年後見人の後見の事務は公的性格を有するものであって，家庭裁判所から選任された未成年後見人が，業務上占有する未成年被後見人所有の財物を横領した場合に，上記のような趣旨で定められた刑法244条1項を準用して刑法上の処罰を免れるものと解する余地はないというべきである」と判示したのである。

この判例は，たとえ親族であっても，未成年後見人という公的な立場に立つ場合には，親族相盗例の適用・準用が否定されることを述べたものであって，親族相盗例の適用範囲を縮小解釈したものである。未成年後見人は家庭裁判所により選任されるもので，その事務は未成年被後見人の財産保護のための公的な性格を有しており，紛争は家庭内の問題をこえて公的な問題となっているといえること，また，このような場合に，現実に未成年者が被害に遭う機会が多いことを踏まえると，判例の解釈は妥当なものと考えられよう。また，参考判例⑥は，家庭裁判所が選任する

成年後見人についても，その事務の公的性格から，親族相盗例の適用を否定している（なお，同判例は，量刑においてもこれを考慮するのは相当でない旨を述べている。判例のいう「政策的な考慮」の内容が違法や責任の減少と関連するのであれば，量刑の段階ではこれを考慮しない理由はないはずである。すなわち，「政策的な考慮」とは，違法・責任とは無関係の，純粋に政策的なものであることを意味するものと解される）。

●】参考文献【●

林陽一・百選Ⅱ 72 頁／平山幹子・刑法の判例〔各〕190 頁／井上宜裕・プラクティス〔各〕244 頁

（松澤　伸）

41 強盗罪：１項強盗・２項強盗

甲とXは，当初，Aを殺害して宝石類を強取することを共謀したが，その後，計画を変更して，まずXが，貴金属売買のあっせんを装って，Aをホテルの一室に呼び出し，買主と相談するために必要であると偽ってAから宝石類を受け取り，これを持って逃走した。その後，甲は，ただちにAのいる部屋に入り，至近距離からAめがけて拳銃で弾丸５発を発射したが，Aが防弾チョッキを着ていたので，重傷を負わせるにとどまった。

甲の罪責はどうなるか。

●】参考判例【●

① 最決昭和61・11・18刑集40巻7号523頁（覚醒剤強奪殺人事件）

② 神戸地判昭和34・9・25下刑集1巻9号2069頁（無銭飲食後殺人事件）

③ 東京高判昭和52・11・9刑月9巻11＝12号798頁（無銭飲食後暴行事件）

④ 最判昭和24・2・15刑集3巻2号164頁（居直り強盗事件）

⑤ 東京高判平成21・11・16判タ1337号280頁（暗証番号聞き出し事件）

●】問題の所在【●

強盗罪（236条）は，財物を客体とする１項強盗罪と，財産上の利益を客体とする２項強盗罪とに分かれる。本問は，この２つの客体が交錯するような場合であり，いずれの客体について強盗罪の成立を認めるかが問題となる。また，強盗罪は，暴行・脅迫を手段として相手方の反抗を抑圧することによって財物あるいは財産上の利益を得る犯罪であるから，暴行・脅迫行為と財物・財産上の利益の取得との同時存在原則も問題となろう。特に本問のように，複数行為によって犯罪が実現される場合，罪数処理の問題も考慮して解決されなければならない。

●】解説【●

1　強盗罪の構造

強盗罪における暴行・脅迫は，相手方の反抗を抑圧する程度のものでなければならない（最狭義）。その判断は，客観的な基準であるが，行為当時の具体的状況下における一般人判断と解されている。

このような暴行・脅迫行為と財物奪取（1項強盗罪）の間には，「行為者の意思に裏づけられた」因果関係が必要であり，強盗の典型例は，当初より強盗の意思があり，暴行・脅迫行為によって相手方が反抗を抑圧され，それによって財物を奪取するという形態である。さらに，財物奪取に着手後，相手方を抑圧する暴行・脅迫を行うという，いわゆる居直り強盗（参考判例④）も強盗の一形態である（事後強盗罪との差異が問題となる）。

2項強盗罪（強盗利得罪）については，財産上の利益の取得が，被害者の処分行為に基づく必要があるか否かが問題となる。処分行為必要説は，2項強盗罪が利得罪であること，財産上の利益の移転が必要であることなどを根拠とする。これに対して，判例（最判昭和32・9・13刑集11巻9号2263頁）・通説は，処分行為不要説を採用している。2項強盗罪も1項強盗罪と同様に奪取罪であること，意思を抑圧された被害者にはそもそも処分行為をなす余地はないことなどから，不要説が妥当であろう。もっとも，相続の後順位者が先順位者を殺害した場合にすべて強盗殺人罪が成立するという帰結を回避するために，何らかの利益移転のメルクマールが必要である。たとえば，当事者間に具体的な対立関係があるとか，事実上，債権者から当該債務の追及を受けることがない，あるいは著しく困難にするなどである（参考判例⑤では，この利益移転の有無が問題とされた）。

2　1項強盗罪か2項強盗罪か

本問の素材となった参考判例①（対象物は覚醒剤）の控訴審判決は，XがAから覚醒剤の占有を取得したことと，その後に入れ替わって入室した甲による殺害行為とは密接に結びつき一体となって互いに手段目的の関係にあり，また日時場所がきわめて密着していることを理由に，暴行（殺害）が後続する場合でも1項強盗（強盗殺人未遂）罪が成立すると判示した。

これに対して，最高裁は，被害者殺害の時点ですでに覚醒剤の占有が行為者側に確保されていたとして，拳銃発射が覚醒剤の占有奪取の手段となっているとみることは困難であることを理由に，1項強盗（強盗殺人未遂）罪の成立を否定した。そして，拳銃発射は，覚醒剤の返還ないし買主が支払うべきものとされていた代金の支払いを免れるという財産上の利益を得るためになされたとして，2項強盗（強盗殺人未遂）罪の成立を肯定したのである。

このように，強盗罪における暴行・脅迫によって財物を取得した場合には1項強盗罪が成立し，財産上の利益を取得した場合には2項強盗罪が成立する。しかし，本問のように，財物を奪取した後に暴行・脅迫が行われた場合には，1項強盗罪なのか2項強盗罪なのか，その判断は困難となるのみならず，財物奪取それ自体が暴行・脅迫と切り離されて，窃盗罪あるいは詐欺罪と評価される場合もあろう。さらに，窃盗罪の場合には，後行行為の暴行・脅迫行為は，事後強盗罪の成立の可能性もある。参考判例①においては，覚醒剤の取得が，窃盗罪あるいは詐欺罪の成立の有無にかかわらず，後行行為について2項強盗（強盗殺人未遂）罪の成立が認められたのである。

3　財物詐取後の暴行・脅迫

当初から無銭飲食の意思で飲食し，その後，暴行・脅迫を用いて代金の支払いを免れたという事例では，1項詐欺（246条1項）が成立し，2項強盗罪は成立するのか，1項詐欺罪とはどのような関係に立つかが問題となる。

参考判例②においては，代金支払を免脱するため請求者を殺害した事案につき，強盗殺人罪は成立せず，1項詐欺罪と殺人罪の併合罪が成立すると判示された。すなわち，1項詐欺罪が成立した後，2項強盗罪の成立は否定されたのである。これによれば，前記事例については，1項詐欺罪と暴行罪の併合罪となる。

これに対して，参考判例③においては，前記事例と同様の事案（ただ，暴行により致傷に至った）につき，1項詐欺と2項強盗（致傷）罪の併合罪が肯定され，後行行為に2項強盗罪の成立が認められたのである。

前述のように，参考判例①によれば，先行行為について1項詐欺罪を肯定したとしても，後行行為に2項強盗（強盗殺人未遂）罪も成立し，両罪の包括一罪として重い後者の刑で処断すべきものとしたわけである。

4　財物窃取後の暴行・脅迫

他人の財物を窃取した後，被害者による返還請求を暴行・脅迫により免れたという事例では，窃盗罪が成立した後で2項強盗罪は成立するのか，窃盗罪とはどのような関係に立つかが問題となる。

この場合，窃盗犯人が窃取後に財物の返還を免れるために，暴行・脅迫を加えたことから，事後強盗罪の要件を充足する場合にのみ強盗罪を認めるべきであり，窃盗罪を成立させたうえで2項強盗罪を成立させるのは妥当でないという見解もある（参考判例①の反対意見）。これに対して，前述の詐欺先行の場合や一般の返還請求権の場合と同様であることから，2項強盗罪と事後強盗罪が競合する場合も認められるという見解もある。

いずれにせよ，参考判例①は，窃盗罪が成立する場合にも2項強盗（強盗殺人未遂）罪の成立を認め，両者は包括一罪として重い後者の刑で処断する立場を採用したのである。

●】参考文献【●

本庄武・百選Ⅱ 82頁／田山聡美・百選Ⅱ 84頁／石原明・昭61重判163頁／島岡まな・刑ジャ25号50頁／荒木泰貴・インデックス〔各〕130頁／飯島暢・インデックス〔各〕136頁／品田智史・ハンドブック〔各〕77頁・82頁

（高橋則夫）

42 強盗罪：事後強盗における「窃盗の機会」

甲は，金品窃取の目的で，2013年1月27日午後0時50分頃，A方住宅に，1階居間の無施錠の掃き出し窓から侵入し，同居間で現金等の入った財布および封筒を窃取し，侵入の数分後に玄関扉の施錠を外して戸外に出て，だれからも発見・追跡されることなく，自転車で約1キロメートル離れた公園に向かった。被告人は，同公園で盗んだ現金を数えたが，3万円余りしかなかったため少ないと考え，再度A方に盗みに入ることにして自転車で引き返し，午後1時20分頃，同人方玄関の扉を開けたところ，室内に家人がいると気づき，扉を閉めて門扉外の駐車場に出たが，帰宅していた家人のBに発見され，逮捕を免れるため，ポケットからボウイナイフを取り出しBに刃先を示し，左右に振って近付き，Bがひるんで後退したすきをみて逃走した。

甲の罪責はどうなるか。

●】参考判例【●

① 最判平成16・12・10刑集58巻9号1047頁（30分後の再訪者事件）
② 最決平成14・2・14刑集56巻2号86頁（天井裏3時間潜伏事件）
③ 東京高判平成17・8・16判タ1194号289頁（隣家窃盗後の殺害事件）

●】問題の所在【●

事後強盗罪における暴行・脅迫は，「窃盗の機会」に行われることを要すると解するのが判例・通説である。なぜなら，事後強盗罪は，暴行・脅迫によって財物奪取を行うという典型的な強盗とは異なるものの，それに準じた行為類型であることから，暴行・脅迫と財物奪取行為と密接な関連性がなければならず，そのための要件として，「窃盗の機会」という「書かれざる構成要件要素」が必要とされるからである。

本問では，事後強盗罪の成立要件の1つである「窃盗の機会」とは，どのような場合をいうのかが問題となる。

●】解説【●

1 「窃盗の機会」の一般的な判断基準

「窃盗の機会」について，判例は以前から，窃盗の現場に限定せず，「窃盗の機会の継続中」か否かを判断していたが，最高裁平成14年決定（参考判例②）は，その一般的な判断基準を明示した。同決定は，被告人が被害者宅に侵入し，窃盗を行った後，天井裏に隠れていたが，帰宅した家人の通報を受けて臨場した警察官に発見され，窃盗行為から約3時間後に，逮捕を免れる目的で同警察官に暴行を加えたという事案につき，犯行後も犯行現場の直近の場所にとどまり，被害者等から容易に発見されて，財物を取り返され，あるいは逮捕されうる状況が継続していたのであるから，当該暴行は窃盗の機会の継続中に行われたというべきであると判示した。

本問の基礎となる参考判例①は，「だれからも発見，追跡されることなく，いったん犯行現場を離れ，ある程度の時間を過ごして」いると事実を認定したうえで，参考判例②の「被害者等から容易に発見されて，財物を取り返され，あるいは逮捕され得る状況が継続していた」か否かという基準を適用し，そのような「状況はなくなった」と評価して，「窃盗の機会の継続中」ではないと判示した。

2 「窃盗の機会」の具体的な判断基準

場所的・時間的な近接性があれば，一般には，窃盗の機会継続性が認めることは容易であろうが，判例は，必ずしも場所的・時間的近接性だけで判断しているわけではない（参考判例③では，隣家への窃盗と約15分後の殺害という事案につき，時間的場所的近接性という点の重要性が否定されている）。たとえば，窃盗の犯行現場から継続して追跡されている場合（逃走追跡型）には，比較的容易に窃盗の機会継続性が肯定されており，この場合には，被害者等の追跡を受けているうちに，場所的・時間的にはすでに離隔している。また，参考判例②の事案のように，窃盗の犯行後，その現場にとどまり続けている場合（現場滞留型）には，場所的近接性はあるものの，時間的にはかなり離隔しているのであり，その場合でも，窃盗の機会継続性は肯定されている。とすれば，参考判例②が提示した「被害者等から容易に発見されて，財物を取り返され，あるいは逮捕され得る状況が継続していた」か否かという基準は，比較的明確なものと評価できる。

3　現場回帰型の判断基準

本問は，窃盗犯人が，窃盗の現場をいったん離れた後，そこに立ち戻ったという場合である（現場回帰型）。この類型として，たとえば，工場構内で鉄製品等を窃取し，それらの盗品を同工場裏門付近の路上に搬出したが，用意しておいたリヤカーが破損したため，盗品をその場に置いたまま，別のリヤカーを探すため，誰にも追跡されることなく窃盗の現場から約500メートル離れ，窃盗行為から約25分～35分程度経過後，元の場所に立ち戻り，盗品の運搬を開始した際に守衛に見つかり暴行に及んだという事案につき，事後強盗罪の成立が認められた事例（仙台高秋田支判昭和33・4・23高刑集11巻4号188頁），被害者方に忍び込んで現金やレジスター等を盗んだ後，盗品を持って誰にも発見されずに現場を立ち去り，約1キロメートル離れた場所で共犯者と盗品を山分けし，不要の物を処分するなどした後，犯行の約30分後に再び窃盗の犯意を生じて，被害者方に忍び込んだが，窃盗の着手前に家人に発見されたので，同人に脅迫を加えたという事案につき，事後強盗罪の成立が認められなかった事例（東京高判昭和45・12・25高刑集23巻4号903頁）などがある。

この2つの判例を比較して，結論における差異が生じたのは，盗品を持って犯行現場を離れたのか否かという点（第1の視点），再度の窃盗行為を行う決意で立ち戻ったのか否かという点(第2の視点)にあろう。前者の仙台高秋田支判昭和33・4・23においては，盗品を現場に残し，当初の窃盗の完遂を意図していたがゆえに，窃盗の機会継続性が肯定されたのに対して,後者の東京高判昭和45・12・25においては，盗品を持って現場を離れ，再度の窃盗行為を行う意図であったがゆえに，窃盗の機会継続性が否定されたのである。この2つの視点は，結局は，参考判例②が提示した「被害者等から容易に発見されて，財物を取り返され，あるいは逮捕され得る状況が継続していた」か否かという基準に収れんされるであろう。

もっともこの基準は，被害者側からの解釈アプローチと位置づけることができるが，一方で，行為者側からの解釈アプローチをも併せ行う必要があるように思われる。すなわち，とりわけ，現場回帰型においては，立戻り行為が当初の窃盗行為と一連のものと評価できるか否かという，いわば第2行為の意義，位置づけが問題とされなければならないであろう。窃盗犯人の立戻り行為について，参考判例①の原判決は,「被告人が引き返したのは，当初の窃盗の目的を達成するためであったとみることができる」と評価することによって，窃盗の機会継続性を肯定した。確かに，同一の現場への侵入であること，約30分程度の時間的間隔であることなどから，立戻り行為は当初の窃盗行為との結びつきは密接であると評価することも十分理由がある。これに対して，最高裁は，立戻り行為を再度の窃盗行為を意図したものと評価し，したがって，当初の窃盗行為と脅迫の関係だけが問題とされることとなったわけである。

●】参考文献【●

岡上雅美・百選Ⅱ 88頁／嶋矢貴之・争点 176頁／安田拓人・平14重判 151頁／高橋則夫・平16重判 165頁／南由介・インデックス〔各〕140頁／品田智史・ハンドブック〔各〕83頁

（高橋則夫）

43 詐欺罪：欺罔行為と交付行為

（1） 日頃，仕事がうまくいかずにむしゃくしゃしていた甲は，高級寿司を好きなだけ食べて憂さを晴らそうと思いつき，所持金をもたず，かつ，代金支払いの意思がないにもかかわらず，高級寿司店「十兵衛」に入ってカウンターに座ると，「まずはひらめをくれ」と店主に注文し，それに続けて，高級ネタの握り寿司を合計30貫注文した。甲は，食事を終えた後，「ちょっと玄関先で電話をかけてくる」と店主に伝え，店外に出たまま逃走した。甲の罪責はどうなるか。

（2） 甲は，最初は代金支払いの意思をもっていたが，代金を精算するに当たって，支払が惜しくなり，「ちょっと玄関先で電話をかけてくる」と店主に伝え，店外に出たまま逃走した場合はどうか。

●】参考判例【●

① 最判昭和30・7・7刑集9巻9号1856頁（無銭宿泊・飲食事件）

② 最決昭和43・6・6刑集22巻6号434頁（取り込み詐欺事件）

●】問題の所在【●

無銭宿泊・飲食は，最初からそのつもりで宿泊の申込み・飲食の注文をした場合と，宿泊・飲食した後に支払いを免れる意思を生じた場合とで，事案の処理が異なる。前者は，申込み・注文の時点で，1項詐欺罪における「人を欺」く行為（以下，「欺罔行為」という）が認められるのに対し，後者は，その時点では欺罔行為は認められず，後に支払いを免脱しようとした行為について，2項詐欺罪の成否が問題となるのである。

●】解説【●

1　最初から代金支払意思がない場合——小問（1）について

小問（1）では，甲は，最初から代金支払いの意思がないにもかかわらず，そうでないかのように装って，飲食を行っている。この場合，「まずはひらめをくれ」という店主に対する注文行為が，1項詐欺罪における欺罔行為が当たるかどうかが問題となる。こうした注文行為は，ごく日常的に見られる行為であり，それが詐欺罪における欺罔行為だということに違和感を感じる人もいるであろう。しかし，ここでの注文行為の法律的な意味は，代金支払意思も能力もあるから寿司を提供してもらいたいという意思表示であり，それゆえ，代金支払意思も能力もない甲は，挙動により虚偽の事実を示していると評価できることになる（こうした欺罔行為は，挙動による欺罔と呼ばれている。同様に挙動による欺罔が肯定されたものとして，参考判例②参照）。こうして，本問では，注文の段階で，詐欺罪の実行行為は行われたと評価でき，その時点で，少なくとも，詐欺未遂罪が成立している。

次に問題となるのは，どの時点で詐欺罪が既遂に至っているかである。店側が食事を提供した段階か，それとも，甲が電話をかけてくると述べて逃走した段階か。参考判例①は，この問題について，逃亡前既にホテル側を欺罔して代金相当の宿泊飲食をしたときに既遂に達したものと認めることができるとしている。そうすると，本問では，被害者である店側が錯誤に陥り，交付意思をもって食事を提供した段階で，既遂になると考えられる。つまり，甲が「電話をかけてくる」といった場合はもちろん，店側のすきを見て逃走した場合も，1項詐欺罪は既遂である。

2　後に代金支払免脱の意思を生じた場合——小問（2）について

これに対し，小問（2）のように，後に代金支払免脱の意思を生じた場合は，事情が異なる。この場合，飲食の注文の時点では，支払うつもりがあるのだから，1項詐欺罪の実行行為は存在しない。問題となるのは，すでに発生している代金支払の債務を，欺罔行為によって免れるという，2項詐欺罪の成否である。

詐欺罪が成立するためには，行為者による欺罔→被害者の錯誤→被害者による交付行為→財産の移転，という一連の過程が踏まれなければならない。このうち，被害者の交付行為は，不可罰である利益窃盗と可罰的である2項詐欺罪を区別する基準として，重要な意味を有するとされてきた。すなわち，交付行為が欠ける場合には利益窃盗として不可罰であり（たとえば，店側の隙を見て逃走した場合），交付行為がある場合には，2項詐欺として可罰的とされるのである。

ここで問題となるのは，被害者の交付行為について，交付意思が必要であるかどうか，という点である。つまり，交付行為が事実上のもので足りるのか（交付意思不要説），それとも，意思的な交付行為がなければならないのか（交付意思必要説），という点について，学説上，争いがある。

従来，判例は，交付意思必要説と親和的であるとされてきた。たとえば，参考判例①は，「詐欺罪で得た財産上不法の利益が，債務の支払いを免れたことであるとするには，相手方たる債権者を欺罔して債務免除の意思表示をなさしめることを要する」としている。詐欺罪が被害者による交付行為を必要としている以上，その交付行為に対応する主観面である交付意思も必要ということになるから，基本的に，交付意思必要説が妥当であろう。しかし，交付意思を厳密に要求すると，免除債務の移転を意識させず，債務の履行をさせないような行為を詐欺罪で捕捉するこができず，不都合である。そこで，近時は，緩和された交付意思必要説が有力となっている。

緩和された交付意思必要説というのは，交付意思を必要とするものの，これを，債務免除の意思といったかたちで厳密に捉えるのではなく，事実上支払いを免れさせてしまう認識といった程度に緩和して理解する見解である。たとえば，小問（2）を少し変えて，甲が，「銀行まで行ってお金をおろしてくる」と店主に伝えて逃走した，という事例を考えてみよう。甲の申出に対して店側が許可を与えると（店側は甲の債務の全面的な免除は認めていないものの），店の債権の実現は，甲の今後の行為に事実上依存してしまうことになる。ということは，甲の申出を受け入れた段階で，店側には，甲に事実上支払いを免れさせてしまう認識があったといえるのであり，交付意思が肯定できるのである。したがって，この場合には，2項詐欺罪の成立が認められることになる。

しかし，本問のように，「玄関先で電話をかけてくる」という申出に対してこれを許可した場合は事情が異なる。店側としては，甲が依然として店の玄関先，すなわち，店の支配内におり，いつでも代金の支払いを求めることができると考えていたのである。すなわち，店側には，甲に事実上支払いを免れさせてしまう認識はなかった。そうであるとすれば，本問においては，店側には，緩和されたものを含め，交付意思が存在しないため，交付行為が認められず，2項詐欺罪は成立しない，ということになる。

●】参考文献【●

髙山佳奈子・百選Ⅱ 108 頁／佐藤拓磨・プラクティス〔各〕246 頁

（松澤　伸）

44 詐欺罪：欺罔行為と重要事項

(1) 暴力団員である甲は，Aゴルフ場フロントにおいて備付けの受付表に氏名・住所等を記入し，施設利用を申込んだ。Aゴルフ場では，約款に暴力団関係者の利用拒絶を規定し，入口に「暴力団関係者の利用お断り」等の立看板を設置するなどしていたが，それ以上に利用客に対して暴力団関係者であることを確認する措置はとられておらず，周囲のゴルフ場でも，暴力団組員がゴルフをプレーしていることがあり，暴力団対策は徹底されていなかった。

(2) 暴力団である乙は，Bゴルフ場フロントにおいて，同様に，施設利用を申し込んだ。Bゴルフ場では，約款等で暴力団関係者の施設利用を拒絶する旨規定すると同時に日頃から暴力団関係者の入場を認めない方針を強調しており,「私は暴力団等とは一切関係ありません」と記載された誓約書に署名押印させるなどの対策を講じていた。

甲，乙の罪責はそれぞれどうなるか。

●】参考判例【●

① 最判平成 26・3・28 刑集 68 巻 3 号 582 頁（暴力団ゴルフ場利用宮崎事件）
② 最決平成 26・3・28 刑集 68 巻 3 号 646 頁（暴力団ゴルフ場利用長野事件）

●】問題の所在【●

近時，暴力団あるいはテロ組織といった集団による犯罪の規制が重要な課題となっている。詐欺罪の解釈論も，そのために新たな段階に入りつつある。本問では，まず，暴力団員であることを秘してゴルフ場の利用申込みをする行為は欺罔行為（挙動による欺罔）といえるのかが問題となる。そして，それが欺罔行為であったとして，欺罔の対象となる重要事項とは具体的に何を意味するのかが問題となる。

●】解説【●

1　暴力団員であることを秘してゴルフ場利用を申し込む行為の意義

小問（1）において，甲は，Aゴルフ場の施設利用を申し込んでいる。施設利用脳申込みは，ごく日常的にみられる行為であるが，問題なのは，甲が暴力団員であるという事実である，すなわち，Aゴルフ場としては，約款で暴力団関係者の利用を拒絶しており，立て看板も立てているところ，甲の申込行為は，施設利用代金を支払う能力も意思もあるという，申込行為から一般的に読みとれる内容のほかに，自分は暴力団員ではない，という意味も加わっていたと考えられるのかどうか，すなわち，申込行為という形で，挙動による欺罔が行われたといえるかどうかが問題となるのである（なお，申込行為は作為であるから，これは，作為による欺罔ということになる。それと異なり，告知義務が存在するのにそれに違反したような場合は，不作為による欺罔となる）。

挙動による欺罔については，挙動により虚偽の事実を示していると評価できるかどうかによって判断される。そして，その評価は，その行為が行われた状況における社会的意味を基礎にして行われることになる。たとえば，寿司の注文行為には，代金支払意思があることを示す社会的意味があるといえるであろう（基本問題43参照）。本問の場合どうか。

Aゴルフ場は，たしかに，約款や立て看板で暴力団関係者の利用を拒絶してはいたが，それ以上に利用客に対して暴力団関係者であることを確認する措置はとられておらず，周囲のゴルフ場でも，暴力団組員がゴルフをプレーしていることがあり，暴力団対策は徹底されていなかった。そうした事情を背景とすれば，当該申込行為によって暴力団員でないことを示していると解するのは困難である。すなわち，本問においては，挙動による欺罔（詐欺罪の実行行為性）は否定されることになるため，甲は無罪となると考えられる（こうした判断につき，参考判例①参照）。

2　財産的損害の有無からのアプローチ

小問（2）においては，乙は誓約書に記入しているため，暴力団員でないと欺罔していることになる（参考判例②とは事案を変えてある。実際の事案を確認していただきたい）。そこで，さらに進んで問題となるのは，暴力団員がゴルフ場施設を利用することが，Bゴルフ場にとって財産的損害といえるのかどうか，という点である。

従来，詐欺罪の成立には，「書かれざる構成要件要素」として財産的損害を必要とされてきた。そして，全体的財産を保護する背任罪との比較において，詐欺罪の保護する財産は個別的財産であるとされ，その内容は実質的に把握されるとする見解が通説の地位を占めている（実質的個別的財産説）。

しかし，その実質の内容については，不明確な点が多いとの批判が向けられてきた。とくに，相当対価が給付されたような事案においては，実質的損害の内容は非常に不明確である。本問の場合も，Bゴルフ場には金銭的損害はない。そこで，近時は間接的損害を含むとする考え方が主張されるようになってきている。すなわち，暴力団がゴルフ場施設を利用することにより，Bゴルフ場の信用が失われ，間接的損害が生じるという説明である。このように解すれば，乙には詐欺罪が成立するであろう。

なお，仮に財産的損害が生じないという場合，詐欺未遂になるということはない。その場合，財産的損害を生じさせないような行為は，そもそも欺罔行為と評価されないのである。そうすると，問題の焦点は，欺罔行為の性質に移ってくる。すなわち，財産的損害を生じさせるような重要事項についての欺罔があったのかどうかという観点から，問題が把握されることになる。

3　法益関係的錯誤説からのアプローチ

これに対し，最近は，詐欺罪の解釈に，法益関係的錯誤の理論を導入する見解も有力である。法益関係的錯誤の理論によれば，法益に関係する欺罔があった場合にのみ財物の交付についての同意は無効となるのであって，法益を放棄させるような欺罔行為とは何か，という問題を探究することにより，詐欺罪の成立範囲を定めようとすることになる（それゆえ，詐欺罪の解釈論は，「人を欺」く行為という文言の解釈に集約されることになる）。

本来，この理論によれば，詐欺罪は保護法益は個人の財産なのであるから，その錯誤の対象も，直接的な財産的損害に限られることになるように思われる。しかし，そのように解すると，詐欺罪の成立範囲は非常に狭く限定されることになろう。そこで，現在では，詐欺罪の本質を重要な事項に関する欺罔により財物を交付したことに求める見地から，詐欺罪の成否を決する重要な事項とは何かが探究されるに至っている。

4　重要事項の意義

このように，伝統的な財産的損害からのアプローチによっても，最近の法益関係的錯誤説からのアプローチによっても，議論は，欺罔行為の性質あるいは意義，さらには，財産的損害を生じさせるような重要事項あるいは欺罔の対象たる重要事項の意味に収れんしてきている。

では，重要事項とは何を意味するのか。これについては，結局，個別的な判断に委ねざるを得ないが，たとえば，当該取引や業務内容の性質，目的を個別に判断した上で，財物・利益を移転する際に常に重視すべき事情といった形で整理することが提案されている。これによれば，小問（2）では，Bゴルフ場がとっていた対策などに鑑みれば，利用客が暴力団関係者であるかどうかは，Bゴルフ場の従業員にとって施設利用の諾否の判断の基礎となる重要な事項であると解されるであろう（参考判例②参照）。

●】参考文献【●

伊藤渉・百選Ⅱ 104 頁

（松澤　伸）

45 横領罪：二重売買

乙は，本件山林の所有権が，登記簿上の所有名義とは異なり，Aに移転していることを知り，Aにその売却方を交渉したが断られたため，登記簿上の所有名義人である甲から本件山林を取得しようと企み，当初甲が拒絶したにもかかわらず，甲に対して執拗かつ言葉巧みに働きかけ，本件山林を甲に売却することを承諾させ，甲から代金10万円で買い受けたうえ，ただちにBに代金28万円で転売してB名義に所有権移転登記を経由した。

甲・乙の罪責はどうなるか。

●】参考判例【●

① 福岡高判昭和47・11・22刑月4巻11号1803頁（背信的悪意者譲受事件）
② 最判昭和30・12・26刑集9巻14号3053頁（山林譲渡事件）
③ 最判昭和31・6・26刑集10巻6号874頁（代物弁済事件）
④ 最決平成21・3・26刑集63巻3号291頁（不実の抵当権設定仮登記事件）

●】問題の所在【●

横領罪（252条1項）は，自己の占有する他人の物を横領することによって成立する犯罪である。本問のような二重売買（目的物を売却した後に，動産の場合は引渡し，不動産の場合は所有権移転登記がなされていないうちに，これをさらに第三者に売却した場合）に，甲に横領罪が成立するかが問題となる。乙については，甲の横領罪に対する共犯が成立するかが問題となる。

●】解説【●

1　売主（甲）の横領罪の成否

甲に横領罪が成立するためには，当該不動産の所有権がAにあり，当該不動産が甲の占有下にあり，この占有が甲―A間の委託信任関係に基づいており，当該不動産に対する横領行為が肯定されなければならない。

第1に,「他人の物」といえるか,すなわち所有権の帰属の点である。本問では,すでにAに移転していることが前提とされているが,二重売買一般において,甲とAの売買契約のどの段階で所有権が移転するかという問題がある。民法上,物権変動は当事者の意思表示のみによって効力が生じる(民176条)ので,甲とA間に売買契約がなされれば,所有権はただちにAに移転する。したがって,この段階で当該不動産は「他人(A)の物」になる。もっとも,売買の意思表示のみで,代金の授受や登記に必要な書類の授受もない場合に,Aには刑法上の保護に値する所有権はまだ存しないとも考えられる。民法学説においても,このような見解もあり,判例においても横領罪の成立が認められた二重売買の事案は意思表示段階にとどまるものはないが,民法上の所有権と刑法上の所有権との異同の問題が残る。

第2に,「自己の占有」であるかという点である。横領罪における占有は,窃盗罪とは異なり,事実上の支配のみならず,法律上の支配も含む。なぜなら,横領罪における占有の重要性は,その排他力にあるのではなく,濫用するおそれのある支配力にあるからである。したがって,不動産に関する登記簿上の名義人も横領罪における占有者(真正身分犯)といえることになる(参考判例②参照)。

第3に,当該占有が甲—A間の委託信任関係に基づいているかという点である。売主甲には,第1の買主Aに登記を移転すべき法律上の義務(登記協力義務)があるから,委託信任関係も肯定される。

第4に,当該不動産に対する横領行為があるかという点である。「自己の占有する他人の物」を第三者に売却する行為は,領得行為説(判例・通説)によっても,越権行為説によっても,横領行為が認められる。もっとも,横領罪の成立時期は,第2売買の申込みや契約締結によってはまだ成立せず,第2買主が所有権移転登記を完了した時点で既遂になると解するべきだろう。この時点で,第1買主の所有権侵害が認められるからである(なお,参考判例④は,A会社からBおよびCに順次譲渡されたものの,所有権移転登記が未了のためA会社が登記簿上の所有名義人であった建物を,A会社の実質的代表者としてCのために預かり保管中であった被告人が,A会社が名義人であることを奇貨とし,BおよびCから原状回復に藉口して解決金を得ようと企て,上記建物に係る電磁的記録である登記記録に不実の抵当権設定仮登記を了した事案につき,「仮登記を了した場合,それに基づいて本登記を経由することによって仮登記の後に登記された権利の変動に対し，当該仮登記に係る権利を優先して主張することができるようになり，これを前提として，不動産取引の実務において，仮登記があった場合にはその権利が確保されているものとして扱われるのが通常である」から，「不実とはいえ，本件仮登記を了したことは，不法領得の意思を実現する行為として十分であり，横領罪の成立を認めた原判断は正当である」と判示した。自己が占有する他人の不動産に仮登記を了することは，一般に横領罪を構成するが，本件においては不実の仮登記であることから，当該不動産を処分したといえるかが問題となったが，本決定は，このような行為も不法領得の意思を実現する行為として十分と解した)。

2　買主（乙）の横領罪の共犯（共同正犯）の成否

甲に横領罪が成立し，乙は故意を有してそれに関与したのだから，刑法65条1項によって，乙には横領罪の共犯（共同正犯）が成立するという結論に至るわけではない。なぜなら，乙が単純悪意の場合は，民法177条によって，有効に対抗要件を備えた所有権を取得することから，その場合に，乙を刑法上違法とすることはできないからである。参考判例③は，第2譲受人が事実を知りながら（単純悪意で）所有権の移転登記を受けたとしても，横領の共犯にはならないと判示した。

これに対して，乙が背信的悪意者の場合には，乙は民法177条の「第三者」から排除されることから，乙には横領罪の共犯（共同正犯）が成立することとなろう。本問の基礎となる参考判例①は，乙が単純悪意を超え，法的知識に乏しい売主に執拗かつ積極的に働きかけてようやく売却を決意させたのであり，「もはや経済取引上許容されうる範囲，手段を逸脱した刑法上違法な所為」であるとして，乙に横領罪の共同正犯を肯定したのである。

このように，所有権取得が有効かどうかという民法上の効果のみに共犯の成立可能性を従属させることが妥当かどうかは問題である。すなわち，乙が単純悪意者で所有権取得した場合に，甲も有効に所有権を取得させることができたのであり，にもかかわらず，甲には横領罪が成立する点をいかに説明するかが問題となる。この場合，甲には，第1買主Aの所有権を侵害したという不法行為が認められることを理由とするならば，乙についても，Aの所有権に対する不法行為が成立するか否かによって，横領罪の共犯（共同正犯）の成否を判断するべきということになろう。

3　売主（甲）の詐欺罪の成否

第１買主Ａとの関係で，当初から，二重売買をする意思である場合には，取得した売買代金について詐欺罪が成立する。これに対して，第２買主乙との関係では，乙が二重売買の点について不知であった場合で，売主甲が乙に不動産登記を取得させる意思であったときには，二重売買であれば売買契約を結ぶことはなかったであろうという特段の事情（東京高判昭和 48・11・20 高刑集 26 巻 5 号 548 頁はそのような事情があるとして，交付代金につき１項詐欺罪の成立を認めた）がない限り，詐欺罪の成立は否定される。この場合には，乙の錯誤およびそれに向けられた甲の欺罔行為が欠けるからである。

●】参考文献【●

穴沢大輔・百選Ⅱ 132 頁／穴沢大輔・インデックス〔各〕192 頁／松原芳博・平 21 重判 185 頁／穴沢大輔・ハンドブック〔各〕111〜112 頁

（高橋則夫）

46 背任罪：二重抵当

甲は，Aからの借金の担保とするため，自己の所有にかかる家屋につき，Aとの間で，極度額を1000万円とする根抵当権設定契約を締結した。甲は，Aに，登録権利証・白紙委任状・印鑑証明等抵当権設定登記に必要な書類を交付したが，その後，Aが登記を完了しようとすると，甲は，「来月こそ払う」，「弁済前に他に担保に供して金を借りることはしない」などと述べて，Aが登記をするのを妨害した。3カ月後，甲は，Bから，自己の営業資金を得るため1000万円を借り受けるに当たり，同一家屋につき極度額を1000万円とする第1順位の根抵当権契約を設定してこれを登記し，Aの抵当権を後順位の抵当権におとしめた。

甲の罪責はどうなるか。

●】参考判例【●

① 最判昭和31・12・7刑集10巻12号1592頁（二重抵当事件）
② 最決平成15・3・18刑集57巻3号356頁（質権失効事件）
③ 最判昭和30・12・26刑集9巻14号3053頁（山林二重譲渡事件）
④ 最決平成21・11・9刑集63巻9号1117頁（拓殖銀行事件）

●】問題の所在【●

背任罪は「他人のためにその事務を処理する者」のみが主体となりうる身分犯である（247条）。すなわち，「自己の事務」については，背任罪は成立し得ないのであるが，「他人の事務」か「自己の事務」かの判断が微妙となる事例が，いくつか存在する。本問でとりあげる抵当権の保全のための義務はその1つである。この義務を果たさないことと単なる債務不履行（これは背任罪を構成しない）との間に，どのような違いがあるのか。その違いを見出すことが，問題の解決につながる。

●】解説【●

1　背任罪の性格

本問に解答する前提として，背任罪の性格をどのように把握するか整理しておこう。

権限濫用説は，法的処分権限，すなわち，代理権の濫用を背任の本質と考える。そのため，代理権を持たない者は，背任罪の主体たる身分を持ちえず，背任罪は成立しない。この見解の長所は，処罰範囲が明確になる点であるが，反面，そのように限定的に解する条文上の根拠がないこと，また，当罰性の高い行為を背任罪として捕捉できないことが問題点として指摘されている。たとえば，本問における甲は，そもそもＡの代理権がないのだから，背任罪の主体たりえず，処罰されないこととなるが，その結論が妥当かどうかについては，疑問の余地があろう。

これに対し，背信説（判例・通説）は，信任関係に違背した財産侵害を，背任の本質と捉える。そのため，本問における甲とＡの関係についても，背任罪における事務処理者としての身分を基礎づけるだけの信任関係があるかどうかを検討することにより，甲を処罰できる理論的可能性が生じる。この見解は，柔軟な適用が可能となる反面，権限濫用説とは逆に，処罰範囲が明確に定まらないという弱点がある。

そこで，基本的に背信説に立ちつつ，限定や修正を加える見解が有力となっているが（参考判例④において，経営判断の原則という会社法の法理を用いて，背任罪の成立範囲を限定する余地を認めている），最近は，権限濫用説の立場も，権限を法的処分権限に限定しないという修正を加え，これに対抗しているのが現状である。

2　「事務処理者」の意義

背任罪の主体は「事務処理者」であり，したがって，背任罪は身分犯である。そして，「事務処理者」という文言の解釈は，事実上，背任罪の成立範囲を決する重要問題となっている。この「事務」の性質については，財産犯である以上，財産上の義務に限定されるとされるのが通説である。また，「事務」には，裁量の余地のある事務だけでなく，機械的事務も含まれる（たとえば，二重抵当における登記義務を負う抵当権設定権者の事務や，質物の保管者の事務も，機械的事務の例である）。

また，「事務」は，「他人の事務」でなければならない。たとえば，売買契約の当事者が，目的物を引き渡す義務は，「自己の事務」であるから，これを履行しない場合は，民法上，債務不履行として取り扱われることはあっても，背任罪は構成しないとされている。

3　二重抵当の場合

本問において，甲は，Ａと根抵当権設定契約を締結しながら，Ｂにも根抵当権を設定し，それを第１順位の抵当権として登記させている。同一物を２人以上の者に売却することを二重売買というが，本問は，いわゆる二重抵当が問題となる事案である。

二重抵当の場合，抵当権設定者の抵当権者に対する登記協力義務は，「自己の事務」に当たるのか，それとも「他人の事務」となるであろうか。自己の財産の処理についての義務であるから，「自己の義務」であるようにも思える。しかし，参考判例①は，「抵当権者に協力する……任務は主として他人である抵当権者のために負うもの」とし，背任罪が成立するとした（通説も同様に解する)。抵当権設定者の登記協力義務は，これを，主として他人の抵当権を保全するために行われる義務であると考えれば，「他人の事務」といいうるからである。こうした結論は，二重売買が横領罪を構成するとされてきた（参考判例③，基本問題㊺参照）ことと比較すると，バランスがとれている。

本問は，参考判例①をベースとしている。甲は，登記協力義務を負っているにもかかわらず，Ａが登記を完了しようとすると，「来月こそ払う」，「弁済前に他に担保に供して金を借りることはしない」などと述べて，Ａが登記するのを妨害しており，事務処理者の要件はもちろん，背任罪のその他の要件も満たしていると考えられよう。こうして，Ａに対する背任罪が成立することになる。

なお，近時，最高裁は，除権判決制度（紛失した株券等を第三者に善意取得され，権利が喪失してしまうことを防ぐため，公示催告を経たうえで，株券等を失効させる判決を得る制度）を利用して，自らが質入れしていた株券を失効させ，それにより質権を消滅させた者についても，背任罪の成立を肯定している。ここで問題となるのは，「質権を失効させない」という不作為が，「他人の事務」といいうるかである。特に，質権者に株式を引き渡した後は，甲としては，なすべきことはすべてなし終えており，もはや「他人の事務」を処理する任務は負っていないのではないかとも思われる。しかし，参考判例②は，「株式を目的とする質権の設定者は，株券を質権者に交付した後であっても，融資金の返済があるまでは，当該株式の担保価値を保全すべき任務を負い，これには，除権判決を得て当該株券を失効させてはならないという不作為を内容とする任務も当然含まれる」とした。そして,「この担保価値保全の任務は，他人である質権者のために負うものと解される」とし,「他人の事務」性も肯定したのである。

二重抵当によって抵当権を劣後した順位におとしめることによって失われるものが第三者に対する対抗力であるのに対し，ここで失われたのは質権そのものであるから，このような結論も一定の合理性が認められるであろう。

4　判例への批判

二重抵当（抵当権への侵害）や，質物への侵害について背任罪の成立を肯定する判例・通説に対しては，以下のような有力な批判がある。すなわち，判例・通説は，抵当権設定者の登記協力義務は主として他人の抵当権を保全するために行われる義務だから「他人の事務」であるというのであるが，このように考えると，債務の履行義務も，他人の債務の保全のための義務であり,「他人の事務」に含まれてしまうのではないか。判例・通説は，他人の担保物権への侵害が問題となる場合には背任罪の成立を認める一方，他人の債権への侵害が問題となる場合には処罰しないが，両者は理論的に区別できないはずである――と。このような批判はもっともなものであり，両者の区別は，法益侵害の重大性という実質面において区別されているにすぎないようにみえる。

この点，権限濫用説は明快である。二重抵当については，そもそも事務処理者には抵当権を登記する権限がないのだから（あるのは，せいぜい登記の協力義務だけである),不処罰とならざるを得ない。債務不履行についてはなおさらである。したがって，両者の区別という問題そのものが生じない。

しかし，そのような結論が妥当なのかどうかといえば，やはり妥当ではないであろう。二重売買について横領罪が成立することとのバランス，横領罪の補充的犯罪類型でもある背任罪の主体が，横領罪よりも狭くなってしまうことの不当性を考えれば，背任罪の本質については，背信説を採用するのが妥当であろう。

そこで，背信説から，背任罪の成立に限定を加える動きもある。たとえば，事務処理者を，相手方の財産を左右する地位にある場合という形で限定し，債務不履行について背任罪の成立が否定されるのを説明する試みがなされている。一見説得力があるようにも思われるが，しかし，これに対しても，債務不履行者は債権者の財産を左右しうるのであるから，やはり限定の論理にならないという指摘がなされている。

以上のように，判例・通説の考える処罰範囲（債務不履行を不処罰とし，担保権侵害のみを処罰する）を矛盾なく説明する理論が現時点で存在するかは，疑問のあるところである。この点については，一種の「解釈による立法」であるとする指摘が，まさに正鵠を射ているように思われる。

●】参考文献【●

小池信太郎・百選Ⅱ 142 頁／橋爪隆・百選Ⅱ 144 頁

（松澤　伸）

47 横領と背任の区別

甲は，A町森林組合の組合長であったところ，農林漁業資金融通法の規定により政府から森林組合に対して貸し付けられた政府貸付金175万円を保管中，そのうち約90万円を組合監事の承認を得て，組合名義で町役場に貸与支出した。この政府貸付金は，組合員に造林資金として転貸交付する目的をもって貸し付けられ，転貸資金以外のいかなる使途にも流用支出することのできないものであった。

甲の罪責はどうなるか。

●】参考判例【●

① 最判昭和34・2・13刑集13巻2号101頁（森林組合長不当貸付事件）

② 最判昭和33・10・10刑集12巻14号3246頁（信用組合支店長不正融資事件）

③ 最決平成13・11・5刑集55巻6号546頁（国際航業事件）

④ 大判昭和9・7・19刑集13巻983頁（村長不当貸付事件）

●】問題の所在【●

たとえば，銀行支店長が友人の経営する会社が倒産しそうなので，1億円を貸し付けた場合，すなわち，他人の事務処理者が，自己の占有する他人の物について不法な処分を行った場合，横領罪が成立するのか，あるいは背任罪が成立するのかが問題となる。

横領罪と背任罪の区別については，以前から学説上激しい争いがあったが，現在では，両罪は法条競合の関係にあり，したがって，重いほうの犯罪のみが成立することから，重いほうの犯罪，すなわち，横領罪の限界によって両者は区別されるという考え方が，学説および判例上ほぼ定着しているといえるだろう。

本問では，組合長甲に横領罪が成立するのか，あるいは背任罪が成立するのかが問題となる。

●】解説【●

1　学説の考え方

横領罪の客体は財物であるから，財産上の利益が問題となる場合には，もっぱら背任罪の成否が問題となる。しかし，自己の占有する他人の財物を勝手に処分した場合，横領罪が成立するのか背任罪が成立するのかをどのように判断すべきであろうか。

この問題について，学説上，以下のようにいくつかの見解が主張されている。

第1に，事実行為による物の侵害（横領罪）か，法的処分権限の濫用（背任罪）かによって区別する見解がある。これは，背任罪について権限濫用説を前提とする考え方であるが，権限濫用説は，事実行為を背任罪の成立範囲から除外する点で妥当ではないであろう。

第2に，客体によって区別する見解がある。すなわち，横領罪は財物に対する罪，背任罪は財産上の利益に対する罪であるとして，1項犯罪と2項犯罪の関係として理解するわけである。この見解は，横領罪と背任罪とでは任務違背の点では同一であることを前提とする。しかし，客体が物の場合にも背任罪が成立しうることから妥当ではないであろう。さらに，両罪における信任関係は同一ではないのみならず，両罪は主体を異にしているのである。たとえば，借りた本を返さないで売り払ってしまったときは横領罪になるが，借りた金を返さないで使ってしまっても背任罪にならないのは，前者は「委託を受けて他人の物を占有する者」であるが，後者は「他人の事務を処理する者」とはいえないからである。

第3に，行為態様によって区別する見解がある。すなわち，権限逸脱は横領罪，権限濫用は背任罪というように理解するわけである。しかし，二重抵当のような場合には権限逸脱があるにもかかわらず，この見解も背任罪の成立を認めており，一貫しないといわざるを得ないであろう。

第4に，物の不法領得（横領罪）か事務処理者によるその他の任務違背行為（背任罪）かによって区別する見解がある。これは，結局，横領罪の成立する限度で両罪が区別されると解するものであり，現在の通説的見解である。この見解によれば，本問について背任罪の成立を認める余地もあろう。

2　判例の示した具体的基準

判例も，基本的に前述した第4の立場を採用している。もっとも，判例は，次のような具体的な基準を示している。

他人の事務処理者が，自己の占有する他人の物を不法に処分した場合，本人の利益を図ったときは，横領罪は成立せず，また，図利加害目的が否定される結果，背任罪も成立しない。これに対して，自己の利益を図ったときは，不法領得の意思が認められ，横領罪が成立する。第三者のために行った場合について，自己の名義・計算で処分したときは横領罪が成立するが，本人の名義・計算で処分したときは背任罪が成立すると解されている（参考判例②は，自己の計算で処分されたものとして横領罪の成立を認め，参考判例④は，村の計算で処分されたものとして背任罪の成立を認めた）。前者の場合には，不法領得の意思の実現が肯定され，後者の場合には，不法領得の意思の実現が否定されるという通説的見解と同様の立場であるといえよう。

以上に対して，第三者のために行った場合のうち，委託者本人にも許されない処分を行った場合には，横領罪の成立を肯定する判例もある。その1つが本問の基礎となる参考判例①であり，当該判例は，政府貸付金が他のいかなる用途にも流用できないものであることから，不法領得の意思を肯定して業務上横領罪の成立を認めたのである。

これに対しては，流用禁止違反があるからといって横領罪を肯定するのは，「不正領得という財産犯罪の本質を逸脱する」という少数意見が付され，学説においても，委託者本人が行うことが許されないことを理由に行為者に不法領得の意思があることを肯定するのは，不法領得の意思を空洞化するものとの批判もなされている。

3　判例の新動向

横領罪における不法領得の意思に関して，参考判例③は，国際航業株式会社の取締役経理部長らが，自己が管理する会社の裏金を自社の株式を買い占めた仕手集団に対抗する目的で，裏工作資金等に当てるために支出した事案につき，「当該行為ないしその目的とするところが違法であるなどの理由から委託者たる会社として行い得ないものであることは，行為者の不法領得の意思を推認させる1つの事情とはなり得る。しかし，行為の客観的性質の問題と行為者の主観の問題は，本来，別異のものであって，たとえ商法その他の法令に違反する行為であっても，行為者の主観において，それを専ら会社のためにするとの意識の下に行うことは，あり得ないことではない。したがって，その行為が商法その他の法令に違反するという一事から，ただちに行為者の不法領得の意思を認めることはできないというべきである」と判示した。これは，参考判例①を実質的に変更したものと評価することもできよう。

●】参考文献【●

北川佳代子・百選Ⅱ 134 頁／鎮目征樹・百選Ⅱ 136 頁／照沼亮介・百選Ⅱ 138 頁／上田正和・インデックス〔各〕196 頁・198 頁・200 頁／穴沢大輔・ハンドブック〔各〕114 頁・118～119 頁

（高橋則夫）

48 盗品等に関する罪

Aは，鉄道マニアBが所有している入手困難なグッズがマニアの間で人気があることから，不法な利益を得ようと考え，2012年12月10日の深夜，B宅に侵入してこれを窃取した後，ネットオークションにかけ，落札したCに同月末に30万円で売却した。盗難に気づいたBは，これを取り戻すべく，2013年2月発売のマニア向け雑誌に，盗品を探してくれた者に謝礼を払う旨の懸賞広告を出した。Cの友人のXは，この広告を読んで一儲けしようと考え，CからBとの交渉につき一任を受け，同月20日の午後，Bに連絡をとり，現在の持ち主が50万円で売ってもよいと言っていると申し向けたが，高すぎるとして頑なに拒絶されてしまった。

Xの罪責はどうなるか。

●】参考判例【●

① 最決昭和34・2・9刑集13巻1号76頁（盗品善意取得事件）

② 最決平成14・7・1刑集56巻6号265頁（被害者相手処分あっせん事件）

③ 最判昭和23・11・9刑集2巻12号1504頁（売買不成立事件）

●】問題の所在【●

本問では，盗品等に関する罪（以下，「盗品等関与罪」と略記する）の有償処分あっせん罪の成否が問題となるが，盗品がCにより善意取得されていることから，盗品等関与罪の保護法益との関係で盗品性が肯定されるかが問題となる。また，Xによる有償処分のあっせんが，窃盗の被害者であるBに対して行われているため，そうした場合に本罪の成立を認めることができるかも，盗品等関与罪の保護法益との関係で問題となる。さらに，本問では，Xの行為があっせんだけで終わっていることから，有償処分のあっせん罪が，あっせん行為だけで成立するのか，それとも，契約の成立などまで必要なのかもまた，盗品等関与罪の保護法益との関係で問題となる。

●】解説【●

1　追求権と盗品性

盗品等関与罪は，まずもって，財産犯の被害者が，被害財物に対して有する回復請求権（追求権）の実現を困難にする罪である。そこで，盗品等関与罪が成立するには，その客体である盗品等が，被害者が法律上追求できるものでなければならない。ところが，本問では，当該グッズはCにより善意取得されている。第三者が盗品等を善意取得（民192条）したときは，それ以後は，被害者には追求権がないから，盗品性が失われることになる。ただし，本問では，Aの行為が窃盗に当たるから，民法193条により2年間は返還請求権が認められるので，その間は盗品性も失われないことになる。参考判例①も，「[盗品等関与罪］は，被害者の財産権の保護を目的とするものであり，被害者が民法の規定によりその物の回復を請求する権利を失わない以上」その物に関する同罪の成立が認められると判示している。

2　被害者を相手とする盗品等関与罪の成否：追求権侵害と本犯助長的性格

本問では，Xによる有償処分のあっせん行為が，窃盗の被害者であるBに対してなされており，それがBによる懸賞広告に応じたものであることからすれば，追求権の侵害はないとも考えられる。これに対し，最決昭和27・7・10(刑集6巻7号876頁）の事案のように，被害者宅に盗品を運搬した場合でも，窃盗犯人の要求する多額の金銭の支払を余儀なくされたような場合には，正当な理由なく財産的・経済的負担を課されることなく返還を請求し得る権利が侵害されているとして，同罪の成立を認める見解も有力である。

確かに，本問のような場合には，民法194条により，Bが当該グッズを回復するには，「占有者が支払った代価を弁償しなければ，その物を回復することができない」とされてはいるが，代価を相当に上回る50万円の支払をしなければ当該グッズを回復できないというのでは，そうした返還請求権が侵害されているといってよいと思われる。

また，盗品等関与罪は，さらに本犯助長的性格があり，そのことにより2項の罪が重く処罰されていることにも争いはない。この点を強調すれば，被害者を相手方とする行為でも，本犯助長的性格が認められる以上，本罪の成立を認めうることになる。被害者を相手とするほうが第三者を相手とするよりも有利な取引になりうることをも考慮すれば，なおさらであろう。

参考判例②は，「盗品等の有償の処分のあっせんをする行為は，窃盗等の被害者を処分の相手方とする場合であっても，被害者による盗品等の正常な回復を困難にするばかりでなく，窃盗等の犯罪を助長し誘発するおそれのある行為である」として，有償処分のあっせん罪の成立を認めている。

3　有償処分のあっせん罪の成立時期

本問では，Xはあっせん行為には及んでいるが，Bにより拒絶され，売買契約が成立するところまでは至っていないため，有償処分のあっせん罪の成立時期が問題となる。参考判例③は，売買が不成立に終わった事案につき，盗品等関与罪の本質が，盗品等を「転々して被害者の返還請求権の行使を困難もしくは不能ならしめる点にある」ことを理由に，有償処分あっせん罪の成立を認めたが，これに対しては，その段階ではなお追求権の侵害はないとする見解が学説上は多数を占めている。

他方，最判昭和26・1・30（刑集5巻1号117頁）は，売買が不成立の段階で逮捕された事案につき，有償処分のあっせんが処罰されるのは，「これにより被害者の返還請求権の行使を困難ならしめるばかりでなく，一般に強窃盗の如き犯罪を助成し誘発せしめる危険があるからである」との前提から，「被告人の右〔あっせん〕行為によつて未だ〔盗品等〕の売買は完成するに至らず，また本件の被害者の賍物返還請求権行使を不能又は困難ならしめるおそれはなかつたとしても」盗品等有償処分あっせん罪の成立が認められるとしている。有償処分のあっせん行為は，ブラックマーケットの形成という観点からすれば，本犯助長的行為の最たるものだと捉え，そうした行為が行われただけで，違法性が顕在化しているとみるならば，本問においても同罪の成立を肯定することも可能であろう。

●】参考文献【●

深町晋也・百選Ⅱ 152頁／荒木泰貴・インデックス〔各〕220頁／東雪見・プラクティス〔各〕379頁・381頁

（安田拓人）

49 放火罪の客体

X女は，公営住宅の抽選に落ちたため，嫌がらせをしようと考え，鉄筋コンクリート5階建ての県営A住宅B号棟のエレベータを開扉させ，ガソリンを染みこませた新聞紙にライターで火を付け火勢がある程度強くなったところで床に投げ，各階のボタンと「閉」のボタンを押してかごを上昇させた。エレベータは各階で停止して開扉したが，当該火勢でもっては，付近に可燃物もなかったため，現住部分に延焼するおそれはまったくなく，たまたま人の出入りが少ない時間帯であったため，火に巻かれたり，ガスを吸引したりする被害者は出なかった。消防署の検証によれば，火はエレベータの側壁には燃え移り，表面に貼り付けられた化粧シートが熱により融解していた。

Xの罪責はどうなるか。

●】参考判例【●

① 最決平成元・7・7判時1326号157頁（エレベータ放火事件）
② 最決平成元・7・14刑集43巻7号641頁（平安神宮事件）
③ 福岡地判平成14・1・17判タ1097号305頁（ホテル研修棟放火事件）
④ 東京地判昭和59・6・22刑月16巻5＝6号467頁（東京交通会館事件）

●】問題の所在【●

本問では，まず客体が現住建造物なのかが問われる。B号棟の居室部分が現住建造物に当たることは問題ないので，エレベータにそうした現住部分との一体性が認められるかがここでの問題である。構造的に一体ではあるが延焼可能性はないので，そこをどう判断するのか，またエレベータという住民の出入りに不可欠の場所なので，機能的に一体だという判断を考慮するかが問題の中心である。また，本問のように，客体が難燃性のものである場合には，どういう状態があれば「焼損」が認められるかも問題となろう。

●】解説【●

1　現住性――現住部分との物理的一体性（または独立性）

まず問題となるのは，客体が現住建造物といえるかである。B号棟の居室部分が現住建造物に当たることは問題ないので，エレベータにそうした現住部分との一体性が認められるかがここでの問題である。エレベータは，建造物から容易に取り外すことができない構造であり，構造的一体性は肯定されよう（東京地判昭和56・6・18公刊物未登載）。もっとも，構造的に一体のものでも難燃性の素材でできており，延焼可能性がまったくない場合には，建造物としての物理的一体性は否定されるべきである。

参考判例②は，木造の回廊で結ばれていた平安神宮社殿について，「右社殿は，その一部に放火されることにより全体に危険が及ぶと考えられる一体の構造であ」るとして物理的一体性を認めており，これを反対からみれば，延焼の危険が及ばなければ構造的に一体でも，物理的一体性は否定されるべきことになる。参考判例③は，建造物の物理的一体性の判断に際しては,「非現住・非現在の建物から現在の建物へ延焼する可能性が全く認められない場合にまで，それら複数の建物を1個の現在建造物と評価することは許されない」としたうえ，防火設備が設けられており，また，渡り廊下の部材の中に可燃物が使われていないことを理由に，延焼可能性を否定して放火部分については非現住・現在建造物であるとしている。本問でも，鉄筋コンクリートの住宅のエレベータから居室部分に延焼する可能性は，可燃物が置かれているなどの事情がなければあり得ないから，これと同様に解されることになろう。

2　現住性――現住部分との機能的一体性

では，1でみたように延焼可能性が認められないために物理的一体性を理由とした建造物の一体性が否定されるとしても，エレベータがB号棟の居室と一体として機能し，いわば各居室の玄関の延長として使用されているとみて，機能的一体性の観点から現住建造物と認めることはできないだろうか。本件類似の事案に関する参考判例①は，こうした観点も考慮して一体性を肯定したものだと解されており，判例上も機能的一体性を考慮したものが散見される（参考判例②，大判大正3・6・9刑録20輯1147頁）。

物理的一体性がある場合とは，火が可燃物を伝わって現住している人のほうに近寄ってくるパターンの危険性がある場合をいうのに対して，機能的一体性がある場合とは，離れのトイレのように人の日常生活上不可欠であるため，人のほうから火のほうに近寄ってくるパターンの危険性がある場合をいうのだとされている。こうした場合には，現住する住居と同程度の人が現在する類型的可能性があり，同様に保護されるべきだと考えれば，機能的一体性がある場合にも，現住部分との一体性を認めてよいであろう。本問においても，こうした理解をとれば，客体は現住建造物だということになる。

3　既遂の成否——焼損の有無

現住建造物放火罪は「焼損」があれば既遂になるが，判例は独立燃焼説をとり，火が媒介物を離れ独立して燃焼（を継続）すれば焼損があるのだとしている（最判昭和25・5・25刑集4巻5号854頁）。もっとも，これによれば，難燃性建造物の場合には，焼損が認められなくなるのではないか（さらには不能犯となるのではないか）が問題となるが，下級審には，独立燃焼説を維持し，コンクリート壁面のモルタルを剥離・脱落させ，コンクリート天井表面の赤面を損傷・剥離させ，蛍光灯・白熱電灯などを融解・損傷させたという事案につき，独立燃焼が認められないとして未遂犯にとどめたものがある（参考判例④）。

本問では，媒介物であるガソリンを染みこませた新聞紙を撤去すれば鎮火したのではないかとみられるので，「媒介物を離れ独立して燃焼」していないのではないか，化粧シートを火力により損壊しただけではないかとみれば，参考判例④と同様に，独立燃焼はないとして未遂犯の成立にとどめるのが妥当であろう。およそ独立燃焼・焼損に至り得ない建造物なのであれば，不能犯として未遂犯の成立も否定されるべきだとも考えられるが，一般人の判断を基礎・基準とする具体的危険説をとれば，一般人が焼損に至る危険性を感じる限りで，未遂犯の成立は肯定されることになろう。

これに対し，本問類似の事案に関する参考判例①は，焼損を認めて既遂犯の成立を肯定し，従来の独立燃焼説によるよりも既遂犯の成立範囲を拡張しており，実際的適用においては毀棄説と変わらなくなっているのではないかと思われる。

●】参考文献【●

金光旭・百選Ⅱ 166頁／星周一郎・百選Ⅱ 168頁／小名木明宏・インデックス〔各〕236頁・238頁／齊藤彰子・プラクティス〔各〕401頁・408頁

（安田拓人）

50 公共危険の認識と放火罪の成否

Ｘとｙは対立する暴走族の構成員Ａの所有するバイクに放火する旨の共謀を遂げ，Ｘはガスバーナーを提供した。ＹはＡの家に出かけ，その道具を用いて，軒先に壁から１メートル離れて置かれていたバイクのガソリンタンクからガソリンを流出させて火を放った。バイクはサドルシートなどが焼けて半焼したが，消火活動の結果，家には延焼しなかった。Ａ宅は木造ながら耐火壁が張られていたが，窓枠など木製の部分もあり，延焼の可能性は否定しきれず，目撃していた近所の住民は延焼のおそれを感じた。なお，Ｘは，Ａのバイクは，周囲の半径 30 メートル以内に家屋などのない空き地の隅に，弟のバイクと並んで置かれていると誤って記憶していた。

Ｘの罪責はどうなるか。

●】参考判例【●

① 大判明治 44・4・24 刑録 17 輯 655 頁（藁放火事件）
② 最決平成 15・4・14 刑集 57 巻 4 号 445 頁（自動車放火事件）
③ 最判昭和 60・3・28 刑集 39 巻 2 号 75 頁（バイク放火事件）

●】問題の所在【●

Ｙは，Ａ宅の軒先で，壁からわずか１メートルしか離れていないところにあるバイクに放火しており，Ａ宅への延焼可能性があり，そのことを認識していれば現住建造物放火罪が成立するが，そうでない場合，刑法 110 条１項の建造物等以外放火罪が成立するかが問題となる。他方，Ｘが認識しているのは特定の１台のバイクの焼損だけなので，それでも同項の建造物等以外放火罪が成立するかが，それぞれ公共の危険の内容および公共の危険の認識の要否とかかわって問題となる。

●】解説【●

1　Yに対する現住建造物放火罪の成否

Yは，Aらが現住する住居の近くでバイクに放火していることから，現住建造物放火罪の成立がまず問題となる。本問の事実関係を前提として，バイクへの火の付け方，A宅の素材・構造，バイクとA宅との距離などを考慮すれば，A宅に延焼する可能性があったとみるのが自然であろう。そこで，Yがそのことを認識（・認容）しながら放火したのであれば，刑法108条の現住建造物放火罪の実行行為も故意も認められる。この場合には，バイクしか燃えていなくても同罪の未遂が成立することになることを確認しておきたい。

これに対し，そうした可能性がなかったとみる場合，あるいは，YがA宅が耐火壁であることを見て延焼可能性がないと思った場合には，刑法110条の建造物等以外放火罪の成立を検討することになり，公共の危険の意義，その認識の要否，必要だと解したときの認識すべき内容が問題となるが，それについてはXの罪責の検討のところでまとめて述べる。

2　Xに対する建造物等以外放火罪の成否――公共の危険認識不要説から

Xは，バイクが置かれた実際の状況を正確に認識しておらず，周囲の半径30メートル以内に家屋などのない空き地，すなわち，「その火勢が簡単には届かないほど家屋からある程度離れた」場所にあると思っていた以上，その認識を前提とすれば，A宅への延焼可能性はないから，延焼可能性の予見は否定されるべきであろう。それゆえ，Xには，刑法108条の現住建造物放火罪は成立せず，バイクは，建造物など同法108条・109条に規定する物ではないから，同法110条1項の建造物等以外放火罪の成否のみが問題となる。

刑法110条1項の建造物等以外放火罪は具体的危険犯であり，公共の危険の発生が要件となる。公共の危険とは，不特定または多数の人の生命・身体・財産に対する危険だと解されており，以前の判例は，これを同法108条・109条に規定されている客体に延焼する危険性だと限定的に解してきた（参考判例①）。こうした理解によっても，本問では，バイクが焼損し，そこからA宅への延焼可能性があったとみるのであれば，公共の危険が認められる。それゆえ，同法110条の建造物等以外放火罪の成立にとり，公共危険の認識が不要だとすれば，Xにも同罪の既遂が認められよう。参考判例③は，こうした結論を示すものである。そして，行為共同説によればXの建造物等以外放火罪既遂（110条1項）とYの現住建造物放火罪（108条）の，また，部分的犯罪共同説によれば同法110条1項の建造物等以外放火罪の限度で，それぞれ共同正犯が成立し，後者によればYは同法108条の現住建造物放火罪の単独犯がさらに成立し，前者はこれに吸収されることになろう。

3　Xに対する建造物等以外放火罪の成否――公共の危険の伝統的理解＋認識必要説から

これに対し，刑法110条1項の建造物等以外放火罪の場合，公共の危険の認識がなければ，行為者には器物損壊の故意しかなく（109条2項の自己所有の非現住建造物等放火罪の場合であれば不可罰の行為の認識しかない），それだけで放火罪の重い処罰を肯定することはできないとする見解（公共の危険の認識必要説）が多数を占めている。実際にも，公共の危険の認識のない共謀者にまで同法110条1項の建造物等以外放火罪が成立してしまうとすれば，結論的な不当性はより顕著である（参考判例③における谷口裁判官の意見）。

そこで，公共の危険の認識必要説をとるとすると，認識すべき公共の危険の内容が問題となる。以前の判例（参考判例①）のように，公共の危険を「第108条及第109条の物件に延焼する結果を発生すべき虞ありと思料せしむるに相当する状態」とみた場合，公共の危険の認識があれば，必ず，延焼先の重大な物件に対する放火罪が成立してしまうので，同法110条の建造物等以外放火罪の成立する余地はなくなってしまうとも考えられる。もっとも参考判例①も，それを，「一般不特定の多數人をして」そう思わせる状態だと定義しており，延焼可能性を一般人の不安感レベルで捉えているようにも思われる。また，学説上も，公共の危険の認識と延焼可能性の認識を，認識対象たる危険のレベルにおいて区別し，公共の危険の認識を，放火行為により「一般人をして延焼の危惧感を与えること」の認識などと定義する見解（参考判例③における谷口裁判官の意見）が有力であり，これによれば，同法108条の現住建造物放火罪の故意は否定されるが公共の危険の認識は認められるというゾーンが確保できることになる。しかし，本問では，確かに，一般人がそうした危惧感を抱くであろう状態は認められるが，Xにはそのことの認識は認められないであろう。それゆえ，Xには器物損壊罪しか成立しない。Yとの共同正犯については，部分的犯罪共同説によれば，XとYは器物損壊罪の限度で共同正犯が成立し，Yには同条の現住建造物放火罪の単独犯が，行為共同説によれば，Xの器物損壊罪とYの現住建造物放火罪が共同正犯の関係に立つことになろう。

4　Xに対する建造物等以外放火罪の成否——公共の危険の最近の理解＋認識必要説から

他方，近時最高裁は，「110条1項にいう『公共の危険』は，必ずしも同法108条及び109条1項に規定する建造物等に対する延焼の危険のみに限られるものではなく，不特定又は多数の人の生命，身体又は前記建造物等以外の財産に対する危険も含まれる」とした（参考判例②）ので，延焼可能性の認識ではない公共の危険の認識を肯定する余地が大きくなっている。もっとも，本問では，Xの認識を前提とすれば，そうした危険は存在しておらず，公共の危険の認識は認められないであろう。それゆえ，やはり，Xには器物損壊罪しか成立せず，Yとの共同正犯関係については3におけるのと同様の扱いをすることになる。

なお，本問における事案と異なり，放火対象のバイクが，スーパーの駐輪場のように，不特定の者のバイクなどが隣に駐輪されている場所に置かれていたのであれば，公共の危険を肯定する余地も否定はできないが，参考判例②も，不特定のバイク1台に延焼する可能性だけで，公共の危険を認める趣旨まで含むものかは明らかではなく，一定の規模であることが要求されるとする理解が一般的である。

●】参考文献【●

松宮孝明・百選Ⅱ 172頁／佐藤拓磨・百選Ⅱ 174頁／鋤本豊博・インデックス〔各〕242頁・244頁／星周一郎・プラクティス〔各〕411頁・414頁

（安田拓人）

51 文書偽造罪：名義人の承諾

甲は，酒気帯び運転等により運転免許停止処分を受けたので，友人Aにそのことを打ち明けた。するとAは，「免許がなかったら困るだろう。俺が免許証を持っているから，俺の名前を言ったら」と勧めて，自己の運転免許証を見せ，メモ紙に自分の本籍・住居・氏名・生年月日を書いて，これを甲に交付した。その後，無免許運転をしていた甲は，取締りの警察官から運転免許証の提示を求められたが，「免許証は家に忘れてきました」と言って友人Aの氏名等を称し，交通事件原票中の「供述書」欄の末尾に「A」と署名し，これを同警察官に提出した。

甲の罪責はどうなるか。

●】参考判例【●

① 最決昭和 56・4・8 刑集 35 巻 3 号 57 頁（交通反則切符事件）
② 最決平成 6・11・29 刑集 48 巻 7 号 453 頁（替え玉入試答案事件）
③ 東京地判平成 10・8・19 判時 1653 号 154 頁（旅券偽造事件）

●】問題の所在【●

わが国の刑法は，偽造罪について，原則として，有形偽造のみを処罰する方針を採用しており（これを「形式主義」という），文書の作成者が名義を偽った場合にのみ，私文書偽造罪の成立を認めている。本問の場合，作成者である甲は，名義人であるAから，Aという名義を使用することについて承諾を得ており，名義を偽ったとはいえないのではないかが問題となる。もし，名義に偽りがないとすれば，私文書偽造罪は成立しないことになるが，そう解することができるのであろうか。

●】解説【●

1　有形偽造の意義

まず，前提として，本問における交通事件原票中の供述書の部分は，私文書偽造罪の客体たる「事実証明に関する文書」にあてはまることを確認しておこう。

私文書偽造罪において処罰されているのは，有形偽造である。偽造には，内容を偽る無形偽造と，名義を偽る有形偽造があるが，私文書偽造罪が処罰しているのは，有形偽造のみである。無形偽造は，名義を偽っていないのだから，名義人に到達してその文書についての責任を問うことができるのに対し，有形偽造は，名義人に到達し得ないがゆえに，より当罰性が高いと考えられるのである。

有形偽造を正確に定義した場合,「作成権限のない者による文書の作成」とか,「人格の同一性を偽ること」といわれる。いずれも，作成者に到達することを困難にしているという意味で，同じことを別の言い方で述べているものである。

2　事実説と意思説

本問の場合，名義人Ａが，交通違反を犯した甲に，自己の名義を使用することの承諾を与えている。名義人が文書の作成者に承諾を与えている場合，その名義人に到達することができることになる。すなわち，文書作成の責任を名義人に問うことにより，有形偽造は成立しないのではないかが問題となるのである。

このような考え方が出てくる前提として，作成者をいかに特定するかが問題とされなければならない。本問の場合，文書にはＡと書かれているのだから，文書から看取できる名義人がＡであることに疑いない。では，作成者は誰であろうか。

この点，ペンを持って紙に記入しているのは甲であるから，甲が作成者であるようにもみえる（このように考える説を「事実説」と呼ぶ)。しかし，もしそう考えると，たとえば社長が秘書に社長名義の文書を作成させた場合，社長が名義人，秘書が作成者で，名義人と作成者の不一致が起き，私文書偽造罪となってしまう。この見解は，社長が承諾しているのだから被害者の承諾により私文書偽造罪は成立しないと説明することがあるが，文書偽造罪の保護法益は文書に対する公共の信用という社会的法益であるから，社長自ら放棄することはできず，理論的な問題を残すことになる。

そこで通説は，社長に文書作成の意思があるから，文書の作成者は社長であり，名義人と作成者が一致するから私文書偽造罪とならないと説明する（意思説)。この見解をそのまま適用すれば，本問における作成者は，文書作成の意思を有し，甲に文書作成について承諾を与えたＡだということになる。このように考えれば，本問の場合，私文書偽造罪は成立せず，甲は無罪ということになろう。

3 「文書の性質」論

参考判例①は，このような場合にも私文書偽造罪の成立を認めた。その理由は，「交通事件原票中の供述書は，その文書の性質上，作成名義人以外の者がこれを作成することは法令上許されないものであつて，右供述書を他人の名義で作成した場合は，あらかじめその他人の承諾を得ていたとしても，私文書偽造罪が成立する」というものである。つまり，本人以外の作成が「法令上許されない」文書においては，本人以外の者が作成した文書は，名義を偽っているものと解されているのである。学説にも，このような判例の理解を前提としつつ有形偽造を認めるものも少なくない。

しかし，このような理由付けに対しては，違法目的での文書作成であっても作成権限はなくならないという批判を向けることが可能である。さらに根本的には，このような場合を有形偽造とすることによって保護されているのは，文書の公共の信用ではなく，行政機関の円滑な業務執行なのではないかという疑問もある。本問について私文書偽造罪の成立を肯定するには，これらの批判に答えるだけの理論構成が要求されよう。

4 「事実証明に関する文書」と名義人の責任の内容

本問で問題となっている交通事件原簿中の供述書については，確かに名義人Ａに到達することができる。しかし，実際上，Ａに対してどのような責任を追及できるのかについては，必ずしも明らかではない。Ａは，交通違反を犯した者本人ではないのだから，実際に交通違反を犯した甲に替わって交通違反について責任を負うことはできない。有形偽造の処罰根拠が，責任を追及できなくすることにあるとすれば，この場合にも責任を追及できなくしているとも考えられる。このような点を捉えて，意思説に立ったとしても，責任追及ができないのだから，有形偽造となるとする見解もある。

しかし，このように考えると，事実証明に関する文書については，その内容が事実でない以上，その内容を実現することは常に不可能なのだから，名義人が承諾を与えた場合であっても，常に有形偽造が成立する，すなわち，無形偽造を処罰することになるという不都合が生じる。本問において私文書偽造罪が成立すると解する場合には，この点も考え合わせなければならない。

5　名義の使用を勧めた者の刑事責任

なお，本問では問われていないが，自己の名義の使用を勧めた友人Aについて，私文書偽造罪の共犯が成立しないか問題となりうる。参考判例③は，名義を貸与した名義人本人は単独では正犯とはなり得ないことを確認しつつも，その関与が犯行に不可欠であること，見返りに多額の報酬を受け取っていることから，自己の犯罪として犯行に関与したとして，私文書偽造罪の共謀共同正犯が成立するとしている。

●】参考文献【●

城下裕二・百選Ⅱ 196 頁／成瀬幸典・プラクティス〔各〕159 頁

（松澤　伸）

52 偽造罪：同姓同名の別人

甲は，弁護士資格を有しないのに，某県弁護士会に所属する弁護士Ａが自己と同姓同名であることを利用して，日頃から，Ａ弁護士であるかのようにふるまっていた。あるとき甲は，以前から面識があり甲のことを弁護士であると信じていた不動産業者Ｂから，弁護士報酬金を得ようと企て，「弁護士報酬金請求について」と題する書面を作成し，Ｂに交付した。その書面は，「某県弁護士会所属・弁護士Ａ」と記載されＡ弁護士の角印に似せた有り合わせの角印が押してあるもので，土地調査に関する鑑定金 10 万円を請求するという内容であった。

甲の罪責はどうなるか（詐欺罪の点は除く）。

●】参考判例【●

① 最決平成 5・10・5 刑集 47 巻 8 号 7 頁（弁護士詐称事件）

② 最判昭和 59・2・17 刑集 38 巻 3 号 336 頁（違法在留者通称使用事件）

③ 最決昭和 45・9・4 刑集 24 巻 10 号 1319 頁（学校理事会代表名義冒用事件）

④ 最決平成 15・10・6 刑集 57 巻 9 号 987 頁（国際運転免許証事件）

●】問題の所在【●

私文書偽造罪は，作成権限のない者が作成権限を偽って文書を作成した場合に成立するが，判例はこれを人格の同一性を偽った場合に成立するという表現で示す場合もある。両者は，同じことを別の言い方で述べたものであるが，肩書きや資格を冒用した場合も私文書偽造罪に含まれるかどうかが争われる場面では，人格の同一性がどのような場合に偽られたといえるかという形で，問題を設定したほうがわかりやすい。本問では，弁護士でない甲が，実在する弁護士と同姓同名であることを利用して，弁護士Ａと称する文書を作成している。このような場合，人格が偽られている，すなわち，私文書偽造罪が成立するといえるのであろうか。

●】解説【●

1　肩書き・資格の冒用

甲は，弁護士でないのに弁護士という肩書きを付した文書を作成している。このような場合を，肩書き・資格の冒用と呼ぶ。この問題を考える前に，単に肩書きを虚栄心から冒用しただけのような場合には，私文書偽造罪は成立しないことを確認しておく必要がある。たとえば，一級建築士でないXが一級建築士Xという名義の文書を作成したり，法学博士でないYが法学博士Yという名義の文書を作成したりした場合には私文書偽造罪とはならない。それでは，可罰的な肩書き・資格の冒用とは，どのような場合をいうのであろうか。

2　「人格の同一性を偽る」という意味

参考判例①は，参考判例②を引用しつつ，「人格の同一性を偽った」場合には私文書偽造罪が成立するという趣旨を述べている。人格の同一性を偽るということは，実際には作成権限がない者（作成権限のない人格）であるのに，作成権限のある者（作成権限のある人格）であるかのように装うことを意味しているので，結局は，作成権限を偽ることと同じことを言葉を変えて述べているのである。しかし，本問のような場合の説明の仕方としては，作成権限を問題とするよりも「人格の同一性を偽る」といったほうがわかりやすい。あるいは「別の人格になりすます」といえば，さらにわかりやすくなるであろう。参考判例①が，「同姓同名であることを利用して，同弁護士になりすまし……」と述べているのは，そのような意味で理解できる。このように考えると，本問では，弁護士でない甲が実在する別人格である弁護士Aになりすまして人格の同一性を偽った文書を作成したのであるから，私文書偽造罪が成立するということになる。

3　「別の人格」と偽造概念

学説でも，判例を支持する見解は有力である。たとえば，有形偽造が処罰される根拠を責任追及を困難にすることに求める立場から，「別の人格」を作り出せば責任追及が困難になることを理由に私文書偽造罪の成立を認める見解，「別の人格」であるAが名義人として特定される可能性があったことから，公共の信用が害され私文書偽造罪が成立するとする見解などが主張されている。

しかし，反対説も有力である。本問において，甲が文書を行使している相手方は，

「以前から面識があり，甲のことを弁護士であると信じていた不動産業者B」である。すなわち，Bにとっては甲はあくまで甲であって，Bは文書を見ても，甲とは別の人格を想定しているとは考えられない。そうであれば，「別の人格」を作り出したとはいえないのではないか，やはり疑問が残るように思われるのである。

4　どのような場合に「別の人格」を作り出したといえるのか

そこでどのような場合に「別の人格」が作り出され，どのような場合が許される肩書き・資格の冒用なのかという基準が探究されなければならない。

ここで重要なのは，文書を見る者一般が，当該文書に対して通常どのような信頼を寄せるかということである。本問で問題となっている文書は，弁護士としての土地調査に関する鑑定金の請求書である。このような鑑定は，弁護士による鑑定であるからこそ意味があるのであって，Bは，弁護士Aが鑑定を行い弁護士費用を請求していると信頼している。こうして，弁護士でない甲が作成したことが隠ぺいされているのであるから，文書に接する者一般の信頼，すなわち公共の信頼は害されることになるのである。このように考えれば，私文書偽造罪の保護法益は侵害されているのであって，甲の行為について，私文書偽造・同行使罪の成立を認めるのが妥当であるといえよう。なお，私文書偽造罪と同行使罪は牽連犯となる。

5　代理・代表名義の冒用

本問では，弁護士という資格の冒用が問題となっているが，代理・代表名義の冒用が問題となる場合もある。参考判例③では，ある学校法人の理事として登記されていた被告人Zが，自己を理事長に選出したという旨を記した理事会決議録と題する文書を作成し，理事録署名人Zと署名したという事案について，理事会を名義人，Zを作成者と把握して，Zが名義人と作成者の不一致を生じさせたことから，私文書偽造罪の成立を認めている。しかし，有形偽造の本質は，他人の人格になりすますことであるから，ここでは，「理事録署名人Z」という別の人格を作り出し，それになりすましたZが，人格を偽った文書を作り出したことで，有形偽造となり，私文書偽造罪が成立する，と考えるべきであろう。また，文書偽造罪の保護法益である公共の信用の内容，すなわち，書面に接する者一般が文書に寄せる信用という観点から見ても，本件では，その信用の基礎たる重要な事実，すなわち，代理権が正当なものではないという事実が隠蔽され，信用が裏切られているのであるから，私文書偽造罪が成立する，と解されることになる。

また，参考判例④では，ジュネーブ条約に基づく国際運転免許証の発行権限を有しない「国際旅行連盟」という組織が，正規の国際運転免許証に形状・記載内容ともに酷似した文書を作成したという事案について，私文書偽造罪の成立を肯定している。ここでは，信用の内容を支えるのは，正規の発行権限を有する組織が名義人であるということであるが，この文書の作成者は，正規の発行権限を有しておらず，ここに人格の不一致が作り出されている。この点から，私文書偽造罪の成立が肯定されることになる。これも，参考判例③と同じ思考に基づくものといえよう。

●】参考文献【●

葛原力三・百選Ⅱ 190 頁／成瀬幸典・百選Ⅱ 192 頁／今井猛嘉・百選Ⅱ 194 頁

（松澤　伸）

53 公務執行妨害罪

> Xは，覚醒剤密売で有名なエリアで売人を稼業とする知人Aと出会い，立ち話をしながら，最近風邪気味で体調がすぐれない旨を伝えた。その頃，警察官Bらは，Aが覚醒剤を所持しており，取引が行われようとしている旨の通報を受けて駆けつけ，Aの様子をうかがっていたところ，Aが「いい薬がある」と言って，Xに風邪薬の入ったプラスチックケースを渡したのをやや離れたところから視認し，覚醒剤の譲渡がなされたものと判断し，Xをも覚醒剤取締法違反で現行犯逮捕しようとした。Xは，不当な嫌疑をかけられて立腹し，「覚醒剤だと思うなら調べてみろ」と怒鳴って，当該プラスチックケースをBに向かって投げつけた。
>
> Xの罪責はどうなるか。

●】参考判例【●

① 最決昭和41・4・14判時449号64頁（誤認逮捕事件）

② 大判昭和7・3・24刑集11巻296頁（議事妨害事件）

③ 最判昭和33・9・30刑集12巻13号3151頁（1回だけ投石事件）

●】問題の所在【●

公務執行妨害罪が成立するためには，妨害対象となった公務が適法なものでなければならない（公務の適法性の要件)。本問においては，まず，この適法性がどのような基準で判断されるべきかが問題となる。また，Bの職務が適法だとした場合，Xがこれを違法だと誤信して行為に及んでいることから，公務の適法性の誤信の取扱いが問題となる。さらに，本罪における暴行は，公務員に向けられた暴行（間接暴行）で足りると解されているが，本問におけるXの行為がこれに当たるかも検討する必要がある。理論上，検討の手順は，職務の適法性→暴行の要件→適法性の錯誤の順となろう。

●】解説【●

1　公務の適法性

公務執行妨害罪が成立するためには，妨害対象となった公務が適法なものでなければならない（公務の適法性の要件）。本問では，Ｂらが，警察官としての職務権限に基づいて刑事訴訟法の定める現行犯逮捕の要件が満たされる状況において逮捕行為に及んでおり，その適法性にはまったく問題ないようにも思われる。これに対し，学説では，裁判時（まで）に誤認逮捕であったことが判明したような場合には，当該逮捕行為を違法とし，無実の者に正当防衛による抵抗を認めるべきだとする見解も有力である。しかし，法令が行為当時の状況を前提として職務行為を認めている以上は，当該職務行為は客観的にも適法であり，事後的判断によってこれを違法とすることは，法秩序の統一性を破るものであって，妥当ではない。参考判例①も，「職務行為の適否は事後的に純客観的な立場から判断されるべきでなく，行為当時の状況にもとづいて客観的，合理的に判断さるべき」だとした原判決を相当だとしている。

2　公務執行妨害罪における暴行

Ｘの行為が「職務を執行するに当たり」なされたものであることも間違いないが，問題は，これが暴行の要件を満たすかである。本罪における暴行は，暴行罪の暴行より広く，公務員に向けられた暴行で足り，直接公務員の身体に対して加えられる必要はないと解されている（間接暴行）。判例は，この点をかなり緩やかに捉え，たとえば差し押えられた物件を投棄・破壊する行為も暴行に当たるとしている（最判昭和33・10・14刑集12巻14号3264頁，最決昭和34・8・27刑集13巻10号2769頁）。本問の事案と異なり，Ｘが証拠物として差し押えられたプラスチックケースを足で踏みつけて損壊したような場合には，間接暴行として十分かが問題となり得よう。しかし，本問では，Ｘが物をＢに対して投げつけているのでこの点は問題とならない。

もっとも，Ｘは，非常に小さな軽い物を１回投げつけただけなので，本罪の成立を認めるに足りる危険が認められるかが一応問題となりうる。参考判例③は，集会の警備・検挙に当たっていた警察官に大きさ不明の石１個を投げたが耳の辺りをかすめただけに終わったという事案につき，「公務執行妨害罪は公務員が職務を執行するに当りこれに対して暴行又は脅迫を加えたときは直ちに成立するものであつて，その暴行又は脅迫はこれにより現実に職務執行妨害の結果が発生したことを必要とするものではなく，妨害となるべきものであれば足りうるものである」と判示し，同罪の成立を認めている。この判例の事案では，現場がかなり殺気立ち騒然としていたので，被告人のこうした行為でも，公務執行妨害の危険は十分に認められる。他方，本問のような場合には，職務の執行を妨害すべきものと認められるかには，慎重な判断が求められよう。

3　公務の適法性の錯誤

以上の成立要件がすべて満たされた場合でも，Ｘは自らが無実であるからＢらの行為は違法だと誤信しているため，こうした公務の適法性の錯誤がどのように取り扱われるべきかが問題となる。公務の適法性を書かれざる構成要件要素と説明する見解もあるが，これを文字通りに理解すれば，公務の適法性の錯誤は構成要件的錯誤となり，軽々しく公務が違法だと思っただけで本罪の成立が否定されることになって不当である。他方，公務の適法性を基礎づける事実に関する錯誤があった場合まで，（自らの行為の）違法性の錯誤だと捉えるのも妥当ではない。

そこで，現在多くの見解は，公務の適法性を基礎づける事実に関する錯誤があった場合には，故意が阻却されるが，そうした事実を認識したうえで公務員の行為の適法性に関する評価を誤っただけの場合には，違法性の錯誤となるにすぎないとしている（二分説）。違法性の錯誤を認めた参考判例②も，後者の場合に関する例として位置づけることが可能であろう。

本問では，警察官Ｂらが職務として自らを逮捕しようとしているという状況を誤りなく認識しているから，故意は否定されないと考えるべきであろう。Ｘの錯誤は，自らに対する嫌疑が不当なものだから逮捕もまた違法になるというもの，すなわち，刑事訴訟法による現行犯逮捕の許容性要件に関する当てはめの錯誤にすぎないから，違法性の錯誤となり，その錯誤は回避し得たものと判断するのが自然であろう。

●】参考文献【●

徳永元・百選Ⅱ 228 頁／大下英希・百選Ⅱ 232 頁／齋藤実・インデックス〔各〕288 頁／野村和彦・インデックス〔各〕292 頁／森永真綱・プラクティス〔各〕471 頁

（安田拓人）

54 犯人隠避罪

> 暴力団A組の若頭であるBは，同組組長Cが，Dに対して殺意をもって所携のけん銃を発射して重傷を負わせたという殺人未遂の被疑事実により逮捕されたため，身代わり犯人を立ててCを釈放させようと考え，同組組員Xに対して，「どうしても組長を助けないかん。事件現場にいたお前が身代わりになれ。刑務所から出てきたらお前も幹部だ」等と申し向け，あらかじめ入手していたけん銃1丁・実包2発を手渡したところ，Xは，「それで幹部になれるなら」と考えて承諾した。Xは，警察署に赴き，応対した司法警察員警部補Eに対し，Bから受け取ったけん銃1丁・実包2発を提出するとともに，自らがD殺人未遂事件の犯人である旨の虚偽の事実を申し立てたが，警察当局から犯人としてはまったく相手にされず，取調べもいっさいなされなかった。
>
> Xの罪責はどうなるか。

●】参考判例【●

① 最決平成元・5・1 刑集 43 巻 5 号 405 頁（犯人勾留中身代わり出頭事件）
② 最決昭和 35・7・18 刑集 14 巻 9 号 1189 頁（身代わり出頭事件）
③ 旭川地判昭和 57・9・29 刑月 14 巻 9 号 713 頁（共犯者蔵匿事件）

●】問題の所在【●

本問では，犯人隠避罪の成否が問題となるが，Cがすでに警察に逮捕・勾留されているため，同罪の射程をどう考えるかが問題となる。まず，犯人の特定を害するものを含むと解すれば，同罪の成立を認めるのは容易であろう。他方，犯人の身柄の確保を妨げるものに限るときは，本問のような場合にはその危険はないのではないかが問題となるが，「解放」により身柄の確保を妨げる危険を含めて考えることにより，同罪の成立を認めることも可能であろう。

●】解説【●

1　隠避の一般的定義

本問では，犯人隠避罪の成否が問題となる。隠避とは，判例上，蔵匿以外の方法により官憲による発見・身柄の拘束を免れさせる一切の行為をいうとされており（大判昭和5・9・18刑集9巻668頁），逃走資金や情報の提供，潜伏予定場所までの送り届け，警察官による逮捕の見送り・見逃しなどにつき，同罪の成立が認められている。また，参考判例②は，自動車事故を起こした被告人が逮捕を免れるために，同乗者を身代わりとして出頭させた事案につき犯人隠避教唆罪の成立を認めているが，こうした場合には，身代わり犯人の出頭は，捜査側による犯人の発見・身柄の拘束を免れさせる危険をもった行為であることは疑いをいれない。

2　犯人の身柄拘束と隠避罪の成否

本問では，すでに真犯人であるCが捜査側に逮捕されて身柄を拘束されているため，そうした危険が認められないのではないかが問題となる。参考判例①の原原審である福岡地小倉支判昭和61・8・5（刑集43巻5号410頁）は，判例上の隠避の定義，ならびに「刑法103条の立法趣旨が，罰金以上の刑にあたる罪を犯した者及び拘禁中逃走した者に対する官憲による身柄の確保に向けられた刑事司法作用の保護にあると解されることに照らして，更にまた，刑法103条の規定する行為のうち『蔵匿』の場合は，逮捕勾留されている者を蔵匿するということは考えられない……ことや，同条の規定する客体のうち『拘禁中逃走したる者』の場合は，官憲により身柄を拘束されていない者を予定していると考えられることと対比して考えると，同条は，本犯の嫌疑によりすでに逮捕勾留されている者を『隠避せしめる』ことを予定していないと解するのが相当である」としており，これが妥当だとすれば，本罪の成立は否定されることになる。

3　隠避罪の射程

この問題の前提として，隠避罪が実質的に何を処罰するものかが問題となる。すなわち，ⓐ犯人の身柄の確保を妨げるものに限るか，それともより広くⓑ犯人の特定を害するものを含めるかが問われる。ⓑの見解を支持すれば，本問において同罪の成立を認めるのは容易であるが，ⓐの見解によればその成立は微妙となるからである。有力な見解は，ⓑは証拠隠滅罪・偽証罪にかかわるものだから，身代わり犯人を立てる行為，捜査官に犯人が犯行現場にいなかったと虚偽の陳述をする行為，捜査機関に対し犯人のアリバイについて虚偽の陳述をする行為などは隠避に当たらないとする。しかし少なくとも，ⓑの行為の結果，ⓐの行為の要件を満たす場合に，隠避を認めない理由はないであろう。友人が警察官に追われているのを見た者が「あっちだ」と別の方向を教示すれば隠避罪たりうるが，虚偽のアリバイを述べれば隠避罪たり得ないというのは，合理的な区別ではない。

最決平成元・5・1（刑集43巻5号405頁）は，拘留中の犯人の身代わりを出頭させる行為につき，また，最決平成29・3・27（刑集71巻3号449頁）は，拘留中の仲間を解放する目的で参考人として警察官に対して犯人との間の口裏合わせに基づいた虚偽の供述をする行為につき，それぞれ「現にされている身柄の拘束を免れさせるような性質の行為」だとして，犯人隠避罪の成立を認め，ⓑの見解を支持している。

こうして，ⓑの見解が支持されるとすれば，本問では，そうした犯人の特定を害する抽象的危険が認められる限りで，隠避罪の成立が認められることになろう。もっとも，本問では，警察当局から犯人としてはまったく相手にされず，取調べもいっさいなされなかったのであるから，抽象的危険犯であっても具体的事案においておよそ危険が認められなければ処罰は否定されるべきだとすれば，同罪の成立を否定するという結論もあり得よう。

他方，ⓐの見解をとったとしても，身代わり犯人の虚偽の申出を捜査機関が真に受け，逮捕・勾留されている真犯人たる被疑者を釈放し，身柄の確保が妨げられる危険は否定できないとすれば，同罪の成立を肯定することは不可能ではないであろう。

4　共犯者の隠避

本問とは異なるが，現場にいたXに共犯が成立する場合に，Xが単独でD殺害行為を実行したとして出頭したようなケースでは，Bを隠避したことが，同時に自己の刑事事件の証拠を隠滅したことにもなり，これが期待可能性がないとして不処罰とされていることを考慮して，犯人隠避罪の成立が否定されるべきかが問題となる。この点について，参考判例③は，そうした行為は，「終局的には共犯者である犯人自身の刑事被告事件における刑執行の客体ともなる者自体を蔵匿し，隠避せしめて，当該犯人に対する捜査，審判及び刑の執行を直接阻害する行為」であり，「もはや防禦として放任される範囲を逸脱するもの」なので「一般的に期待可能性を失わせる事由とはなりえない」としている。

●】参考文献【●

東條明徳・百選Ⅱ 246 頁／阿部力也・百選Ⅱ 244 頁／後藤啓介・インデックス〔各〕306 頁・308 頁／深町晋也・プラクティス〔各〕482 頁・486 頁

（安田拓人）

55 偽証罪

Xは，自動車を運転していた際，カーナビの操作に注意を奪われ，前方の信号に気づかず，公園前の横断歩道を赤信号にかまわず急いで横断していた小学生Aに衝突させ，即死させた。Xは，赤信号無視の死亡事故となれば重罰だと思い，友人のYに電話し，裁判になったら「進行方向の信号は青だったが被害者が赤信号を無視して公園から飛び出してきた」旨証言するよう依頼したところ，Yは10万円の報酬でこれを了承し，Xの公判で，宣誓のうえ，頼まれた通りの内容を助手席にいて実際に目撃したものとして供述した。

信号機がどの時間にどの色を表示していたかの記録からYの発言内容が真実だと判明したとして，X・Yの罪責はどうなるか。

●】参考判例【●

① 大判昭和7・3・10刑集11巻286頁（借用証書事件）

② 大判昭和11・11・21刑集15巻1501頁（無免許運転事件）

③ 最決昭和28・10・19刑集7巻10号1945頁（黙秘権超過事件）

●】問題の所在【●

Yは，Xの依頼を受けて，公判廷において宣誓のうえ，実際には目撃していない事故の状況を実際に目撃したかのように証言しているが，その内容は客観的真実と合致しており，これが偽証罪にいう「虚偽の陳述」に当たるかが問題となる。また，Yに偽証罪が成立するとした場合，Xは，自動車運転致死罪（あるいは危険運転致死罪）の被告人であり，自己の刑事事件で偽証しても罪とならないのだから，他人であるYを教唆して偽証させても不可罰とされるべきではないかが問題となる。

●】解説【●

1 「虚偽」の陳述の意義――主観説とその帰結

偽証罪は，法律により宣誓した証人が，虚偽の陳述をしたときに成立する。本問でまず問題となるのは，Yの陳述が「虚偽」のものであるかであり，「虚偽」が客観的真実に反することをいうのか（客観説），それとも証人の記憶に反することをいうのか（主観説）が問題となる。

判例は，古くから主観説によっており，証言の内容となっている事実が真実に一致している場合，あるいは，不実であることが立証できない場合でも，証人が記憶に反する陳述をなせば，偽証罪になるのはもちろんだとしている（大判大正3・4・29刑録20輯654頁，参考判例①，東京高判昭和34・6・29下刑集1巻6号1366頁）。これによれば，Yは，実際には当該事故の状況を目撃していないのだから，実際には記憶にない事実を記憶に反して証言していることになり，偽証罪の成立が肯定されることになろう。

こうした主観説の基本的立場は，証人の役割は，記憶をありのままに証言することにあり，何が真実であるかの判断は裁判官の役割だとするものであり，裁判官は，自由心証主義のもと，他の証拠をも総合的に考慮して事実を認定するのであるから，証人が記憶に反して証言すれば，事実認定を歪めるおそれがあると考えられているのである。

2 「虚偽」の陳述の意義――客観説とその帰結

これに対し，客観説の基本的立場は，証人の役割を，客観的真実の発見を促進しこれに協力するものと捉える。そのため，客観説からすれば，客観的に真実であれば，審判作用の適正を誤らせる危険はないため，自らの記憶が間違いだと判断して客観的に真実だと確信する内容を証言することが許されることになる。そうすると本問の場合，信号機の記録からみて，Xに依頼されYが証言した内容は客観的に真実であるから，偽証罪の成立は否定されるようにも思われよう。

ところが，客観説からは，審判の対象である事実についての虚偽だけではなく，事実の体験方法についての虚偽も，証拠としての価値に影響があるため，「虚偽」に当たると解されている。それゆえ，Yは，実際には目撃していない事実を目撃したものとして証言しているから，その限りでやはり同罪の成立が肯定されることになろう。

こうして，本問のような場合には，主観説と客観説の結論の違いはないことになる。

3　犯人による偽証罪の教唆

Xは，自己の刑事事件（自動車運転過失致死あるいは危険運転致死）の被告人であり，憲法 38 条の黙秘権の保障との関わりで，現行法上は証人適格が認められていないため，仮に被告人自身が宣誓して供述しても偽証罪の主体とはなり得ない。理論的にみれば，期待可能性の不存在がその理由となる。そこで，このことから，本問のように，刑事事件の被告人が他人を教唆して偽証させた場合でも不可罰とされるべきかが問題となる。

まず第 1 に，正犯として期待可能性がない以上は共犯としてはより期待可能性がないとする見解は学説上有力であるが，参考判例②が判示するように，期待可能性がなく責任阻却されるのは被告人が単独で虚偽の陳述をした場合に限られ，他人に偽証させる行為までが期待可能性を欠くとはいえないとすることも十分に可能であろう。

第 2 に，被告人には黙秘権があることを教唆犯を否定する論拠とすることも考えられるが，参考判例③は，被告人に黙秘権があるからといって，他人に偽証を教唆したときは偽証教唆の責を免れるものではないとしている。憲法 38 条 1 項も，自己に不利益な供述を拒否する権限を与えるにとどまり，積極的に虚偽の陳述をすることまでを許容するものとは思われないとすれば，判例の立場が妥当であろう。

第 3 に，偽証教唆は証拠隠滅行為の一種であるから，犯人自身による証拠隠滅が処罰されない以上は偽証教唆も処罰されるべきではないとする見解は学説上有力であるが，参考判例③はこれを否定している。証拠隠滅罪は，証拠方法提出の段階もしくはそれ以前の不法な行為であり，審判の適正を誤らせる危険性は間接的だが，偽証罪は直接証拠調べの段階における不法な行為で，審判の適正を誤らせる危険性はより直接的であること，また，証拠隠滅は誰がやっても同じことだが，偽証の場合は，被告人自身の供述と証人の供述とではその信憑力に格段の違いがあること，さらに，証拠隠滅罪の場合と異なり，偽証については刑法が被告人の親族に免除規定を設けていないことなどからすれば，証拠隠滅罪との対比は十分な論拠とはならないであろう。

こうみれば，Xは，Yが自己の記憶に反したという意味で（主観説），あるいは自らの体験内容に反したという意味で（客観説）虚偽に陳述させており，そのことに故意も認められるから，偽証罪の教唆犯として処罰されることになろう。

●】参考文献【●

岡本昌子・百選Ⅱ 242 頁／後藤啓介・インデックス〔各〕320 頁／大下英希・プラクティス〔各〕494 頁

（安田拓人）

56 賄賂罪

> Xは，自らの経営するクラブに恐喝まがいの不当な要求をしてくる暴力団員Aを警視庁（東京都警察）B警察署刑事課に告訴したが，捜査が熱心になされておらず，Aの要求がやまなかったため，かつて暴力団担当の大物刑事と目され，現在は警視庁C警察署地域課に勤務する知り合いのYを訪ね，相談をもちかけたところ，Yは，B署には以前の部下のDが勤務していることを思い出し，「B署刑事課のDは前の部下だからどうなっているか聞いておいてあげましょう」「捜査が進むようDによく頼んであげましょう」と申し向けたところ，Xは大変喜び着手金として現金50万円を渡した。
>
> XおよびYの罪責はどうなるか。

●】参考判例【●

① 最決平成17・3・11刑集59巻2号1頁（警視庁事件）
② 最決昭和59・5・30刑集38巻7号2682頁（設置審事件）
③ 最決昭和63・4・11刑集42巻4号419頁（大阪タクシー事件）

●】問題の所在【●

本問では，Yが勤務するのとは別の警察署の別の課で担当する職務に関して賄賂の授受がなされていることから，賄賂罪における職務関連性の要件が満たされるかが問題となる。その解決に際しては，一般的職務権限の理論の適用可能性が中心的な検討課題となろう。またYのなした行為が，職務行為といえるかの検討もあわせて必要である。

●】解説【●

1 賄賂行為の職務関連性

賄賂罪は公務員が「その職務に関し」賄賂を授受などした場合に成立する。職務とは,「公務員がその地位に伴い公務として取り扱うべき一切の執務」である(最判昭和28・10・27刑集7巻10号1971頁)。本問のYは,同じ警視庁管内ではあるが,他の警察署の管轄内における事件につき現に捜査などの職務を担当してはいないから,こうした場合に,それにもかかわらず「その職務に関し」賄賂を収受したといえるかが問題となる。

2 一般的職務権限の理論

判例・通説によれば,一般的職務権限の範囲内にある事務に関して賄賂の授受がなされれば,賄賂罪の成立は認められてよい(大判大正9・12・10刑録26輯885頁,最判昭和27・4・17刑集6巻4号665頁,最判昭和37・5・29刑集16巻5号528頁)。その理由としては,こうした職務であれば「外部からは当該事務を左右しうるように見え,実際にも左右しうる場合が多く,公務の公正と公正らしさ」を害するからだという指摘や,そう考えないと,賄賂行為の時期をずらせるだけで賄賂罪が成立しなくなって妥当でなく,不正な職務行為が行われた場合には,それを行う具体的職務権限はないため,賄賂罪の成立を認めることができず,不都合であるからだという指摘がなされている。

もっとも,警察官には犯罪捜査などの一般的職務権限があるという理由で,大阪府警の警察官が東京で捜査中の事件につき賄賂を収受した場合に,賄賂罪の成立を認める見解はない。なぜなら,保護法益に関して信頼保護説をとるとしても,信頼保護説のいう信頼の対象は,公務員の廉潔性そのものではなく,「公務が賄賂と置き換えられないこと」に限られるからである。つまり,当該公務員に賄賂と対価関係にある職務を左右できる権限がある公務員に関する賄賂行為があってはじめて,「公務の遂行が不正な利益と引換えにされたのではないか」という疑惑,ひいては信頼保護説にいう信頼侵害が生じるのである。こうして,一般的職務権限に属する公務のうち,公務員の地位,担当変更の可能性,事務処理の具体的状況からみて,当該公務員が実際上公務を左右しうる可能性があった場合にのみ,賄賂罪の成立が認められるべきことになる。

本問同様の事案につき,参考判例①は,「警察法64条等の関係法令によれば,[警視庁]警察官の犯罪捜査に関する職務権限は,同庁の管轄区域である東京都の全域に及ぶ」などとして,収賄罪の成立を認めている。確かに警察法64条によれば,都道府県警察の警察官が職権を行うことのできる区域はその都道府県の管轄区域内であり，他の警察署の管轄区域においても職権行使は認められるが，賄賂罪の保護法益が「公務が賄賂と置き換えられないこと」に対する信頼保護に求められるのだとすれば，当該警察官に当該職務をおよそ担当する可能性がなければ，当該公務が賄賂と置き換わる可能性もないから，賄賂罪を認めるべきかには疑問があり得よう。

3　職務行為

Ｙが依頼された内容は，ⓐ捜査情報の提供，ⓑ捜査関係者への働きかけであるが，これがＹの職務権限の範囲内にある職務行為に当たるかも問題である。参考判例①の調査官解説によると，ⓐは一般的職務権限に属する行為もしくは職務密接関連行為，ⓑは職務密接関連行為に当たるとされている。

もっとも，ⓐについては，秘密漏示を職務行為と捉えることは困難ではないかが問題となり（参考判例②参照），秘密保持が職務内容の一部である場合に限って，その違反を不正な職務行為と捉えるべきだとする限定説も有力であるが，これによっても，職務上知り得た捜査上の秘密を保持することは公務員として当然に義務づけられるであろう。したがって，限定説によっても賄賂罪の成立が否定されるのは，Ｙが個人的・私的に入手した情報を提供した場合に限られるであろう。

ⓑは，あっせん行為の類型であり，従来の判例では，㋐相手方の専権事項とされていることへのあっせんについては，賄賂罪の成立が否定されている（最判昭和32・3・28刑集11巻3号1136頁）のに対し，㋑あっせんに係る事項が行為者の職務権限の範囲内にある場合には，あっせん行為が行為者の職務の前提ないしは準備といえることから，賄賂罪の成立が認められている（参考判例③，さらに最決平成22・9・7刑集64巻6号865頁参照）。㋐の場合には，他の公務員に不当に干渉してまで自分の職務内容を実現しようとすることを，その職権に基づくものであるとすることは困難なのである。

本問では，被告訴事件の捜査はＢ署の管轄であるから，㋐の場合に当たると捉えれば，ⓑの行為をＹの職務行為だと捉えるのは困難になる。他方，参考判例①の控訴審判決（東京高判平成15・1・29刑集59巻2号29頁参照）のように，端的に，「捜査上参考となる情報」を「所属警察署長に報告することにより同署長を通じて当該警察署に通報することができ」ることに着目すれば，なおＹの職務行為性を認めることは可能であろう。

●】参考文献【●

丹羽正夫・百選Ⅱ 212 頁／松原久利・百選Ⅱ 214 頁／内海朋子・インデックス〔各〕332 頁・336 頁／豊田兼彦・プラクティス〔各〕502 頁・504 頁・505 頁

（安田拓人）

発展問題

1　早すぎた構成要件の実現

甲は，不仲の夫Ａを自動車事故に見せかけて殺害することで，生命保険金をだまし取ろうと考えた。そこで，不倫相手の乙に対し，Ａの死亡で巨額の生命保険金が入ることを隠したまま，乙自身が自らの手でＡを殺害するように懇願した。甲との不倫関係を継続したい乙は，しぶしぶ，その依頼を引き受けて殺害計画を立て始めたが，スポーツマンで屈強なＡを１人で殺すのは難しいと考え，むしろ，裏社会の人間に殺害させることにした。そこで，インターネット上の闇サイトを利用してＢ，Ｃ，Ｄと連絡を取り，多額の報酬を約束してＡの殺害を依頼したところ，Ｂ，Ｃ，Ｄは，報酬欲しさからこれを引き受けた。

その後，乙とＢ，Ｃ，Ｄは順次共謀したうえ，実行犯であるＢらが，追突事故の示談交渉に見せかけてＡをＢの自動車内に誘い込み，Ａにクロロホルムを嗅がせて失神させた後，自動車と一緒に水中に転落させてＡを溺死させるという計画を立てた。しかし，犯行当日，Ｂ，Ｃ，Ｄは，自分たちの報酬が少ないことを理由に，乙を犯行現場まで呼び出して，乙がＡの鼻口部に多量のクロロホルムを染み込ませたタオルを押し当てるように命じた。

乙は，Ａが昏倒したのを見届けて立ち去ったので，Ｂ，Ｃ，Ｄは，ＡをＡ所有の自動車に乗せて，数キロメートル離れた港の岸壁から海中に転落させた。しかし，裁判時の鑑定結果によれば，Ａの死因は，最初にクロロホルムを過剰吸引したことによるショック死であることが判明した。

なお，甲は，乙自身が殺人を実行する限り，その手段・方法については，乙の裁量に委ねていたが，Ａの遺体が発見されないまま数か月が経過したこともあり，自ら潜水業者に依頼して海中を捜索させるなどした。そして，遺体が発見された時点では，ただちに保険金請求手続をとることで，実際には１億数千万の死亡保険金を受け取りながら，その金額の大半を別の不倫相手

甲と乙の罪責はどうなるか。に貢ぐなどしていた。

●】参考判例【●

① 最決平成16・3・22刑集58巻3号187頁（クロロホルム吸引死事件）
② 横浜地判昭和58・7・20判時1108号138頁（ガソリン引火事件）
③ 東京高判平成13・2・20判時1756号162頁（ベランダ転落死事件）
④ 大判大正12・4・30刑集2巻378頁（砂末吸引事件）
⑤ 東京高判昭和60・9・30判タ620号214頁（拉致失敗殺害事件）
⑥ 東京地判平成7・10・9判時1598号155頁（昏酔強盗不発事件）

●】問題の所在【●

犯行計画では準備段階にとどまるにもかかわらず，予想外にも早く準備的行為が犯罪を完成させた場合，学説上は，「早すぎた構成要件の実現」とか「早すぎた結果発生」と呼ばれる。同様な問題は，いったん殺人の実行に着手したが，新たな殺害方法に変更した直後，その実行を開始する以前に被害者が死亡した場合にも生じる。これらの事例では，実行の着手時期や因果関係も争いとなりうるが，主観面と客観面のズレを捉えて「(既遂）故意と実行（行為）の同時存在」が論じられることもある。次に，本問の第2の争点は，甲の予定したところと異なり，乙が自らAを殺すのでなく，他人を使って殺害しようとした点を，どのように評価するかである。しかも，甲は，当初から保険金目当てであったが，その事実を乙には伏せており，そもそも甲と乙の間に共謀が成立したかも争いとなるであろう。

●】解説【●

1　複数の犯罪行為と実行の着手時期

まずは，直接に犯行に及んだ乙とB，C，Dが何罪となるかを明らかにしなければならない。乙が多量のクロロホルムをAに嗅がせた行為（第1行為）は，Aの生命にとって現実的危険性を伴っている点で，客観的にみて殺人罪の実行行為があったといえよう。したがって，その後に自動車ごとAを海中に転落させた行為（第2行為）も含めて，Aの死亡にいたる過程で因果の逸脱があったとしても，因果関係をめぐる意思と事実の不一致にすぎない。

なるほど，本問の場合，いわば準備段階のクロロホルム吸引でAが死亡しており，そこから殺人既遂罪の成立を否定する少数説もある。しかし，通説・判例は，こうした「早すぎた構成要件の実現」を，殺人の実行に着手した後に予想外の事情が介在したものとみて，事実の錯誤の一種である因果関係の錯誤と解してきた。他方，通常の錯誤とは異なり，その途中で犯人らの複数行為が介在しており，犯行計画によれば，第1行為が準備的行為にすぎないため，行為の個数や実行の着手時期をめぐって複雑な議論があり，学説の一部からは，「故意と実行の同時存在の原則」が主張されるにいたっている。

本問の被害者Aは，すでに第1行為の時点で死亡したが，実行担当者である乙らは，第1行為でAが死亡するとは予見・認識しておらず，たとえ客観的には第1行為による殺人の現実的危険性があったとしても，それだけで犯人らに故意既遂罪を問いうるであろうか。最高裁は，本問の素材となった事件について，乙らの殺害計画によれば，第1行為が第2行為を確実かつ容易に遂行するために必要不可欠な行為であり，第1行為が成功した場合，それ以降の殺害計画を遂行するうえで障害となる特段の事情がなく，第1行為と第2行為の時間的および場所的な近接性を重視したうえで，すでに第1行為を開始した時点で，殺人既遂となる客観的危険が認められるとした。すなわち，クロロホルムを吸引させた時点で実行の着手を認定したのである（参考判例①）。

2　実行の着手における主観と客観

しかし，まだ実行行為を開始する以前に，予備的な行為から既遂結果が生じたときは，およそ未遂犯さえ成立する余地はない。その後，犯罪完成を目指した第2行為が遂行されたとしても，せいぜい，予備罪と過失（結果）犯が成立するだけである。たとえば，数日後の殺人に用いるため，猟銃の手入れをしていたところ，その銃が暴発したことで，たまたま近くにいた標的を射殺してしまった場合，夫を殺害する目的で毒入りウィスキーを戸棚に隠しておいたところ，帰宅した夫が勝手に飲んで死亡した場合などである。ここでは，殺人予備罪と（重）過失致死罪の観念的競合が認められる。したがって，早すぎた構成要件の実現では，少なくとも，犯人が実際に実行行為を始めたことが前提となる。

さて，実行の着手時期をめぐっては，放火の目的で室内にガソリンを散布した際，タバコを吸うために点火したため，予想外に早く発火した事案について，すでにガソリンの散布が実行の着手に当たるとした判例がある（参考判例②。同旨，静岡地判昭和39・9・1下刑集6巻9・10号1005頁，広島地判昭和49・4・3判タ316号289頁)。また，本問と類似する事案として，睡眠薬を飲ませた被害者を殴打して気絶させた後，別の場所に移して自動車ごと谷間に転落させようとしたが，殴打された被害者が目を覚ましたため，最終的に殺害できなかった事案について，殺人未遂罪としたものがある（名古屋地判昭和44・6・25判時589号95頁)。ただし，後者の事案では，まだ既遂結果が生じていない点に注意しなければならない。

3　実行故意と既遂故意

従来，通説・判例は，犯行時に一般人が認識可能な事情と特に犯人が認識した事情を踏まえつつ，客観的に結果発生の具体的危険が生じたときに実行の着手があったと説明してきた（具体的危険説。なお，基本問題17を参照されたい)。しかし，早すぎた構成要件の実現において，どの程度まで犯人らの具体的犯行計画を考慮するべきかは，上述した保険金殺人の流れの中で，クロロホルムを吸引させる行為が，どれくらい事後の犯行と密接に結びついているかによる（参考判例①)。また，クロロホルム吸引による死亡の危険性が大きいことから，犯人らがこうした事実を認識・認容していたならば，実行行為の主観面にも欠けるところはない。その意味でも，事後に生じた因果経過の逸脱は，せいぜい，因果関係の錯誤にすぎないこととなる。

学説の中には，早すぎた構成要件の実現を，故意未遂罪の成立にとどめたり，予備罪と過失犯の併合罪とする見解がある。これらにあっては，犯行全体を第1行為と第2行為に分割するほか，「(既遂の）故意と（個々の）実行の同時存在」を要求するものが多い。しかし，本問における乙とB，C，Dは，準備段階から結果惹起まで終始一貫した態度を維持しており，こうした一連の行為を切り離そうとする場合，格段の理由が必要となるであろう。むしろ，最高裁は，第1行為と第2行為の時間的および場所的な近接性から，全体として一個の殺人行為とみたからである。結局，被害者がクロロホルム吸引で死亡したとしても，「それはすでに実行行為が開始された後の結果発生に至る因果の流れに関する錯誤の問題にすぎ」ず，何ら殺人既遂罪の成立を妨げないことになる。

4　故意と実行の同時存在

そもそも，故意と実行の同時存在「原則」をめぐっては，「実行行為に故意性を付与する」という意味が不明確である。かりに個々の行為ごとに同じ内容の故意を貼り付ける趣旨であるならば，犯罪全体の起点となる故意の意義を正しく理解していない。同様な疑問は，いったん実行に着手した後，当初の殺意を継続しつつ別の手段・方法に変更したところ，その準備段階で予想外にも被害者が転落死したとき，殺人未遂罪と過失致死罪に分断する見解にも当てはまる（参考判例③）。

同様にして，被害者を殺したものと誤信した犯人が，その後の死体遺棄により被害者を死亡させた場合など，「遅すぎた構成要件の実現（ヴェーバーの概括的故意の事例）」と呼ばれるケースでも，同じ指摘が妥当するであろう。具体的には，被害者を絞め「殺した」と確信して，その「死体」を海岸にうつ伏せの状態で遺棄したところ，被害者が砂末を吸い込んで窒息死したとき，通説・判例であれば，第1行為と第2行為が密接不可分の関係にあるため，犯人の認識した内容と実際の因果経過が同一構成要件内にとどまる以上，故意の殺人既遂が成立するのである（参考判例④）。

5　共謀の射程範囲と共犯者間の錯誤

最後に，甲に対して殺人罪の共謀共同正犯を認めるためには，乙やB，C，Dによる実行が当初の共謀に基づくものでなければならない。かりに実行担当者が背後の共謀者に諮ることなく，当初の共謀内容とは異なる犯行に及んだならば，共謀の射程外として共同正犯の成立が否定される。判例の中にも，暴力団組長が被害者の拉致を指示したところ，拉致に失敗した配下の組員が殺害を共謀して実行した場合，監禁や傷害を内容とする拉致の共謀は，その後の殺害の共謀とは同一性や連続性がないとして，組長に対する殺人罪の成立を否定したものがあり（参考判例⑤），昏酔強盗を共謀した仲間の1人が，なかなか睡眠薬で眠り込まない被害者に対し，暴行を加えて財物を奪取した事案についても，当初の共謀の範囲を超えるとされた（参考判例⑥）。

なるほど，いずれの事案にあっても，当初の共謀が犯行全体の契機となった以上，共犯としての心理的因果性は認められる。しかし，それだけで犯行全体にかかる共謀があったとはいえない。かりに当初の共謀とは別個の意思決定に基づく過剰結果であるならば，共同正犯にとって必要な物理的および心理的な相互利用補充関係が切れているのである。そこでは，もはや客観面においても，背後の共謀者が犯行全体において重要な役割を演じていなかったことになる。

本問の甲は，Aの死亡保険金のことを隠していたとはいえ，Aの殺害については，乙に決定的な影響を及ぼしており，乙が甲の提示した条件を守らなかったとしても，単に条件付き故意が問題となるにすぎない。また，乙の主たる目的が甲との不倫関係を維持するところにあり，その意味では，実際の因果経過も全体として共謀の射程内にあったといえよう。他方，乙が第三者を引き入れたこと，早すぎた構成要件の実現となった点は，甲にとって予想外であったが，こうした客観的事実と主観的認識のズレは，殺人罪という同一構成要件の枠内にとどまっており，共犯の錯誤という見地からも，甲には殺人既遂罪が成立する。ただし，保険金詐欺については，共謀が成立しないのは当然である。

●】参考文献【●

小池信太郎・百選Ⅰ 130 頁／安田拓人・平 16 重判 157 頁／金澤真理・インデックス〔総〕220 頁／冨川雅満・インデックス〔総〕286 頁／成瀬幸典・プラクティス〔総〕28 頁／佐藤拓磨・プラクティス〔総〕260 頁・262 頁・264 頁／佐藤拓磨・ハンドブック〔総〕133 頁／照沼亮介・ハンドブック〔総〕183 頁／松原芳博・刑法の判例〔総〕172 頁

（佐久間修）

2 危険の引き受け

甲は，未舗装道路を自動車で疾走するダートトライアル競技の際，同乗者のＡを助手席に乗せて運転していた。しかし，ベテランのＡが走行中に，通常よりも高速度のまま急勾配のカーブに入るように指示したので，それに従って運転したところ，同カーブを曲がり切れずに，自動車を左右に蛇行・暴走させた。その結果，競技用コースの外側に設置した丸太の防護柵に激突したため，防護柵の丸太が自動車の内部に突き刺さり，同丸太がＡの頸部や胸部などを圧迫して重傷を負わせた。Ａは，ただちに救急車でＢ病院に搬送され，担当医Ｃの治療を受けて生命の危機を脱したが，数日後，意識が回復したＡは，Ｃから重度の後遺障害が残ると聞かされ，自暴自棄となって，自分の身体から治療用の管を引き抜くなどして暴れた。そのため，Ａの容体は急変し，上記事故から１週間後には，内臓出血および頭部循環機能障害により死亡した。

なお，ダートトライアル競技は，専用のコースを走行してスピードを競い合うものであり，わが国でも普及・定着したモータースポーツである。こうした競技の性質上，転倒・衝突は避けられず，競技のルールを守ったとしても，転倒時の衝撃などにより，運転者の生命・身体に重大な危険が生じることもあった。本問の甲は，ダートトライアル競技の初心者であり，当該コースの状況も十分に把握しておらず，運転技術も未熟であったため，できる限り，走行速度を押さえて安全な進路を保持しつつ，自車を運転する業務上の注意義務があった。その意味で，運転者の甲には，こうした注意義務を怠り，高速度でカーブに突入した過失が認められる。しかし，正式チームの一員であり，７年ほどの競技経験のある同乗者のＡが，走行途中でギアを３速に入れるように指示したため，甲は，これに従って加速した状態でカーブに突入したという事情があった。

他方，被害者であるＡは，甲の自動車に同乗することに伴う一般的な危険を認識しており，半年余り前にも，本件コースで甲の運転する自動車に同乗したことがあった。そして，事件当日に同乗したAは，ヘルメットなどを着用したうえで，座席のシートベルトも装着していたが，スタート前の甲から，何速までギアを入れるべきかを尋ねられた際，「自分ならば3速で走る」と答えていた。また，甲が自動車の運転を始めた後も，Aが，2速から3速へのギアチェンジやブレーキ操作などを指示した事実が認められる。したがって，ベテランのAは，甲が初心者のレベルであり，本件コースを3速で走行することに不慣れである点を認識していた。その意味で，甲が自らの技術を上回る高速走行を試みて，一定の危険を冒すことも容認していたとされる。すなわち，Aは，初心者の甲が3速で走行した際に生じうる事態として，とっさの事態における不手際な運転操作から，転倒や衝突がありうること，そこから死傷結果が生じうることについても，自己の危険として引き受けたうえで同乗していたものである。しかも，甲の自動車がハンドルの自由を失って暴走し，上記の衝突事故を引き起こした因果経過は，事前にAが引き受けた危険の範囲内にあり，その過程も含めて，甲の重大な落ち度があるとはいえなかった。

甲の罪責はどうなるか。

●】参考判例【●

① 千葉地判平成7・12・13判時1565号144頁（ダートトライアル事件）
② 最決平成16・2・17刑集58巻2号169頁（患者による治療妨害事件）
③ 最決昭和55・4・18刑集34巻3号149頁（板東三津五郎ふぐ中毒死事件）
④ 最決昭和55・11・13刑集34巻6号396頁（自動車事故保険金詐欺事件）

●】問題の所在【●

被害者が，日常生活上のリスクを超える危険を認識しつつ，あえて当該行動を選択したとき，その危険が現実化した際にも，「危険の引き受け」により，加害者の刑事責任が軽減されることがある。たとえば，飲酒運転をすると知って同乗した場合には，かりに人身事故の被害に遭ったときにも，刑法上，当該結果を含む危険の現実化に同意していたとされる。元来，被害者の同意による正当化は，故意犯を想定したものであるが，危険の引き受けでは，加害者および被害者が侵害結果を積極的に認識・認容していないため，むしろ，過失犯の成否が問題となる。すでに下級審段階では，ダートトライアル競技の社会的相当性や危険の引き受けを理由として，業務上過失致死罪の成立を否定した判例がある（参考判例①）。また，本問では，同乗者による危険の引き受けに加えて，入院後の被害者に異常な行動があったため，これに触発された死亡結果を運転者の甲に帰属できるかという問題がある。

●】解説【●

1　業務上過失致死傷罪と自動車運転過失致死傷罪

犯罪論体系に即して検討するならば，構成要件該当性の段階では，甲の暴走運転によるAの死亡結果が，故意犯または過失犯のいずれによるかが検討されねばならない。たとえば，甲が，同乗者の死亡結果まで認識しており，当該運転により予見通りの犯罪事実を惹起したならば，故意犯が成立する余地もある。しかし，ダートトライアル競技は，わが国でも公認されたスポーツであって，通常の競技ルールを遵守している限り，傷害・死亡に関する運転者の故意は否定される（許された危険）。したがって，刑法上は，重大な結果が生じたとしても，もっぱら過失犯の成否が問われることになる。

また，未必の故意と認識ある過失の区別にあって，初心者の甲は，ベテランであるAの指示に従っておけば，安全であると考えていた可能性もある。したがって，かりに甲が当該行為の危険性を見誤った場合にも，せいぜい過失犯の成立にとどめるべきである。その際，競技歴の長短はともかく，甲が自動車運転を反復・継続していたことで，業務上過失致死傷罪（211条）の適用もありうるが，現在では，過失運転致死傷罪（自動車の運転により人を死傷させる行為等の処罰に関する法律5条）の規定が設けられた以上，特別法である後者が優先的に適用される。この点は，ダートトライアル競技が専用のコースで開催されるとしても，異ならないであろう。

なお，本問では，入院後のAが異常な行動に出たため，客体が急変して死亡したという特殊事情がある。したがって，甲の過失による傷害とA死亡の因果関係を検討しなければならない。最近の判例では，犯人らの暴行から逃れた被害者が，途中で高速道路に進入した結果，自動車にはねられて死んだ場合（最決平成15・7・16刑集57巻7号950頁），犯人らの暴行で重傷を負った被害者が，入院中も医師の指示に従わなかったために死亡した事案（参考判例②）について，いずれも暴行・傷害と死亡結果の因果関係を肯定し，傷害致死罪の成立を認めている。特に後者の判例では，犯人らの暴行が死亡に至る危険性を含む点が重視されたが，本問でも，自動車事故による頸部および胸部の圧迫傷害は，Ａの死亡結果につながる重大な損傷であり，被害者の不適切な行動が介在したことで，ただちに因果関係が否定されるわけではない。

2　許された危険と正当化原理

過失犯の成否は，犯人の主観的な不注意だけでなく（結果予見義務違反），適切な結果回避行動を選択したかどうかによって左右される（結果回避義務違反）。いわゆる新過失論では，犯人の不注意な態度が過失犯の実行行為に当たるため，もっぱら犯人の主観に着目した責任非難だけに依存するわけではない。しかも，道路交通法規などの特別法上のルールに違反したことが，ただちに刑法上の過失と同視されるわけでもない（大判大正3・4・24刑録20輯619頁，大判昭和11・5・12刑集15巻617頁）。およそ自動車の運転という行為は，社会生活上の許された危険として，人身に対する脅威を内包するにもかかわらず，一定の条件下では正当な行為と解されてきたからである。

ダートトライアル競技が，通常の運転方法と異なり，転倒・衝突の可能性を含む危険な行為に当たるとしても，すでにモータースポーツとして公認された以上，正当業務行為とみることができよう。したがって，初心者である甲の運転技量が未熟であった場合にも，同競技の想定する危険性の程度を著しく上回らない限り，他のスポーツと区別して取り扱うべき理由はない。もちろん，違法評価においては，社会的相当性や優越的利益の有無も吟味される。その際，行為無価値論では，同競技のルールに従った運転であれば，社会的相当性が認められる一方，結果無価値論では，被害者の死亡を超える保護法益があったと説明されることになる。

3　違法性阻却事由としての危険の引き受け

本問では，競技歴の乏しい甲が，通常の速度を超えてカーブに突入することの具体的危険性を十分に認識していなかった。そのため，同乗者であるＡの死亡も予見できず，むしろ，ベテランのＡが増速を指示して，初心者の甲がそれに従ったという行為事情が，本件死亡事故の直接的な引き金になっている。その意味では，甲の注意義務違反の程度は著しいものでなく，不適切な指示を与えたＡは，転倒・衝突に伴う生命・身体の危険を「引き受け」たことを示唆する事情があった。もちろん，甲とAは，衝突時の致死傷を漠然と認識していたにとどまり，こうした抽象的危険の認識があっただけで，ただちに故意犯とならないのは，上述した通りである。

現代社会では，各種の危険が氾濫しており，一般人も何らかの活動に従事する以上，一定程度の危険を引き受けざるを得ない。また，個人の自己決定権を強調するならば，「危険の引き受け」を被害者の承諾と捉えて，およそ法益侵害がなかったとみる余地もある。しかし，被害者が定型的な危険を認識した場合であっても，実際の結果について具体的な認識・認容を欠くことも少なくない。その意味で，危険の引受け論は，被害者の承諾論や自傷行為から区別されてきた。特に過失犯にあっては，加害者と被害者の双方が，侵害結果の発生を認識・認容しておらず，せいぜい，将来のありうべき危険を引き受けたにすぎないからである。

4　危険の引き受けと被害者の同意

本問では，危険なダートトライアル競技に参加して，高速度で急カーブに突入するよう指示したAが，ただちに生命侵害の結果まで受忍していたとはいえない。また，安易に「危険の引き受け」を拡張することは，被害者の同意を「擬制」することになりかねない。さらに，刑法上は，嘱託・承諾殺人罪の規定（202条後段）が存在するため，およそ生命侵害に対する同意は無効である。これに対して，一部の学説は，被害者の同意がある場合と対比しつつ，いわゆる「自己危殆化」を強調することで，行為と結果の相当因果関係や客観的帰属が否定されると述べている。しかし，危険の引き受けという主観的事情により，過失犯の因果関係を排除する態度は，客観的構成要件の問題と違法評価における被害者の主観面を混同している。むしろ，故意の殺人罪と異なり，過失犯である過失運転致死傷罪では，危険の引き受けに基づく正当化の可能性が残るにすぎない。

なお，学説上は，前述した「自己危殆化」と「他者危殆化」を区別して取り扱う見解がみられる。すなわち，被害者の引き受けに基づく危険な活動が，他人の遂行に委ねられた場合と，被害者自らが因果経過を支配した場合では，犯人の可罰的評価に差異が生じるというのである。しかし，本問のように，運転者の甲と被害者のAが同一車両に乗ることで，いわば危険共同体を形成した以上，「自己危殆化」と「他者危殆化」の区別は，決定的な差異をもたらさない。本問の素材となったダートトライアル事件でも，犯人の不注意な運転と同乗者の死亡結果は，被害者が引き受けた危険の現実化にすぎず，また，社会的相当性があるとして，業務上過失致死罪の違法性が阻却されるにいたった（参考判例①）。

5　危険の引き受けと被害者の地位・役割

かようにして，社会的に許容された危険性の程度に応じて，被害者による危険の引き受けも評価されねばならない。その際，「他者危殆化」においては，もっぱら個人の自己決定権に着目した正当化は困難であろう。むしろ，他人に生命・身体の安全を委ねる「他者危殆化」は，例外的な緊急状況の場合を除き，原則として違法と解されてきた。すでに，刑法 202 条の規定や同意傷害をめぐる諸判例では，たとえ被害者の承諾や危険の引き受けがあっても，侵害の動機・目的や行為の手段・方法などを考慮しつつ，社会相当性の理論によって当該行為の違法性が肯定されてきたからである（参考判例④）。

これに対して，本問の被害者Aは，甲に重大な落ち度があった場合はともかく，転倒・衝突から死傷結果に至る高度な危険を引き受けていた。その意味で，実際の因果経過が当初から想定した範囲内にとどまる限り，行為全体の違法性が阻却されることになる。他方，料理人が馴染み客から懇願されてふぐの肝などを提供する場合には，若干事情が異なってくる。中毒死の危険がある部位の提供が，専門家の遵守するルールに反した「他者（顧客）危殆化」に当たるならば，過失致死罪の罪責を免れないからである（参考判例③）。そのほか，尊厳死や臓器移植に伴う患者の自己決定権の限界だけでなく，実験的治療が内包する生命・身体の危険を引き受けた患者の刑法的保護がどうなるかについては，犯罪論における被害者の地位・役割いかんが問われるであろう。

●】参考文献【●

塩谷毅・百選Ⅰ 120 頁／荒川雅行・平 8 重判 147 頁／林陽一・平 16 重判 151 頁／山田利行・インデックス〔総〕100 頁／塩谷毅・プラクティス〔総〕158～159 頁／古川伸彦・ハンドブック〔総〕84 頁

（佐久間修）

3 防衛行為と第三者侵害

大学生Xは，ある夏の深夜 22 時頃，交際中のA子を同乗させて，自動車を運転してR山まで夜景を見に行き，山頂の臨時駐車場で語らっていた。この駐車場は，照明があまりなく，通常の視力でも数メートル以内に近づかないと，相手が誰だかわからないような暗さであったこともあり，Xの車以外には駐車車両はなく閑散としていた。なおその頃，R山頂の駐車場にカップルを狙った襲撃犯が出没する旨のニュースが新聞や TV で頻繁に報道されていたため，XとA子は出発前に心配になって行くのをやめようかとも考えたが，R山の夜景の魅力に抗うことができず，何かあったら木刀で反撃しようと考えて，木刀 1 本を助手席に積み込んでいた。

一方，地元の不良Bは，この臨時駐車場で若いカップルを待ち伏せ，たびたび襲撃し，金品などを強奪していたが，この夜も，21 時頃から物陰で機会をうかがっていたところ，やってきたXの車中にA子の姿を認めてにわかに劣情を催し，同車に近づき「おい女こっちにも回せ」などと大声で怒鳴りながら，助手席にあった木刀を目にするや，「こんなものこうしてやる」と言って，二つ折りに折って藪の中に投げ捨ててしまい，Xを目線などで威嚇しながら，A子を車から引きずり出し，A子の着衣を引き裂いて性的暴行に及ぼうとしたところ，A子は必死に逃げながらXの名前を呼び助けを求めた。

Xは，自らがひ弱で，腕力にはまったく自信がなかったのに対し，Bが，暴走族風で，筋骨隆々とした屈強な若い男性であったことから，準備してきた木刀がいとも簡単に奪われて使えなくなった今となっては，自らも負傷させられることなく，A子を確実に助け，この場から逃れるには，Bに車をぶつけて倒し，A子とともに車で逃げるしかないと決意を固め，車のエンジンを始動させ，Bの怒鳴り声がする方向に向けて車を発進させた。

なお，Xとしては，A子は足が速いため，しばらくはBから逃げ回ってくれるだろうから，その間に車でBを倒せばよいと考え，A子とは無関係にBだけを轢くことができると考えていたのであるが，実際にはA子は恐怖心から足が思うように動かず，Bに間もなく追いつかれていた。しかし，このことをXは認識していなかった。

車は，数メートル進んだところで，Bに背面から激突し，その結果，Bは全治2か月の傷害を負った。また，Xの予想に反して，Bに押し倒されて転倒し，Bの足下にいたA子の右足を轢いてしまい，骨折させるなどして，全治2か月の傷害を負わせてしまった。

Xの罪責はどうなるか。

●】参考判例【●

① 最判昭和53・7・28刑集32巻5号1068頁（改造びょう打銃事件）
② 最決平成29・4・26刑集71巻4号275頁（今から行ったる事件）
③ 最判昭和44・12・4刑集23巻12号1573頁（バンパー激突事件）
④ 大阪高判平成14・9・4判タ1114号293頁（兄弟轢過事件）

●】問題の所在【●

本問では，Bを目がけて車を衝突させるという暴行に及んだところ，予想外のA子をも負傷させているので，方法の錯誤の処理が問題となる。また，Xらは，事前に地元不良による襲撃をある程度予期しながら木刀を準備してR山頂に出かけているので，Bによる襲撃に対する反撃・救助行為に，そのまま正当防衛が成立するかが問題となり，この点がクリアーできたとしてもなお，防衛（救助）行為の相当性の確認が必要となる。最後に，本問では，防衛行為に際して第三者を侵害したことになるから，従来議論のあった「XがAに襲われたため反撃したところ脇にいたBにも被害が及んだ」という事案との異同を踏まえて，これをどう処理するかが重要な問題となる。

●】解説【●

1 方法の錯誤

本問では，Bを目がけて車を衝突させるという暴行に及んだところ，予想外のA子にも衝突させ負傷させているので，方法の錯誤の処理が問題となる。参考判例①

および有力な見解は，法定的符合説の数故意犯説の立場をとり，攻撃がはずれた場合でも，発生したすべての結果について故意犯の成立を認める。その理由は，「人を殺すな」という規範に直面したのに，人を殺すつもりで人を殺したのだから完全な故意責任が認められるというものであり，この立場に立つ以上，発生した結果のうちから当初予定した故意犯の個数に故意犯の成立を限定することは不可能だということにある。これによれば，Bに対する傷害罪とA子に対する傷害罪が成立し，観念的競合となる。

他方，法定的符合説でも一故意犯説の立場からは，Bに対して本来の暴行の故意が実現しているため，本問では錯誤の問題は生じないこととなり，Bに対しては傷害罪が成立するが，A子に対する故意犯（傷害罪）の成立はあり得ず，過失傷害罪だけが成立することになり，これらが観念的競合となる。

学説上有力な具体的符合説からも，結論的には，一故意犯説と同様に，Bに対する傷害罪とA子に対する過失傷害罪の成立が認められる。その理由は，本問では，実行行為の危険性と攻撃の方向の支配ができておらず，A子に対する攻撃は「外れ」と評価されるべきこと，規範は「人を殺すな」ではなく具体的に「甲を殺すな」と要求していること，罪数の処理からもわかるように構成要件的評価として甲殺害と乙殺害は別であるので，その違いを捨象することは許されないことである。

構成要件的故意を認める立場からは，以上のように構成要件該当性が認められる。他方，故意・過失をもっぱら責任要素と解する立場からは，違法性が阻却されてしまった場合にはそこで検討が終わるから，方法の錯誤の処理を論じる必要がない場合がありうることには注意が必要である。

なお，参考判例④は，本問類似の事案に関し，救助すべき兄と暴行の故意を向けた相手方グループ員とでは「構成要件的評価の観点からみて法的に人として同価値であるとはいえず，暴行の故意を向ける相手方グループ員とは正反対の，むしろ相手方グループから救助すべき『人』であるから，自分がこの場合の『人』に含まれないのと同様に，およそ故意の符合を認める根拠に欠ける」と判示しているが，この故意が構成要件的故意なのだとすれば，違法性阻却事由を（消極的構成要件要素）と位置づける見解（消極的構成要件要素の理論）に立たない限りは，こうした事情を考慮することは，法定的符合説の前提に反することになろう。

2　侵害の予期＋対抗行為に先行する事情等と急迫性・防衛の意思

Xらは，事前に地元不良による襲撃をある程度予期しながら木刀を準備してR山頂に出かけているので，Bによる襲撃に対する反撃・救助行為に，そのまま正当防衛が成立するかが問題となりうる。

参考判例②は，「刑法36条は，急迫不正の侵害という緊急状況の下で公的機関による法的保護を求めることが期待できないときに，侵害を排除するための私人による対抗行為を例外的に許容したものである。したがって，行為者が侵害を予期した上で対抗行為に及んだ場合，侵害の急迫性の要件については，侵害を予期していたことから，直ちにこれが失われると解すべきではなく……，対抗行為に先行する事情を含めた行為全般の状況に照らして検討すべきである。具体的には，事案に応じ，行為者と相手方との従前の関係，予期された侵害の内容，侵害の予期の程度，侵害回避の容易性，侵害場所に出向く必要性，侵害場所にとどまる相当性，対抗行為の準備の状況（特に，凶器の準備の有無や準備した凶器の性状等），実際の侵害行為の内容と予期された侵害との異同，行為者が侵害に臨んだ状況及びその際の意思内容等を考慮し，行為者がその機会を利用し積極的に相手方に対して加害行為をする意思で侵害に臨んだとき……など，前記のような刑法36条の趣旨に照らし許容されるものとはいえない場合には，侵害の急迫性の要件を充たさないものというべきである」としている。その理由は，相手方の侵害が予想され，侵害が予想される場所にとどまる正当な利益もなく，特段の負担もないのに回避しなかった場合は，緊急権である正当防衛を認めるべきではないということに求められよう。これによれば，具体的に確実に予期していた侵害がそのまま実現しており，事前に反撃手段を準備するなどし，その必要もないのに侵害場所に出向いて加害行為に及んだような場合には，急迫性が否定されることになる。

もっとも，この立場を前提としても，なるほど，本問におけるXらは，R山頂でカップル襲撃犯が出没することを，ある程度は確かなものとして予期しており，それに備えて木刀を準備して出かけているが，その機会を捉えて不良を退治しようと思っていたわけではなく，純粋にカップルで夜景を楽しみに行ったものであることからみて，また，準備した木刀はBによりただちに奪われており，防御に終始した振る舞いにしか及んでいないことから遡及的に判断すれば，急迫性を否定するのは妥当でないであろう。

また，学説上は，急迫性の有無は侵害が差し迫っているかという客観的基準により判断されるべきである，急迫性は正当防衛の前提状況の問題だから行為者側の事情によって左右されるべきでないなどとして，積極的加害意図により急迫性が否定されるとする判例の立場を批判し，この問題を防衛の意思の要件で扱う見解が多いが，これによっても防衛の意思を否定すべき場合には当たらないであろう。

3　防衛行為の相当性

参考判例④は，本問類似の事案につき，不正の侵害に対する正当防衛を特段の理由づけなく認めている。確かに，BによるA子に対する侵害は，強制性交に至る現実的危険性のあるものであるから，それに対して車を軽く衝突させ全治2カ月の傷害を負わせた程度であれば，優に防衛行為の相当性は肯定される。

ところが，本問のような場合には，さらに当該行為によりA子をも負傷させているから，そのことを考慮外に置くことはできず，A子に対する危険を考慮してもなおBに対する行為が相当だといえなければならないであろう。

たとえば，後述する**4**でA子に対する行為につき緊急避難説をとる場合，A子に対する危難である強制性交の危険と同等以下と評価される程度の傷害を負わせるべき行為であれば，緊急避難として正当化されるであろう。そうだとすれば，その程度の危険が見込まれるだけであれば，それはBに対する防衛行為としても相当だと判断してよいであろう。

このようにみれば，強制性交による被害が全治2カ月の骨折より重大だとは到底いえないので，Bに対する防衛行為の相当性は肯定されることになる。

4　防衛行為に際しての第三者侵害

従来は，「XがAに襲われたため反撃したところ脇にいたBにも被害が及んだ」という典型事例を念頭に置いて，ⓐ行為者の行為は防衛行為としてなされており，それが正当防衛として正当化される以上は発生した結果についても全体として正当化されるとする正当防衛説，ⓑ行為者の行為はAに対する関係では正当防衛であるが，Bとの関係では「正・対・正」の関係になるので緊急避難にしかならないとする緊急避難説，ⓒ行為者は，主観的には急迫不正の侵害を認識し，それに対して防衛する意思で相当な行為を行うことを認識しており誤想防衛の一種であるとする誤想防衛説が対立しているが，ⓐに対しては，Bとの関係では「不正・対・正」の関係が成立していないこと，Bが侵害の甘受を余儀なくされる理由がまったくないことから批判が強く，ⓑ説とⓒ説が有力である。もっとも，ⓒ説は，構成要件的故意を認める見解からは，法定的符合説の数故意犯説を支持する場合，および一故意犯説を支持する場合には攻撃が当初予定した客体にはかすりもしなかった場合にのみ問題となり，具体的符合説を支持する場合，あるいは一故意犯説を支持し攻撃が当初予定した客体に当たっている場合には，すでに過失犯となっているから，問題となり得ないことには注意が必要である。

参考判例④は，ⓒ説をとり，「被告人が主観的には正当防衛だと認識して行為している以上，〔被侵害者〕に本件車両を衝突させ轢過してしまった行為については，故意非難を向け得る主観的事情は存在しないというべきであるから，いわゆる誤想防衛の一種として，過失責任を問い得ることは格別，故意責任を肯定することはできない」と判示している。もっとも，このような見解に対しては，法定的符合説により故意を認めるなら過剰事実の認識があったことになるのではないかとする批判が根強く向けられている。

他方，ⓑ説をとる場合には，上述の典型事例の場合，Bの法益を侵害することによってはじめて行為者の法益が守られたという関係になく，補充性の要件が満たされないのではないかという批判が強いが，これには，過剰結果を伴う防衛行為によってのみ自らが助かる関係にある場合には，その限りで両法益は両立不可能だとする反論がなお可能であろう。

これに対し，本問のような場合には，防衛（救助）行為により救助されるべきA子を負傷させており，およそ避難行為としての意味を持ち得ないのではないかとする見方もあり得よう。参考判例④も，「たまたま意外な〔被攻撃者〕に衝突し轢過した行為は客観的に緊急行為性を欠く行為であり，しかも避難に向けられたとはいえないから緊急避難だとするのも相当でない」と判示している。もっとも，これに対しては，同一法益主体内での利益衝突がある場合（火災から逃げ遅れた子供を焼死から救うため2階から投げ落として骨折させるような場合）に緊急避難を認めるのであれば，A子が強制性交されるより衝突により負傷するほうが害が少ないといえる以上，緊急避難を肯定することには問題はないとの反論が可能であり，A子を危難にさらさなければ同女の救助ができないという関係にあれば，補充性の要件も満たされよう。

ⓑ説は，構成要件段階でA子に対して故意犯の成立を認めた場合はもとより，過

失犯の成立にとどめた場合にも問題となる。もっとも，緊急避難が肯定される場合には補充性が認められ，A子を巻き込むことが不可避だということだから，結果回避義務を想定することができないとして過失犯の成立を構成要件段階で否定することもありうるであろう。他方，故意（・過失）をもっぱら責任要素と解する立場からはⓐⓑ説をとり，違法性阻却を認めた場合にはそこで判断が終わり，錯誤論の処理は不要となる。

●】参考文献【●

橋爪隆・百選Ⅰ 48頁／鈴木左斗志・百選Ⅰ 58頁／專田泰孝・百選Ⅰ 86頁／辰井聡子・インデックス〔総〕56頁／城下裕二・インデックス〔総〕150頁／山本輝之・インデックス〔総〕160頁・172頁／坂下陽輔・プラクティス〔総〕175頁／足立友子・プラクティス〔総〕190頁／森永真綱・プラクティス〔総〕204頁

（安田拓人）

4 共犯者間における正当防衛・過剰防衛

甲と乙は，フィリピン国籍を有する外国人で，出稼ぎのため来日し，それぞれ，豚脂加工・食肉解体作業に従事するなどしていたが，1988 年 12 月 31 日，乙らの発案で，同国人の友人を集めて，ニューイヤーズパーティーを開くこととなり，同日夕刻，足立区の有限会社Ｙ商店事務所２階の乙らの居室に甲をはじめ，男女 10 名余が集まり，飲食をはじめた。

甲は，途中友人に誘われ中座し，別の場所で飲酒したうえ，翌 1989 年 1 月 1 日午前 4 時ころ，乙らの居室に戻り，間もなく，甲の恋人で，後ほどパーティに参加することになっていたＡ女に電話をかけようと思い立ち，同女の勤務するフィリピンパブ「アムール」に架電して，同女と話していたところ，同店の店長Ｘから「まだ仕事が終わっていないから駄目」と言われて電話を切られたため，立腹して立て続けに同店に架電したが，Ｘから「フィリピン人は駄目。てめえ，この野郎。馬鹿野郎」などと怒鳴られたため，ついには，「この野郎，馬鹿野郎，そっちに行くぞ」などと怒鳴り返すなどしてますます憤激し，さらに乙に同店に架電させたが，やはり取り次いではもらえなかったことから，激昂して，「殺してやる」などと怒鳴り，乙に，「さあ行こう」と言って一緒にＸの所へけんかに行くことを促し，渋る乙に対し，さらに「一緒に行こう。友達じゃないか。男じゃないみたいだ」と同行を強く求めたため，ついに乙はこれに応じ，その場にいた恋人や友人の制止を振り切り，出入口に向かうため台所に入ったところ，甲から同所に置いてあった豚などの解体用の包丁を示され，「早くそれをもっていけ。けんかになったら俺達は負けないぞ」と言われ，これに従って右包丁を手にし，ズボンのベルトの部分に差し入れた。そして甲と乙は，戸外に出て，タクシーを拾い前記「アムール」に向かった。

甲は，前記「アムール」に向かうタクシー内で乙に対し，「店に着いたらお前が先に行ってくれ。俺の顔は知られているがお前の顔は知られていない。心配するな。お前を放っておくわけないよ。もしお前がやられたら，ナイフを持っているんだから，それを使えよ」と申し向け，乙がこれに対し「俺はドキドキしているんだ。できれば行きたくないんだ」と不安を表明すると，乙に対し，「なぜ，怖いのか。この意気地なし。友達じゃないのか。男じゃないのか」と言って勇気づけ，X（当時38歳）とけんかをするに当たり，包丁を用いることの指示を与えて，暗にその結果同人を殺害することもやむなしとの意思を示した。

同日午前5時ころ，「アムール」付近に到着後，乙を同店出入口付近に行かせ，少し離れた場所で同店から出て来た女友達と話をしたりして待機していた。乙は，内心ではXに対し自分から進んで暴行を加えるまでの意思はなかったものの，Xとは面識がないからいきなり暴力を振るわれることもないだろうなどと考え，「アムール」出入口付近で甲の指示を待っていたところ，予想外にも，同店から出て来たXに甲と取り違えられ，いきなりえり首をつかまれて引きずり回されたうえ，手けん等で顔面を殴打されコンクリートの路上に転倒させられて足げりにされ，殴り返すなどしたが，頼みとする甲の加勢も得られず，再び路上に殴り倒されたため，自己の生命身体を防衛する意思で，とっさに包丁を取り出し，甲の前記指示通り包丁を使用してXを殺害することになってもやむを得ないと決意し，甲との共謀の下に，包丁でXの左胸部等を数回突き刺し，心臓刺傷および肝刺傷による急性失血により同人を死亡させて殺害した。

甲と乙の罪責はどうなるか。

●】参考判例【●

① 最決平成4・6・5刑集46巻4号245頁（フィリピンパブ事件）
② 最判平成6・12・6刑集48巻8号509頁（デニーズ暴行事件）
③ 東京地判平成14・11・21判時1823号156頁（家庭内暴力事件）

●】問題の所在【●

共犯者のうちの1人が正当防衛あるいは過剰防衛となったことが，他の共犯者に対してどのような影響を及ぼすかが本問の問題である。狭義の共犯である教唆犯および幇助犯については，正犯者に正当防衛が成立した場合，共犯の（要素）従属性の議論がストレートに妥当するから，比較的問題は少ない。これに対して，共同正犯については，複数の行為者のうちで，どの行為者に従属あるいは独立（連帯化あるいは個別化）するのかは，必ずしも明らかではない。また，判例によれば，正当防衛において，侵害の予期を超えその機会を利用する積極的加害意思がある場合には急迫性が否定されるから，共犯者間において急迫性が相対化するということがありうることになる。本問は，共同正犯の構造と正当防衛・過剰防衛の構造が交錯する問題である（共同正犯と誤想防衛が交錯する事例として，参考判例③参照）。

●】解説【●

1　共犯と正当防衛・過剰防衛

狭義の共犯（教唆犯・幇助犯）においては，共犯の（要素）従属性が妥当するから，（要素）従属性をどのように解するかによって，共犯と正当防衛・過剰防衛の問題が解決される。すなわち，通説である「制限従属性説」（共犯は正犯が構成要件に該当し違法な場合に共犯の構成要件が充足されると解する）によれば，正犯が正当防衛の場合には，共犯は共犯構成要件を充足しないが，正犯が過剰防衛の場合には，過剰防衛は違法行為であるので，共犯は共犯構成要件を充足する結果となる。また，「最少従属性説」（共犯は正犯が構成要件に該当する場合に共犯の構成要件が充足されると解する）によれば，正犯が正当防衛であっても，共犯は別個に共犯構成要件を充足することになる。

本問において，甲が教唆犯あるいは幇助犯で乙が正犯であるとすれば，正犯である乙が正当防衛であるか過剰防衛であるかによって，甲の罪責は論理必然的に決定される。

これに対して，甲と乙が共同正犯の場合には，困難な問題が生じる。すなわち，狭義の共犯に妥当する（要素）従属性がそのまま妥当するのか否かが問題だからである。

2　共同正犯の正犯性・共犯性

共同正犯も共犯の一種であると解するならば，共同正犯にも（要素）従属性が妥当するが，共同正犯は正犯であると解するならば，（要素）従属性は妥当しないこととなる。この点については，共同正犯の法効果である「一部実行全部責任」の法理を肯定する以上，共同正犯は単独正犯の単なる並存形態ではなく，相互的に関連する正犯形態といわざるを得ないだろう。この「相互的関連性」は一種の「従属性の理論」といえるが，この「相互的関連性」が狭義の共犯における「従属性」とは異なり，共同正犯に固有な内容を有することが問題となる。共同正犯のうち一方が適法行為で他方が違法行為という場合，適法行為に従属するのか違法行為に従属するのか，あるいは両者は個別的に判断されるのかは，必ずしも明らかではない。そもそも，適法行為と違法行為の共同正犯という形態がありうるのかが問題となろう。

3　急迫性の相対化

基本問題⑩で，正当防衛における急迫性の問題を扱ったが，判例は，侵害を予期しつつその機会を利用して積極的に相手に対して加害行為をする意思（積極的加害意思）で侵害に臨んだときは，急迫性の要件を満たさないとしている（最決昭和52・7・21刑集31巻4号747頁）。このような判例の立場によれば，積極的加害意思の存否によって急迫性の要件が人によって相対化することとなろう。

本問の基礎となる参考判例①において，第1審（東京地判平成元・7・13刑集46巻4号256頁参照）は，現場に向かったタクシー内における話し合いの時点で，甲・乙間にA殺害の共謀が成立したと認定し，そこから両名に積極的加害意思を肯定した。したがって，急迫性は相対化しなかった。これに対して，第2審および最高裁は，乙が包丁で反撃を決意した時点で甲・乙の共謀が成立したと認定し，乙については積極的加害意思はなく，Aの暴行は乙にとっては急迫性が認められ，甲は積極的加害意思で侵害に臨んだのだから，甲にとっては急迫性を欠くと判示した。その結果，甲と乙とで急迫性は相対化することとなった。

参考判例①では，乙の行為は，Aの暴行に対する反撃として防衛の程度を超えたものであるとして過剰防衛の成立を認めたが，防衛の程度を超えておらず，乙に正当防衛が成立した場合においても，乙にとっては急迫性が肯定されて正当防衛が成立し，甲にとっては急迫性が否定されて正当防衛が成立しないという結論が導かれよう。

他方，積極的加害意思を急迫性の要件とせず，防衛の意思や防衛行為の相当性の要件とする考え方によれば，急迫性の相対化は否定され，共同正犯において連帯的判断が行われることになるのであろうか（防衛の意思必要説からはその有無で個別化する）。しかし，急迫性の要件は，それが存在する行為者のみが正当防衛できるという行為主体を特定する要素と考えるならば，急迫性要件それ自体が相対的判断を伴うというように考えることもできる。とすれば，関与者の一方が正当防衛，他方が違法行為という事態も生じうることとなろう。問題は，それが共同正犯関係として成立するか否かである。

4　過剰防衛の法的性格――違法の連帯性と責任の個別性

本問における乙の行為が過剰防衛とされた場合（参考判例①は過剰防衛とした），過剰防衛の刑の減免の根拠を責任の減少に求める責任減少説によれば，過剰防衛の判断が個別的となることは当然の帰結である。これは，違法の連帯性・責任の個別性を基礎とする制限従属性説を適用した場合の結果である。これに対して，違法の個別性をも肯定する最少従属性説によれば，違法判断が個別化することは肯定される。しかし，構成要件該当性の段階における連帯を肯定するとしても，その実質的根拠を違法と無関係に考えることは，構成要件を単なる行為類型と解する場合にのみ可能であるし，他方，違法や責任との関係を考慮せずに連帯か個別かを結論づけることはできないのである。最少従属性説の存在意義それ自体に問題があるように思われる。

それでは，過剰防衛を違法減少あるいは違法・責任減少と考えた場合，違法の連帯を承認し，個別的な判断はできなくなるのであろうか（中止犯の法的性格を違法減少と解した場合に，中止犯の一身的効果を説明できるかという問題と同様である）。個別判断を可能とする考え方として，たとえば，「客観的な」違法要素は連帯するが，「主観的な」違法要素は個別化するという見解，違法性の「有無」は連帯するが，違法性の「程度」は個別化するという見解，「積極的な」違法要件（禁止・命令規範）は連帯するが，「消極的な」違法要件（許容規範）は個別化する見解などが考えられうる。かりにこのように考えることができれば，過剰防衛に違法減少の面を認めたとしても，必ずしも連帯することにはならないこととなろう。

5　適法行為と違法行為との共同正犯

共犯の処罰根拠論における純粋惹起説は，正犯と共犯の違法の個別性を肯定するから，適法行為と違法行為との共犯関係（共同正犯にも適用すれば共同正犯関係）は可能となろう（過剰防衛に違法減少を認めたとしても，他の関与者には影響を及ぼさない）。これに対して，違法の連帯性を貫徹させる修正惹起説や違法の連帯性を原則として肯定する混合惹起説によれば，適法行為（正当防衛行為）への共犯は違法とはならない（もっとも，正当防衛行為を利用した場合には，間接正犯として違法となる可能性はある。なお，過剰防衛を違法減少と解した場合，共犯も違法減少となろう）。それでは，適法行為（正当防衛行為）と違法行為との共同正犯はどのように判断すべきであろうか。

共同正犯の法効果である「一部実行全部責任」の根拠を「従属性の理論」と同一に考えた場合には，いずれに連帯するかという困難な問題が生じることになり，したがって，共同正犯における「相互的関連性」は固有の内容を有するものと考えざるを得ない。たとえば，共同正犯においては，共謀に基づいて，各人の違法行為が相互的に帰属されるがゆえに，全体の結果に対して責任を負うと考えれば，適法行為が一方に存する場合には，「一部実行全部責任」を適用する基礎を欠くことになり，自己の単独正犯と他者への教唆・幇助の問題となるように思われる。

参考判例②では，共同正犯者が防衛行為としての暴行を行い，侵害終了後も他の者が暴行を継続し過剰防衛が成立する場合において，侵害終了後に暴行を加えていない他の共謀共同正犯者はいかなる罪責を負うかという点が問題とされた。最高裁は，「複数人が共同して防衛行為としての暴行に及び，相手方からの侵害が終了した後に，なおも一部の者が暴行を続けた場合において，後の暴行を加えていない者について正当防衛の成否を検討するに当たっては，侵害現在時と侵害終了後とに分けて考察するのが相当であり，侵害現在時における暴行が正当防衛と認められる場合には，侵害終了後の暴行については，侵害現在時における防衛行為としての暴行の共同意思から離脱したかどうかではなく，新たに共謀が成立したかどうかを検討すべきであって，共謀の成立が認められるときに初めて，侵害現在時及び侵害終了後の一連の行為を全体として考察し，防衛行為としての相当性を検討すべきである」と判示した。ここでは，共謀の射程が問題とされているが，正当防衛行為の共同については単独犯に分解され，暴行罪について各人の単独犯として正当防衛を問題とすれば足り，侵害終了後については，新たな共謀の成否を問題とすることになろう。

●】参考文献【●

松原芳博・百選Ⅰ 182 頁／十河太朗・百選Ⅰ 198 頁／橋本正博・平 4 重判 166 頁／小田直樹・平 6 重判 142 頁／島田聡一郎・刑ジャ5 号 121 頁／星周一郎・インデックス〔総〕288 頁／齋藤実・インデックス〔総〕308 頁／照沼亮介・ハンドブック〔総〕183 頁・196 頁

（高橋則夫）

5 強要による緊急避難

X子は，Y子から同人が窮乏により自ら養育することができない婚外子A子を託され，自宅において夫のBの協力を得て実子のように養育していたが，Y子が大金持ちと婚姻し，自分より羽ぶりのよい暮らしをするようになったのに対し，自らは多額のローンの支払いに追われ，まったくゆとりのない生活であることを悔しく思っていた。

そこである日，X子は，Y子が，しばしばX子とBの住む家の近くから，A子の様子を窺うなど，A子に対する母親としての愛情が非常に強いことを利用すれば，自らの手を汚さずにひともうけできるのではないかと考え，A子を誘拐したうえ，Y子によるA子に対する安否を憂慮に乗じ，Y子に強盗をさせて，ローンの支払いに充てれば生活が楽になるのではないかと思い立ち，愛人のZを実行犯として，この計画に誘い込んだ。Zは，同じ市内に住む資産家で，銀行を信用せず自宅の床下に現金を隠して保管しているC子を襲撃させるのがよいだろうと提案し，X子もこれに賛成した。

Zは，X子との相談内容に基づき，A子を幼稚園からの帰路において待ち伏せ,「A子ちゃんかな。おじちゃんはお母さんに頼まれてお迎えにきたんだよ」と欺き，安心したA子を自動車に乗せZの自宅まで連れて行ったうえ，一室を与え，豪華な食事を与え，好きなテレビを見せてあげたため，A子は,「うちより楽しい。ずっといてもいい？」とご機嫌な様子で過ごしており，Zに騙されていることにはまったく気づいていなかったが，実際には，A子はZによる完全な監視のもとに置かれており，Z宅から外出しようと思ってもできないような状態にあった。

引き続いて，Zは，これもX子との相談内容に基づき，Y子に対し電話し，「A子は預かっている。A子の命が惜しければこちらの言う通りにしろ。警察に連絡した瞬間にA子は死ぬことになる」と脅したところ，Y子は，A子の安否を憂慮するあまり，即答で承諾を与えたため，Zは，喫茶店でY子と落ち合った。

Zは，そこで「警察に電話していないだろうな。そんなことをしていたら今すぐ仲間に電話してA子を殺させるぞ」と今一度脅したあと，特殊警棒をY子に手交し，「A子を助けたければこれで強盗をしてこい。最低でも100万円は盗ってこい」と命じたうえ，C子宅までの順路，付近の地図を渡したうえ，C子が大金を隠している場所を図解しながら詳細に説明した。Y子は，これら説明を聞き終えると，「A子の命が助かるならやるしかない」と思い詰めて承諾した。

Y子は，同日深夜，C子宅に侵入し，トイレに行こうとしていたC子に廊下で出くわすと，特殊警棒で乱打し，倒れたC子を乗り越えて，Zの説明通りに床下を探したが，現金を探し当てることはできなかった。C子は，これにより，全治2週間の怪我を負った。

そこで，Y子は，手ぶらで帰ったのではA子が殺されてしまうと焦燥感を強め，隣のD宅が換気のため窓を開けたままにしていたことから，そこから入って金品を盗ろうと考え，窓からD宅に侵入し，タンスの中にあった現金100万円を奪って，逃走した。

X子・Y子およびZの罪責はどうなるか。

●】参考判例【●

① 東京地判平成8・6・26判時1578号39頁（オウム真理教リンチ殺人事件）
② 最決平成13・10・25刑集55巻6号519頁（長男スナック強盗事件）
③ 最判昭和53・7・28刑集32巻5号1068頁（改造びょう打銃事件）
④ 最判昭和25・7・11刑集4巻7号1261頁（正犯者別宅強盗事件）

●】問題の所在【●

本問では，X子とZは共謀のうえ，Y子のA子に対する安否の憂慮に乗じて強盗を実行させており，こうしたY子の行為につき，現在の危難を避けるためにやむを得ずにした行為として緊急避難（誤想避難）が成立するか，また，Y子を強制して強盗を実行させたX子らの行為が間接正犯なのか，そうでない場合，共同正犯と教唆犯のいずれが成立するのかが問題となる。A子に対しては，未成年者誘拐罪と監禁罪の成否が問題となりうる。また，Y子はC子に対する強盗に着手しこれを遂げなかったが，さらにD宅に侵入して窃盗に及んでおり，これはX子らからみれば過剰な事実であるため，これがX子らにも帰属されるかが問題となる。

●】解説【●

1　A子の自由に対する罪

最初に，X子とZに，A子に対してどのような罪が成立するかが問題となるが，監禁罪の成否については，基本問題31の解説を参照していただきたい。本問ではA子の現実の意思には反していないが，A子はZに騙されていることを認識すればZ宅への移動およびそこでの滞在に同意しなかったであろうから，可能的自由侵害説によれば監禁罪の成立が認められる。

また，本問では，幼稚園児であるA子が誘惑的手段によりその生活環境から離脱させられ，不法な目的のもとZの監視下に置かれており，誘拐に当たりうるが，X子は，A子を実子のように養育しているから，監護権者であり，監護権者が拐取罪を犯しうるのかが未成年者拐取罪の保護法益とのかかわりで問題となりうる。もっとも，本問では，養育に協力しているBも監護権をもつと思われるから，Bの監護権侵害を理由にすれば，監護権を保護法益とみる見解からも，同罪の成立が肯定されよう。

他方，（未成年者）拐取罪の保護法益をもっぱら被拐取者の自由（ないし身体の安全）と解する立場からは，主体が監護権者であることは問題にならない。そして，誘惑的手段によりZ宅に移動させられて監禁されていることから自由の侵害が認められるので，身体の安全に対する危険が考えられないとしても，同罪の成立を肯定することは可能であろう。

2　強要による緊急避難（誤想避難）

Y子による強盗行為は，X子らによるA子に対する（誤想された）生命の危険を避けるための避難行為としてなされており，こうした場合に緊急避難として違法性が阻却されるかが問題となる。本問では，X女らにはA子を殺すつもりはないので誤想避難になるが，まず前提問題として危難が現在する場合を説明しておこう。

判例は，強要による行為につき緊急避難による違法性阻却の可能性を認めており（最判昭和24・10・13刑集3巻10号1655頁），参考判例①は，新興宗教幹部らに囲まれ，ある信者を殺さなければ殺すと脅されて同人を殺害したという事案につき，殺害を拒んでもすぐに殺害される危険性はなかったとして，生命に対する現在の危難は否定したが，監禁状態にあったとして身体の自由に対する現在の危難を認めたうえ，補充性・避難行為の相当性をも認め，ただ，法益の均衡を失しているとして過剰避難の成立を認めている。

これによれば，本問でも，Y子の認識内容を前提とすれば，A子の生命に対する現在の危難が存在し，補充性・避難行為の相当性も認められ，強盗のもつ人身犯的性格を併せ考慮したとしても，A子の生命が強盗により被害を受ける財産に優越することは明らかなので，緊急避難として違法性阻却されることになろう（さらに東京高判平成24・12・18判時2212号123頁参照）。

本問では，参考判例①におけるのと異なり，Y子の行為はZらによる監視なく行われており，警察による通報が期待できたとして補充性を否定することもありうる（東京高判昭和53・8・8東高刑時報29巻8号153頁）が，警察に電話すればA子を殺すと脅されており，そうした実例があるのも事実なので，そのまま強盗に及んだことには補充性が認められてよいであろう。また，A子が独自の判断でD宅での犯行に及んでいるため，補充性が認められるかも問題となりうるが，指示の内容が，Y子に強盗をさせ100万円を作らせるというレベルで捉えられ，ZらにおいてC子宅以外での犯行の可能性が排除されていなかったとすれば，補充性を認めることに問題はないだろう（なお，これと異なり，Zらが明確にC子宅での犯行に限定した指示を出している場合は，Zらにより二者択一の危難状態に置かれたはずのものは，A子の生命とC子の住居権・財産であり，D子のそれではないから，補充性を肯定することは困難であろう）。

このようにみれば，本問では，かりに危難が現在していれば正当化されるであろう行為に及んだのであるから，誤想避難となり，通説によれば（責任）故意が阻却されることになろう。

これに対し，有力な見解は，強制により作出された危難の転嫁は不法に屈しこれに加担するものである，あるいは，強制により作出された危難は社会連帯義務を根拠とする緊急避難の予定するものではなく，避難行為の受任が義務づけられないなどとして，違法性阻却を否定している。これによれば，Y子の行為が緊急避難としてその違法性が阻却されることはありえず，期待可能性不存在による責任阻却しか認められないことになる。

3　間接正犯と共同正犯・教唆犯

Y子に誤想避難が成立する場合，Zらが Y子に強盗を強いたことは，どのように評価されるべきか。緊急避難ないし誤想避難が認められる場合には，補充性の存在が前提となっており，それは他にとりうる手段がない状態へと強いたということだから，強制を理由にした間接正犯を認めることができよう。また，間接正犯における支配につき，知識の優越に着目する場合には，Y子におけるA子の生命に対する現在の危難に関する誤信を利用したとみて，間接正犯を肯定することも可能であろう。さらに，緊急避難ないし誤想避難が否定される場合でも，適法行為の期待可能性がないとみうるのであれば，やはり強制を理由にした間接正犯を認めることができよう。これらの場合，ZとX子はY子の行った行為につき間接正犯の共同正犯となる。

これに対し，間接正犯を否定する場合には，Z（およびX子）に共同正犯が成立するのか教唆犯にとどまるのかが問題となるが，共謀共同正犯を認める判例・通説のもとでは，重要な役割を果たしていれば，共同正犯を認めることになり，教唆犯にとどめられるべき事案はあまり考えられないことになろう。判例上も，教唆犯が認められているのは，司法に対する罪を犯人自身が教唆した場合など例外的な場合だけである。

なお，参考判例②は，未成年の息子に強盗を実行させた母親につき，犯行を計画し，犯行方法を教示するとともに，犯行道具を与えるなどして，本件強盗の実行を指示命令したうえ，強取してきた金品をすべて領得したとして，共同正犯の成立を認めている。

4　方法の錯誤と共同正犯間の錯誤

Z（およびX子）は，Y子に対し，C子宅に侵入して強盗することを指示しており，C宅に関する情報提供のみを行っているが，Y子は，D宅にも侵入して窃盗をしていることから，その所為までZおよびX子に帰属されるかが問題となる。

Zらに間接正犯を認める場合には，C子宅に送りつけた毒入りケーキをDがお裾分けされて食べたというような場合と同様，方法の錯誤の問題になる。参考判例③は，殺意をもってAに向けて発射した銃がAを貫通してBをも負傷させたという事案につき，Aに対する故意犯のほかBに対する故意犯の成立を肯定しており，法定的符合説の数故意犯説の立場を採っている。これによれば，C子に対する住居侵入および強盗傷人（牽連犯）とDに対する住居侵入および窃盗（牽連犯）が成立し，おそらく観念的競合となろう。

これに対して，ZらにY子との共同正犯を認める場合には，共犯過剰の問題となりうる。この場合には，まず，D宅への侵入および窃盗が共謀の射程内にあるかが問題である。参考判例④は，いったん教唆に基づく犯意を障害のために放棄し，たまたま新たに決意を固めて別のターゲットに対して犯行を行った場合には，教唆行為と犯行との間に因果関係が認められないとしているが，これは共同正犯における共謀の射程論と同じく，共犯としての客観的帰属を否定したものといえよう。

本問の場合には，共謀の内容が，Y子に強盗をさせ100万円を作らせるというレベルで捉えられ，ZらにおいてC子宅以外での犯行の可能性が排除されていなかったとすれば，ここでは，そもそも錯誤は生じておらず，単純に共謀の内容が実現したと考えてよいであろう。もっとも，この場合でも，Zらの故意のレベルで，C子宅での犯行だけが認識されていれば，錯誤が問題となりうるが，決定的符合説による限り，実行者によるターゲットの変更によって故意が否定されることはない。また，強盗と窃盗は，構成要件的に重なり合いが認められるから，実現した軽い罪である窃盗罪の成立が問題なく認められよう。

これに対し，共謀の内容がC子宅での犯行に限定されていたのであれば，D宅への住居侵入および窃盗には共謀は及んでおらず，Y子の単独犯と評価されることになる。

●】参考文献【●

荒川雅行・百選Ⅰ 184頁／内田浩・インデックス〔総〕184頁／小名木明宏・インデックス〔総〕244頁／星周一郎・インデックス〔総〕290頁／遠藤聡太・プラクティス〔総〕219頁／増井敦・プラクティス〔総〕306頁／小島陽介・プラクティス〔総〕351頁

（安田拓人）

6 不作為による幇助

甲は，前夫のAと離婚して，長男B（6歳）と次男C（3歳）の親権者になったが，その後，BとCを連れて，現在の同棲相手である乙と再婚した。しかし，乙は，甲と結婚した直後に失業したこともあり，甲が友人宅に出かけて帰宅が遅れたときなど，激高して甲の首筋にドライバーを押し付けたり，甲が自分のもとから逃げ出そうとした際，殴る・蹴るなどの暴力を加えるようになった。また，Bらに対しても，食事をこぼしたときなど，しつけと称してBらのほおを平手で殴ったりしていた。甲は，乙がたびたび暴力を振るうこともあって，いったん乙と協議離婚したものの，再度，甲の実母であるDの反対を押し切って，乙と同棲するようになった。その後も，甲は，乙の暴力を逃れてDの家に逃げ帰るたびに，迎えに来た乙の言い訳を信じて，乙のもとに戻るという生活を続けていた。

ところが，乙は，相変わらず就職先が見つからず，生活費にも窮するようになったため，次第に不満やいらだちを募らせ，そのうっぷん晴らしのため，BとCに激しいせっかんを繰り返すようになった。他方，甲も，厳寒期にBらを半袖シャツとパンツだけにして放置したり，ほとんど毎日，室内で長時間立たせたり正座させるなどしたほか，平手や手拳で顔面または頭部を殴打することでBらを転倒させていた。その間，甲が実家に逃げ帰った際，満足に食事も与えられないBらの体重が，同年齢の児童に比べて極端に少ないうえ，Bらの身体に無数の傷跡があることに気づいたDが，乙による虐待をやめさせるため，甲に乙とは完全に離別するように注意した。しかし，甲は，一向にこれまでの生活態度を改めようとはしなかった。

事件当日，甲は，乙が外出している間，Cが「乙はきらいだ。もう家にいたくない」というのを聞いて，乙と離別させようとするDの言葉を思い出し，激高のあまりCの頭部を数回程度手拳で殴った。また，同日の晩，外出先から帰宅した乙は，子供部屋のおもちゃが散らかっていたことから，いつものようにCにせっかんを加え始めた。その際，甲は，乙のせっかんに気づきながらも，台所で夕食の用意を始めて乙の行動に対して無関心を装っていた。乙は，Cの左ほおを平手で数回殴打したうえ，よろめいたCを引き起こして，その頭部を手拳あるいは裏拳で数回にわたって殴打したところ，Cが突然短い悲鳴を上げて仰向けに倒れ，意識を失った。甲は，いつものせっかんが始まったと思っていたが，いつもと異なるCの悲鳴を聞いて，急いでCの様子をみたところ，すでにCは身動きをしなくなっていた。

そこで，甲と乙は，Cを自動車に乗せて最寄りの病院まで運んだものの，翌日の夕刻，Cは，頭部打撲による硬脳膜下出血に伴う気管支肺炎により死亡した。しかし，甲は，病院内で担当医から，Cの死亡原因が事件当日に加えられた頭部打撲のいずれによるかが不明であると言われたこともあり，担当医の通報で駆け付けた警察官に対して，自分の犯行である旨の虚偽の申告をし，乙の身代わり犯人として起訴されるに至った。

甲と乙の罪責はどうなるか。

●】参考判例【●

① 東京高判平成 11・6・22 高刑速平成 11 年度 56 頁（同時的虐待致死事件）
② 札幌高判平成 12・3・16 判時 1711 号 170 頁（虐待致死幇助事件）
③ 大判昭和 8・12・9 刑集 12 巻 2272 頁（片面的関税逋脱事件）
④ 最判昭和 26・9・20 刑集 5 巻 10 号 1937 頁（同時的傷害致死事件）
⑤ 大阪高判昭和 62・10・2 判タ 675 号 246 頁（不作為の殺人幇助事件）

●】問題の所在【●

第三者による子供の虐待を放置した親権者は，保護責任者としての作為義務に違反しており，不作為による共同正犯のほか，不作為による幇助犯の成否が問題となる。しかし，本問では，甲自身もCに暴行を加えており，作為犯としての傷害致死罪（205 条）が成立する可能性も否定できない。すなわち，甲は，乙の犯行に積極的に加担した共同正犯と評価するべきか，それとも，有形的方法により乙の犯行を促進した従犯として処罰されるべきかである。また，作為による共犯が否定される場合にも，冒頭に述べた不作為犯の一種として，不作為の幇助を認めうるかも争点となる。その際，幇助という広汎な態様が不作為犯の形式でなされたとき，可罰性の限界は不明確になりやすい。したがって，通常の不真正不作為犯と異なり，作為義務の内容や作為の可能性，さらに作為との等価値性などが，不作為の幇助ではどうなるかについて慎重に検討しなければならない。

●】解説【●

1　傷害（致死）罪の共同正犯

甲と同居する乙が，うっぷん晴らしの目的で，ＢやＣの顔面または頭部を繰り返し殴打した事実は，不法な有形力の行使であり，少なくとも暴行罪（208条）に当たる。たとえ，最初は懲戒目的があったとしても，その後の虐待は，社会的に許容される懲戒権の行使を超えており，違法性を阻却する事情は何ら見当たらない。また，日頃から祖母のＤが気づくほどの傷跡が残る虐待を加えた乙には，傷害罪（204条）も成立しているであろう（この限度では，ＢおよびＣに対する傷害の併合罪である）。

甲は，こうした虐待の事実を知っていたにもかかわらず，Ｄの忠告を聞かないまま，乙との同棲を続けていた。しかも，自らＣに暴行を加えたこともあった。したがって，もし甲と乙の間に相互的な意思連絡があったならば，Ｃの死亡結果が両名による（傷害の）共同正犯から生じた以上，甲と乙は，傷害致死罪の共同正犯になるはずである（たとえば，大阪高判平成13・6・21判タ1085号292頁）。しかし，本問中の乙には，暴行・傷害に関して共謀の事実が認められず，かりに甲の側に乙の虐待に加担する意思があったとしても，片面的共同正犯の観念を否定する立場では，甲・乙間の共同正犯は成立しない（犯罪共同説）。したがって，Ｃの死亡結果がいずれの暴行によるかが明らかでない本問のケースでは，甲と乙のいずれも，傷害致死罪の罪責を負わない可能性がある。

2　傷害致死罪と同時傷害の特例

本問では，乙の激しい身体的虐待がＣの死亡原因になったと考えられる。しかし，刑事裁判では，共犯者でない甲の頭部打撃による脳内出血の可能性が残っている以上，ただちに乙の傷害行為からＣが死亡したという因果関係を認定できない。その際には，乙の傷害致死罪は成立しないし，甲についても，乙の暴行・傷害に伴う死亡の可能性を否定できない以上，やはり傷害致死罪の罪責を問い得ない。したがって，いずれの犯行も，暴行罪または傷害罪にとどまってしまう。しかし，乙の傷害と甲の暴行（傷害）は，時間的かつ場所的に重なっており，いわゆる同時犯に当たる。そこで，同時傷害の特例を適用して，「共（同正）犯の例による」ことが考えられる［→基本問題30参照］。同時傷害の特例については，その適用範囲をめぐって，暴行から傷害が生じた場合に限定する見解も有力であるが，確立した判例は，傷害致死罪についても特例の適用を認めてきた（参考判例④）。

なるほど，刑法207条の規定は，刑事訴訟法の基本原則に対する例外であるため，その適用範囲を無制限に拡張するべきではない。しかし，同時傷害の特例が置かれた条文の位置や，傷害罪と傷害致死罪の連続的関係などからして，およそ傷害致死罪に適用しないのは不合理である。したがって，同時犯となる限界にも留意しつつ，傷害致死罪にも同時傷害の特例を適用する必要がある。本問における甲と乙は，時間的かつ場所的に接着した状態でCに暴行・傷害を加えており，その結果として被害者が死亡している以上，両名とも傷害致死罪の罪責を負うことになる（参考判例①）。

3　不作為の共同正犯と作為による幇助

他方，甲が乙の虐待を放置することで乙の犯行に加担したとみるとき，乙の作為犯に対する不作為の共同正犯が成立する余地がある。もっとも，不作為の共同正犯というためには，親権者による作為義務違反とともに，（傷害の）作為犯と同視しうるだけの実態がなければならない（作為との等価値性）。なるほど，事件当日，甲自身も激高してCを殴っているが，甲には，乙の虐待を積極的に容認する態度はみられず，乙の犯行に加担する意思はなかった。本問中の事実からも，甲の殴打行為には，格別に乙の虐待を促進する意図はうかがえないのである。

また，乙の側にも，甲と協力する旨の意思が欠けるため，相互利用補充関係を前提とした共同正犯には当たらない。なお，共同正犯と従犯の違いは，共同実行の意思をもって実行行為の一部を分担したか（共同正犯），それとも，せいぜい正犯の遂行を容易にしたかであり（従犯），このことは，不作為犯の場合にも，ほぼ妥当するからである。

次に，作為による幇助という可能性はどうであろうか。実際，甲が身代わり犯人になった事実は，それ自体が正犯者である乙の犯行を隠避するものである（103条）。また，これに先立って乙の虐待を放置しただけでなく，事件当日も甲自身がCの頭部を殴打することで，乙の傷害に伴う致死の結果が促進されたならば，物理的な幇助があったといえなくもない。しかし，乙の留守中に生じた甲の偶発的な暴行は，共犯者として正犯の犯行を助長したわけではない。したがって，この事実を捉えて作為犯としての従犯を認めるのも困難である。また，従犯では，客観的な幇助行為に加えて，幇助の故意が必要とされるが，憤激のあまりCを殴っただけの甲には，自らの行為が正犯者の実行を容易にする旨の認識・認容はなかったと考えられる。

4　不作為による従犯

犯行直後の担当医による見立てはともかく，その後の裁判で，乙の傷害からCの死亡結果に至る因果関係が立証された場合には，どのような処理になるであろうか。ここでは，特に甲の罪責をめぐって，乙の傷害致死罪に対する従属的共犯の成否が問題となる。すでに**1**でも述べたように，甲と乙の間には相互的な意思連絡がないため，共同正犯は認められない。他方，従犯であれば，片面的な幇助も可能であるが（参考判例③），**3**でも述べたように，作為による幇助を認めるのは困難である。したがって，残された選択肢は，不作為の幇助ということになる。実際，甲は，乙による激しい虐待を知りながら，親権者としてCを守るべき立場であったにもかかわらず，乙の虐待を放置することで乙の傷害致死を促進しており，不作為による従犯が成立しうる。

通説・判例は，作為による幇助のほか，不作為による幇助も認めてきた（参考判例⑤）。たとえば，被害者を保護すべき責任のある者が，他人による要保護者の暴行・傷害を傍観したときには，不作為による傷害罪の従犯となる。本問では，親権者である母親の甲が，同棲相手の乙による当時3歳の子供に対するせっかんを放置した結果，被害者であるCを死亡させた。すなわち，甲には，Cの死亡原因になった乙の暴行を阻止する義務があり（作為義務），実際にこれを阻止できたにもかかわらず（作為の可能性），何らの措置をとることなく放置した。そのことが，客観的には乙の犯行を容易にしており（幇助行為），甲は，そうした事情を認識していた。しかも，甲は，乙に対する執着心などから，Cに対する暴行を認容さえしていた。その意味で，不作為により乙の暴行を容易にする幇助の故意もあったといえよう。

5　作為の可能性・容易性と結果阻止の可能性

一部の学説・判例は，不作為の幇助を限定する趣旨で，従犯者が正犯の完成を確実に阻止できたにもかかわらず，あえてこれを放置したことまで要求する。具体的には，乙の暴行を実力で阻止できたかを吟味しつつ，甲自身も乙から暴行を受けるおそれがあった以上，実力による阻止が極めて困難な状態にあったとみる。そのうえで，甲の作為義務違反は，作為による傷害致死幇助と同視できないというのである（参考判例②の第1審判決〔釧路地判平成11・2・12判時1675号148頁〕)。しかし，甲は，Dの忠告にもかかわらず，乙に対する執着心から，BとCに対する保護義務を放棄して，何度も乙のもとに戻っている。その意味では，客観的にも乙の暴行を阻止する機会は十分に認められる。さらに，実際の裁判例では，事件当日，甲が乙の近くに行って監視するだけでも，乙の虐待を抑制できた可能性があったとされる(参考判例②)。

そもそも，不作為による幇助犯が成立するためには，不作為が正犯者の実行を容易にすれば足りる。したがって，その不作為が正犯の完成に必要不可欠であったり，作為義務の履行が正犯の実行を確実に阻止できることまでは要しない（参考判例②)。むしろ，甲には，刑法上課せられた作為義務の程度が極めて強いことに加えて，過去に何度も結果阻止のチャンスがあったにもかかわらず，甲自身の未練からCを見殺しにしている。これら一連の行為は，甲自身がCに暴行を加えた事実も含めるならば，乙の傷害致死罪に向けた作為の幇助と同視しうるであろう(作為との等価値性)。

かようにして，甲は，少なくとも，乙の傷害致死罪に対する不作為の幇助に当たる。また，乙の身代わり犯人として虚偽の申告をした点については，犯人隠避罪が成立し，すでに甲と乙が協議離婚している以上，親族による犯罪に関する特例（105条）も適用されないであろう。

●】参考文献【●

安達光治・百選Ⅰ 172頁／橋本正博・平12重判148頁／松原芳博・インデックス〔総〕24頁／齊藤彰子・プラクティス〔総〕387～389頁／萩野貴史・ハンドブック〔総〕38頁／齊藤彰子・刑法の判例〔総〕288頁

（佐久間修）

7 事後強盗罪と共犯の成否

甲は，東京都下の商業高校を中退した後，コック等の職を転々としていたが，最近では日雇いのとび職として働き，2016 年 7 月 5 日以降はとび職の仕事もなく，池袋駅周辺で野宿生活を行っていた。他方，乙は，新潟県下の高校を中退した後，しばらく農業の手伝いなどをしていたが，昭和 49 年以降は上京した後，各地の飯場を転々とし，2016 年 7 月上旬は甲と同様，池袋駅周辺で野宿生活を行っていた。

甲と乙の両名は，2016 年 7 月 6 日ころ池袋西口公園内で他の労務者風の男らとともに飲酒していて知り合い，乙は，甲に金を出してもらって飲酒したりして，同人を兄貴と呼んでいた。

同月 7 日昼過ぎころから，甲と乙は相前後して池袋西口公園に赴き，そこにおいて他の労務者風の男らとともに，その所持金をカンパし合い，付近の酒屋から酒を買い足すなどしながら飲酒し続けていたところ，同日午後 4 時すぎころ，酒に酔ったXが同公園に来合わせ，飲酒している甲らの付近にあるベンチに腰を掛け，甲らとともに飲酒していた労務者風の男Yと話を始めたが，同日午後 4 時 15 分ころ，飲酒していた酒が残り少なくなったことから，酒を買う金を捻出するため，Xを現認した甲は，Xから酒代を出してもらおうと考え，そばで飲酒していた乙に対し，Xから酒代を出してもらおうという趣旨のことを誘いかけ，乙もこれを了承して，甲と乙は 2 人でベンチに腰を掛けていたXの前に赴き，甲はXに対し，「酒を買うから金貸してくれ」と話しかけた。これに対して，Xは，酒に酔った状態で，所持していた財布（約 4000 円在中）を取り出し，「これしか持っていない」などと言いながら，上記財布を甲らに示したところ，甲は，その財布内から現金 3000 円を素早く抜き取り，これを窃取した。

その直後，Xが甲に対し「金を返してくれ」と言って金銭の返還を求めると，その取り戻しを防ぐ目的をもって，甲と乙は意思を相通じて，甲の現金抜き取りをそばで目撃していた乙は，Xに対して，「てめえ，兄貴に何言ってるんだ」などと言いながら，Xの顔面を平手で1回殴打し，甲も，履いていたスニーカーでXの頭部を1回殴った。さらに甲は，Xの胸倉をつかんでXを同公園の隅方向に約4，5メートル引きずって行き，Xの腹部を蹴ろうとしてXに足をとられ同人とともに転倒した際，同人の顔面を1，2回手拳で殴打し，なおも金の返還を要求するXに対し，甲は，同所にあった空の1升瓶でその頭部を1回殴打するなどの暴行を加え，その際，上記暴行によりXに対して全治1週間を要する頭部打撲，左右膝，左右肘擦過創の傷害を負わせた。

甲・乙の罪責はどうなるか。

●】参考判例【●

① 大阪高判昭和62・7・17判時1253号141頁（サイドリングマスコット事件）
② 東京地判昭和60・3・19判時1172号155頁（池袋西口公園事件）
③ 新潟地判昭和42・12・5下刑集9巻12号1548頁（スペアタイヤ事件）

●】問題の所在【●

本問は，窃盗犯人でない乙が，窃盗犯人である甲と共謀のうえ，甲が取り戻しを防ぐ目的で被害者に暴行を加えた際，その暴行行為に関与した場合に，乙の罪責はどうなるかという問題である。甲には事後強盗罪（238条）が成立し，さらに傷害を生じさせているので，（事後）強盗致傷罪（240条）が成立する。問題は，窃盗犯人でない乙が甲の事後強盗行為に関与した場合の乙の罪責いかんである。

この問題は，刑法各論上の問題と刑法総論上の問題とが交錯するテーマであり，前者の問題として，事後強盗罪の構造，事後強盗罪の実行行為などがあり，後者の問題として，身分概念，結合犯概念，共犯と身分，承継的共同正犯などがある。さらに，この問題については，結論の異なる2つの下級審判例が登場したことも注目に値する（参考判例①と本問の基礎となる参考判例②）。

中心的な問題は，事後強盗罪の構造をいかに理解するかという点にあり，その理解によって，本問についての処理の仕方が異なってくる。すなわち，事後強盗罪は，不真正身分犯か，真正身分犯か，あるいは非身分犯（結合犯）なのか，また，事後強盗罪の実行行為は，暴行・脅迫行為だけなのか，あるいは窃盗行為も含むのかなどの問題を解決しなければならない。

●】解説【●

1 事後強盗罪を不真正身分犯とする見解

事後強盗罪を，窃盗犯人という身分によって暴行罪・脅迫罪を基本犯罪として刑が加重される犯罪，すなわち，不真正身分犯（加重的な身分犯）とする見解がある。この見解によれば，甲には（事後）強盗致傷罪が成立するが，乙は，通説・判例によれば，刑法65条2項が適用され，傷害罪の成立にとどまることになる。もっとも，いわゆる団藤説によれば，乙にも，同条1項によって（事後）強盗致傷罪が成立するが，刑法65条2項によって傷害罪の刑が科せられる（参考判例②と参考判例③はこの理論構成を採用する）。

不真正身分犯説は，窃盗犯人でない者が暴行・脅迫を加えた場合には，暴行罪・脅迫罪が成立するにすぎないのに対して，窃盗犯人が刑法238条所定の目的をもって同じ行為をすれば重い事後強盗罪として処罰されることを根拠とする。しかし，事後強盗罪を罪質を異にする暴行罪・脅迫罪の加重犯と理解することは困難であろう。事後強盗罪は，窃盗の事後的な行為の態様によって刑が加重される犯罪なのであり，不真正身分犯説は，事後強盗罪を財産犯と位置づけることを否定することになろう。

なお，不真正身分犯説は事後強盗における窃盗犯人を責任身分とすることによっても根拠づけられるが，窃盗犯人という身分によって財産犯としての法益侵害性が付与されるのであるから，事後強盗罪を身分犯とする立場からすれば，違法身分と理解すべきであろう。

2 事後強盗罪を真正身分犯とする見解

これに対して，窃盗犯人たる地位を真正身分犯とする見解によれば，乙には，刑法65条1項によって（事後）強盗致傷罪が成立し，同罪の刑が科せられることになる（参考判例①はこの理論構成を採用する）。真正身分犯説は，事後強盗罪が収賄罪における公務員と同様に，窃盗犯人という身分が存在することによってはじめて成立する犯罪であることを根拠とする。また，事後強盗における窃盗犯人を違法身分とすることによっても根拠づけることができよう。

問題は，そもそも事後強盗罪が身分犯か否かである。確かに，判例の採用する刑法65条の広い身分概念によれば，特定の犯罪行為を行ったことも身分概念に包含しうる。しかし，このような広い身分概念それ自体に問題があるのみならず，窃盗罪は誰でも犯すことのできる一般的性質を有するがゆえに，これを身分とすることができるのかという問題があろう。すなわち，窃盗犯人は，収賄罪における公務員などとは異なり，誰もがいつでもその行為に出さえすれば得られる性質を有しており，いわば「一般に解放された身分犯」ともいうべきものである。身分犯の核心は，その地位に結合された特定の役割の違背ないし逸脱という点にあり，事後強盗罪を身分犯と理解することには困難が伴う。また，身分犯説によれば，窃盗行為は事後強盗罪の実行行為の中に含まれず，犯罪主体の要件に解消されてしまうことになる。しかし，事後強盗が「強盗として論ずる」（238条）とされているのは，暴行・脅迫と盗取行為とが存在し，違法性において強盗罪と同価値だからであり，また，強盗罪の保護法益の中核は先行する窃盗行為に関する法益（財産）である以上，窃盗行為を事後強盗罪の実行行為から排除するのは妥当ではなく，さらに，実行行為ではない窃盗の既遂・未遂によって事後強盗罪の既遂・未遂が決定されることを認めることもできないなどの批判がある。

3　事後強盗罪を結合犯とする見解

以上の身分犯説に対して，事後強盗罪は，身分犯ではなく，窃盗行為と刑法238条所定目的での暴行・脅迫の行為から構成される結合犯と理解する見解がある。これによれば，窃盗行為は，事後強盗罪の実行行為の一部と解することになる。これに対して，窃盗行為を事後強盗罪の実行行為と捉えるのは，事後強盗罪の構成要件の前提条件と構成要件的行為を混同するものであるという批判がある。

問題は，窃盗行為も事後強盗罪の実行行為とすると，すべての窃盗行為が事後強盗罪の実行行為になってしまうのではという疑問をいかに解決するかである。この点については，窃盗行為は，事後に暴行・脅迫が行われることによって結果的に事後強盗罪の実行行為になるとの見解もある（結果的結合犯）。すなわち，事後強盗罪の実行の着手である暴行・脅迫が行われることによって，それまでは潜在的な実行行為であった窃盗行為が顕在的な実行行為に転化することになるのである。

このように，窃盗行為も事後強盗罪の実行行為の一部であり，事後強盗罪を結合犯と理解するならば，事後強盗行為に共同加功した非窃盗犯人の罪責は，承継的共同正犯の問題として処理されることになる。承継的共同正犯の問題については，学説上，関与後の行為についてのみ共同正犯が成立すると解する消極説（全面否定説），関与前における先行行為を含めて犯罪全体について共同正犯が成立すると解する積極説（全面肯定説），さらには，先行者の行為の効果を積極的に利用した場合にはその限度で共同正犯を肯定する説，あるいは，共同正犯については否定，幇助犯については肯定する中間説・限定説などが対立している。

4　承継的共同正犯についての一試論

承継的共同正犯の問題解決においては，共同正犯と幇助犯を区別して考えるべきと思われる。なぜなら，共同正犯の処罰根拠（一部実行全部責任の根拠）と幇助犯のような狭義の共犯の処罰根拠は異なるからである。共同正犯の処罰根拠は，結果に対する因果性だけでなく，相互的な行為帰属によって他人の行為・結果が自己の行為支配の内容を構成する点にある。すなわち，共同正犯においては，各人の違法行為が相互的に帰属されるがゆえに全体の結果に対して責任を負うのである。この相互的な行為帰属は，共謀に基づくものである。共謀は，行為の事前的要件であり，その内容に従って結果が帰属されるのである。前者の相互的行為帰属と後者の結果帰属が相俟って「一部実行全部責任」の法理が根拠づけられる。

このように考えるならば，承継的共同正犯の問題については，結果の承継は認められたとしても，行為の承継は認められず，相互的行為帰属は共謀（意思疎通）以後に限定されるべきである。これに対して，共同正犯の処罰根拠を因果的共犯論で説明する見解は，共同正犯を因果的な結果帰属という観点だけから理解するわけであるから，他人の行為の結果だけが帰属されることを認めるがゆえに，「承継できる結果」というものを肯定しうることになる。しかし，先行者の行為による効果が持続しているから結果は承継されるという考え方は，「一部実行全部責任」という法効果をもたらす共同正犯については妥当しないのである。これに対して，幇助犯のような狭義の共犯の処罰根拠は，構成要件上の保護法益への従属的な侵害（従属的法益侵害）にあり，因果的共犯論的に把握することができる。したがって，後行者の行為は，それが「承継できる結果」に対して因果的に寄与しうるものであれば，その限度で承継的幇助を肯定できることになる。

このように，事後強盗行為に共同加功した非窃盗犯人の罪責は，暴行罪ないし脅迫罪の限度で共同正犯が成立するとともに（暴行によって被害者が傷害を負ったときは，傷害罪の共同正犯が成立），事後強盗罪の幇助犯が成立し，両罪は観念的競合として処断されるべきである。結局，本問における乙の行為は，傷害罪の共同正犯と事後強盗罪の幇助犯との観念的競合となろう。

5　潜在的実行行為と顕在的実行行為

前述のように，事後強盗罪は窃盗行為と暴行・脅迫行為からなる結合犯である。窃盗行為は事後強盗罪の実行行為の一部となるわけであるが，この実行行為性の問題を最後に検討したいと思う。問題は，窃盗行為が実行行為の一部であると解したとしても，窃盗行為への着手を事後強盗罪の実行の着手とすることはできないことの根拠は何かである。前述のように，その根拠として，窃盗行為は事後に所定の意図で暴行・脅迫が行われることによって，結果的に事後強盗罪の実行行為となるにすぎないという点が挙げられ（結果的結合犯），すべての窃盗行為は事後強盗罪に至る可能性を有するから，窃盗行為は事後強盗罪の「潜在的実行行為」と解するわけである。

実行の着手時期と実行行為性とは一致させるべきであり，それらと未遂時期とが分離するのである。すなわち，刑法規範は行為規範と制裁規範から構成されており，違法性の段階においては，前者から規範的違法性が，後者から可罰的違法性が派生する。この点を危険概念からみれば，前者においては法益侵害の一般的危険性（事前判断）で足り，それが，実行行為性と実行の着手を基礎づけるのであり，他方，後者においては具体的危険性が要求され（事後判断），それが可罰的未遂を基礎づけると解される。そして，前者の段階のみでは，それはいまだ潜在的実行行為であり，後者の段階に至ってそれが顕在的実行行為に転化するといってもいいが，それは単に前者の実行行為性＝実行の着手を確認する意味しかないのである。その際，実行の着手時期における法益侵害の一般的危険性の判断は，行為者の計画に照らして判断する折衷説が基礎におかれるべきである。

このような考え方は，事後強盗罪における窃盗行為の位置づけの問題についても基本的に妥当するように思われる。すなわち，窃盗行為は，それ自体としては顕在的実行行為ではあるが，事後強盗罪にとっては潜在的実行行為であり，暴行・脅迫の着手によって遡及的に顕在的実行行為に転化するものと理解することができよう。暴行・脅迫がなければ，事後強盗罪における窃盗行為は潜在的実行行為のままであり，それは窃盗罪としてのみ評価するにとどまることになる。

●】参考文献【●

本田稔・百選Ⅰ 192 頁／星周一郎・インデックス〔総〕300 頁／照沼亮介・ハンドブック〔総〕191 頁

（高橋則夫）

8 誤振込みと詐欺・窃盗罪

甲は，1995年4月25日朝，たまたま大阪府T市T町所在のI銀行K支店を訪れ，同支店備付けの現金自動支払機により，同支店に開設している自己名義の普通預金口座の通帳に記帳した際，心当たりのないN株式会社からの振込金75万円が誤って同口座に入金されて，同口座の残高が92万円余りとなっているのを知ったことから，これを奇貨として預金の払戻し名下に金員を騙取しようと企て，同日午前9時5分ころ，I銀行K支店において，同支店窓口受付係X女に対し，通常の正当な預金払戻しであるかのように装い，金額欄に88万円と記載するなどした普通預金払戻請求書を前記通帳と共に提出して，同口座から上記同額の普通預金の払戻しを求め，よって，その場で同女から同払戻し名下に現金88万円の交付を受けた。

弁護人は，甲は銀行との間で有効に成立した預金契約に基づき自己の預金の払戻しを求めただけであって，何ら欺罔行為をしたわけでなく，また銀行も，上記預金契約に基づき預金の払戻しに応じたにすぎず，そこに何ら錯誤は存しないとして，本件において詐欺罪は成立しない旨を主張した。

関係証拠によれば，以下の事実が認定できる。甲は，かねてより，自己の営む歯科医師業の税務申告等に関して，税理士Aとの間で顧問契約を結んでいたこと，そしてAは，甲を含む顧問先からの顧問料等の取立事務を，集金事務代行業者であるN株式会社に委託して，毎月，各顧問先の預金口座から自動引落しの形で顧問料等を集めてもらい，これを一括して自己の指定した預金口座に振り込んでもらっていたこと，ところが，1995年3月ころ，甲の預金口座が残高不足により引落し不能となったことから，上記の方法による顧問料等の取立てを継続するために，再度甲の預金口座につき自動引落しの手続を取り直す必要が生じたこと，そこでAは，妻に指示して，N株式会社宛てに，甲から受領した新たな自動支払申込書を送ったが，その際，Aの妻が，誤って顧問料等の一括振込み送金先を甲名義の普通預金口座に変更する旨の委託内容変更届を作成し，これを上記申込書と共にN株式会社に宛てて送ってしまったこと，その結果，1995 年 4 月 21 日，上記の誤った届出に基づいて，本来Aが受け取るべき顧問料報酬金合計 75 万円がN株式会社から甲名義の普通預金口座に振り込まれ，それまで残高 1660 円しかなかった同口座に上記金額の入金があったこと，甲は，同月 25 日になって，上記誤振込みの事実に気づいたが，当時，多額の借金を抱えてその返済に窮していたことから，上記金員をもって返済に充てようと考え，その時点で残高 92 万円余りとなっていた同口座から普通預金 88 万円の引き出しに及んだことがそれぞれ認められる。

甲の罪責はどうなるか。

●】参考判例【●

① 最決平成 15・3・12 刑集 57 巻 3 号 322 頁（誤振込み払戻し事件）
② 最判平成 8・4・26 民集 50 巻 5 号 1267 頁（誤振込み差押え民事事件）
③ 東京高判平成 6・9・12 判時 1545 号 113 頁（送金銀行手違い事件）
④ 最判平成 20・10・10 民集 62 巻 9 号 2361 頁（原因関係を欠く振込み民事事件）

●】問題の所在【●

銀行における「振込み」とは，振込依頼人の依頼に基づき，銀行（仕向銀行）が振込依頼人から資金を受け取り，受取人の取引銀行（被仕向銀行）の預金口座に資金を入金するように依頼し，被仕向銀行がこれを受けて受取人の口座に入金することをいう。この過程で過誤が生じ，本来の受取人の口座に入金されず，第三者の口座に入金することを「誤振込み」と称し，仕向銀行の過誤の場合や被仕向銀行の過誤の場合などがあるが，本問は，振込依頼人の過誤による場合であり，この場合に，受取人が誤振込みであることを知りながら，その事実を秘して払戻しを請求して金銭を取得する行為は何罪を構成するかが問題となる。

●】解説【●

1　参考判例②の以前と以後

最初に，誤振込みが民事法上どのように処理されるかが問題となる。すなわち，民事法上，誤振込みの場合にも受取人に預金債権が有効に成立するのか否かという問題である。有効である場合に，なお刑法上犯罪が成立するのか否かが問題とされなければならない。

以前，下級審は，誤振込みに係る預金をそれと知りつつ払戻しを受けた事案につき占有離脱物横領罪の成立を認めたものがあったが（東京地判昭和47・10・19研修337号69頁），詐欺罪の成立を肯定する立場が主流であった（札幌高判昭和51・11・11刑月8巻11=12号453頁）。さらに，参考判例③は，送金銀行の手違いで自己の普通預金口座に過剰な入金があったことを奇貨として，自己のキャッシュカードを用いて銀行支店の現金自動支払機から過剰入金された現金を引き出す行為につき，窃盗罪の成立を認めたのである。これらの判例の根拠は，誤振込みによる預金の場合，受取人は預金債権を取得しておらず，正当な払戻し権限はないという点にあった。

しかし，その後の参考判例②は，振込依頼人の過誤により，誤った振込先口座に入金記帳がなされた後，受取人の債権者が預金債権を差し押さえたのに対して，振込依頼人が第三者異議の訴えを提起した事案につき，「振込依頼人から受取人の銀行の普通預金口座に振込みがあったときは，振込依頼人と受取人との間に振込みの原因となる法律関係が存在するか否かにかかわらず，受取人と銀行との間に振込金額相当の普通預金契約が成立し，受取人が銀行に対して右金額相当の普通預金債権を取得するものと解するのが相当である」と判示した。このように，誤振込みの場合でも預金債権が有効に成立することになると，これが刑事判例にどのように影響を与えるかが問題となり，参考判例①は，詐欺罪の成立を肯定するという結論を出したのである。

2　詐欺罪（および窃盗罪）を肯定する見解

詐欺罪肯定説は，刑法上，受取人には正当な預金払戻し権限が認められないから，誤振込みの事実を秘して預金の払戻しを受ける行為は詐欺罪に該当するというのである。この見解によれば，参考判例②は，銀行が進退両難の状況に陥ることから救済することを主眼とするものと理解し，民事と刑事の考え方が分離してもかまわないということになる。しかし，参考判例②によって預金債権の成立が認められたのであるから，受取人に正当な預金払戻し権限がないということから立論するのは妥当でないだろう。あるいは，原因関係が存しない以上，受取人の預金払戻し請求は権利の濫用になることに求める見解もあるが，同様の批判が可能である。これらの見解によれば，欺罔行為は，正当な権限がないのにあるように装って預金の払戻し請求をすることに求められる。この見解によれば，キャッシュカードで払戻しを行った場合には窃盗罪の成立が認められることになろう。

3　詐欺罪を肯定する見解

本問の基礎となる参考判例①は，受取人には正当な預金払戻し権限があることを前提に，預金払戻し請求を受けた銀行側が，誤振込みであることを知れば，払戻し請求に対してどのように対応したかという観点から詐欺罪の成否を検討した。すなわち，一方で，被仕向銀行は，誤振込みの事実を知れば，当該振込金額相当分の預金の払戻しを一時停止して過誤の調査を行い，振込依頼人に照会し，受取人の承諾を得たうえで組み戻しの手続をとるなどしているのであり，「銀行にとって，払戻請求を受けた預金が誤った振込みによるものか否かは，直ちにその支払に応ずるか否かを決する上で重要な事柄である」とし，他方，受取人は，銀行との間で預金契約を締結することにより，継続的な預金取引を行っているのであるから，自己の口座に誤った振り込みがあることを知った場合には，銀行に上記の措置を行わせるため，「誤った振込みがあった旨を銀行に告知すべき信義則上の義務がある」と判示したのである。

この見解によれば，欺罔行為は，被仕向銀行に対し，一時預金の払戻しを停止して調査・照会をし，組み戻しの手続をとる機会を与えることなくただちに預金の払戻しをさせる行為（告知義務違反の不作為）に求められる。これは，被仕向銀行の調査・照会等の結果，預金債権の成立が否定される可能性がある以上，調査・照会等の手続を経たうえでの預金払戻しとそれを経ない預金払戻しでは，社会通念上別個の払戻しに当たるという考え方に基づくものといえよう（最判平成 13・7・19 刑集 55 巻 5 号 371 頁は，請負人が欺罔手段を用いて請負代金を本来の支払時期より前に受領したという事案につき，社会通念上別個の支払いか否かを基準とした）。

なお，詐欺罪が成立した場合，詐欺額につき，参考判例①の第 1 審は払戻し請求をした全額（本問では 88 万円）について詐欺罪が成立するとしているが（最高裁は詐欺金額について言及していないが，第 1 審を是認しているものと解される），告知義務が生じる範囲は誤振込み部分であるから，詐欺の成立範囲は誤振込み部分にとどまると解するべきだろう（本問では，75 万円となるが，預金払戻し後の残余金額は 4 万円であるから，それを引いた 71 万円が詐欺金額となろう）。

4　詐欺罪を否定する見解

詐欺罪を否定する見解は，まず，誤振込みの受取人に告知義務があるのかという点を疑問視する。すなわち，告知義務（作為義務）の発生根拠をそもそも信義則に求めることが妥当であるかが問題であるのみならず，預金債権の存在を前提にしつつ告知義務を認めることは困難であるというのである。さらに，受取人には正当な預金払戻し権限がないことを認めて欺罔行為（作為）を肯定する見解に対しては，民事法と刑事法における行為規範の分裂をもたらすと批判する。次に，調査・照会等の手続を経ても，預金債権の否定される可能性はないのであるから，それらの手続を経た預金払戻しとそうでない預金払戻しが社会通念上別個の支払いであるとして，財産上の損害があるともいえないという批判もある。

誤振込みの場合に，誰が占有者であり誰が被害者であるかが問題となる。自己名義の預金につき，判例・通説は，預金者には預金額に相当する金銭の占有があり，委託者には金額所有権の存在を肯定している。したがって，他人の金銭を保管するために自己名義で預金することを許された者が，その預金額を処分する行為には，委託物横領罪の成立が認められている（大判大正元・10・8 刑録 18 輯 1231 頁，大判大正 8・9・13 刑録 25 輯 977 頁）。この場合には，預金者に法律上の占有が肯定されているのであり（これが否定されれば，背任罪の成立だけが問題となろう），そうであれば，誤振込みの場合にも，預金債権が肯定される以上，同様に考えることもできるであろう（なお，銀行に過誤のある誤記帳の場合には，預金債権が否定されることから，告知義務違反の欺罔行為が認められるであろう）。他方，銀行には，銀行の保管する金銭に対して事実上の占有が認められるのであり，したがって，銀行の保管する金銭を窃取すれば窃盗罪が成立する。これに対して，預金については，預金者の法律上の占有と銀行の事実上の占有が競合するが，口座名義人である預金者の支配力が優越すると解することができよう。

5　占有離脱物横領罪の成否

上記のように，預金について受取人に占有が認められることから，誤振込みの場合には，占有離脱物横領罪の成否が問題となる。それでは，誤振込みに係る金銭の所有権は誰にあるのであろうか。まず，銀行預金は，消費寄託契約（民 666 条）であり，銀行に所有権を認めたとしても，預金債権に基づいて引き出した者は，この金銭の所有権を取得することになるから，「他人の物」とはいえない。次に，依頼人に準所有権的な物権的請求権を認めることができれば，依頼人の所有権を認めて「他人の物」ということもできるが，一般にこの請求権は認められていない。とすれば，占有離脱物横領罪の成立も困難であり，犯罪不成立という帰結に至らざるを得ないだろう。

●】参考文献【●

松澤伸・百選Ⅱ 106 頁／林幹人・平 15 重判 165 頁／佐藤陽子・インデックス〔各〕162 頁／伊藤渉・ハンドブック〔各〕95 頁

（高橋則夫）

9 クレジットカードの不正使用・預金通帳の不正取得と詐欺罪

甲は，「自動車で買い物に行くから途中でガソリンを入れたい。ついてはクレジットカードを貸してほしい」と父親Aに相談したところ，父親Aは，「ガソリンを入れるだけならかまわない」と述べ，甲にクレジットカードを貸与した。甲は，近所のBガソリンスタンドで自動車にガソリンを入れ，クレジットカードの正当な利用権限がないのに，店員にそのことは告げず，Aになりすまして，Aのクレジットカードで，ガソリン代金5000円を支払った。その後，甲は，Cデパート駐車場に自動車を駐車し，Aのクレジットカードで買い物をするつもりで，Cデパートの洋服売場に向ったが，Aのクレジットカードを自動車内に失念したことに気づき，自己のクレジットカードを使用して買物することにした。

甲は失業中であったため，カードの引落先であるD銀行の甲の口座の預金残額は1000円程度であり，クレジットカードの決済日までに新たに金銭が入ってくる見込みもまったくなかったが，甲は，そのことを知りつつ代金が払えなくてもかまわないと考え，自己のクレジットカードを用いて，洋服など約4万円分の商品を購入し帰宅した。

その夜，甲は，「やはりこのまま銀行の預金残高がないとまずいことになるのではないか」と心配になり，何とかして金策を講じようと考えをめぐらせたところ，友人Eが，「もしお前がお前の名義でF銀行の預金通帳を作ったら，それを5万円で買ってやるのだが」と話していたことを思い出し，F銀行に行き，Eに譲渡する目的で，その目的を秘し，自己名義の預金口座を開設したうえで，預金通帳1通の交付を受けた。そこで甲は，早速この自己名義の預金通帳1通をDに売却するためDに連絡をとったが，Dの携帯電話がずっと留守番電話のままであったため，「まだカードの決済日には間に合うはずだ」と考えた甲は，その日はDに連絡を取るのをあきらめ，翌日にあらためて連絡することにした。ところが，その翌日になってDに会い，預金通帳1通をDに渡し，その見返りとして5万円を取得した甲は，代金を預金口座に振り込むのが惜しくなってしまい，結局，取得した５万円すべて遊興費として費消してしまった。

甲の罪責はどうなるか。

●】参考判例【●

① 最決平成16・2・9刑集58巻2号89頁（ガソリン給油事件）

② 東京高判昭和59・11・19判タ544号251頁（自己名義カード不正使用事件）

③ 最判平成19・7・17刑集61巻5号521頁（自己名義通帳不正取得事件）

④ 最決平成14・10・21刑集56巻8号670頁（他人名義通帳不正取得事件）

●】問題の所在【●

本問では，クレジットカードの不正使用・銀行預金通帳の不正取得にまつわる詐欺罪の成否を中心に，近年特に問題となっている詐欺罪の処罰範囲の動きについて検討する。まず，他人名義のクレジットカードを所有者の同意を得て（または所有者の同意があると誤信して）不正使用した場合である。本問では家族のカードであるが，詐欺罪は成立するか。次に，自己名義のカードを不正使用した場合である。支払い意思がないのに物品を購入する場合，誰に対して欺罔行為があり，誰が処分行為者であり，誰に損害が発生しているか。いわゆる三角詐欺の理論構成も含めて，整理する必要がある。最後に，不正目的で銀行預金通帳を取得したことについて詐欺罪が成立するか。この問題は非常に新しい問題であるが注目を集めている。何をもって詐欺罪における経済的損害といえるか，慎重に検討すべきである。

●】解説【●

1　他人名義のクレジットカードの不正使用

甲は，父親Ａのクレジットカードを借り，Ａになりすましてガソリンスタンドでガソリンを入れている。クレジットカードの所有者から使用許可を得て，所有者の名前を用いてカードを使用した場合にも，詐欺罪は成立するのであろうか。

参考判例①は，本問に類似した事案について詐欺罪の成立を認めた。すなわち，被告人は，クレジットカードを不正に入手したが，加盟店であるガソリンスタンドにおいて，カードの所有者になりすまし，カードの利用代金を支払う意思および能力がないにもかかわらず，給油を申し込み，店員らをしてその旨誤信させて給油を受けたという事案について，「以上の事実関係の下では，被告人は，本件クレジットカードの……正当な利用権限がないのにこれがあるように装い，その旨従業員を誤信させてガソリンの交付を受けたことが認められるから，被告人の行為は詐欺罪を構成する。仮に，被告人が本件クレジットカードの名義人から同カードの使用を許されており，かつ，自らの使用に係る同カードの利用代金が会員規約に従い名義人において決済されると誤信していたという事情があったとしても，本件詐欺罪の成立は左右されない」として，詐欺罪の成立を肯定したのである。

クレジットカードは，所有者の個人的信用を背景として，カード会社が所有者本人が使用することを前提に発行するものであって，本来，他人による使用は認められていない。カード加盟店は，カードを使用しているのが所有者本人であることを信じて取引に応じているのであるから，その点を欺罔している場合には，詐欺罪が成立すると構成することができる。この事情は，たとえ所有者による同意があり，最終的にカード所有者が，代金決済の責任を負うとしても，異なるものではない。参考判例①が詐欺罪を肯定したのも，そのような理由によるものと考えられる。このように考えれば，本問においても，甲の行為について，詐欺罪の成立を肯定することは理論上可能である。

2　親子間・夫婦間のカードの貸し借りと詐欺罪の成否

しかし，現実問題として，親子間・夫婦間のカードの貸し借りは，比較的普通に行われているという実態がある。最近は，親子・夫婦間のカードの貸し借りも禁じられており，カード所有者本人でなければ使用できないということについて，注意を喚起しているカード加盟店が増えてきたが，それでも現実にはよくある事柄である。しかも，親子・夫婦間においてカードの使用を同意している場合，最終的な決済について問題が生じることは，通常は想定できない。そうだとすれば，本問のような場合にまで詐欺罪の成立を肯定するのは疑問がある。

問題は，そのような結論を導く理論構成である。1つは，この場合には実質的違法性がない，あるいは社会的相当行為であるため，構成要件該当性ないしは可罰的違法性が欠けるとする構成である。このような見解に対しては，実質的違法性の内容，社会的相当性の内容が不明確であるという批判が寄せられる。もう1つは，カード所有者とカード使用者の人的関係を考慮し，カード所有者本人の利用と同視しうる場合には欺罔行為の存在を否定するとする見解である。この見解に対しては，なぜ人的関係を検討する必要があるのか理由がわからないという批判が行われているが，カード加盟店のカード所有者に対する信用は，所有者本人の信用を基盤とするものであり，ここでの欺罔行為は，結局は信用に関する欺罔行為であるから，実際のカード使用者の信用がカード所有者の信用と事実上同視しうる場合には，カード使用者の行為を欺罔行為と評価する基盤が失われるのであり，本問においても，人的関係を検討することは重要であると説明することもできよう。このように考えると，甲がAのクレジットカードでガソリン代金5000円を支払った行為については，詐欺罪は成立しないことになる。

3　自己名義のクレジットカードの不正使用

次に，甲は，自己の銀行口座に金銭がなく，決済日の代金支払いが不可能であることを知りつつ，カード加盟店であるCデパートで洋服等約4万円を購入している。この行為は，詐欺罪における欺罔行為に該当するか。加盟店は，カード会社から立替払いの金銭を受け取ることができるため，欺罔行為があるといえるのかが問題となるのである。

この問題について，参考判例②は，欺罔行為の存在を肯定し，1項詐欺が成立するとしている（1項詐欺説。最高裁判所の判例は存在しないが，高裁レベルでは比較的一般的な処理である）。すなわち，加盟店Cデパートが，甲の預金残高がほとんど残っていないことを知っていたら，カード会社は，信義則違反を理由にCデパートに立替払金の支払いを拒絶できると解すべきであるが，そうだとすれば，Cデパートは，甲の代金支払い意思・支払い能力には無関心でいられないのであって，甲が代金を支払うつもりがないのにそれを装い，従業員を錯誤に陥れて，洋服等を交付させた場合には，洋服等の財物を客体とした1項詐欺が成立すると考えるのである。この説によれば，被欺罔者・処分行為者・被害者ともにCデパートとなる。そして，詐欺罪の客体は洋服等の商品であるから，詐欺罪の既遂時期は，商品の引渡し時点ということになる。

これに対して，甲がCデパートを介してカード会社を欺罔し，加盟店Cデパートに立替払いをさせて，財産上の利益を得たと考え，2項詐欺の成立を認める見解がある（2項詐欺説）。この見解は，甲の欺罔行為は，Cデパートを利用した間接正犯であると構成し，被欺罔者・処分行為者ともにカード会社であるとするのである。現実の取引をみてみると，加盟店の従業員は，通常，カードの所持人に支払い能力・意思があるかどうかについては，あまり関心をもっていない。加盟店の従業員は，とりあえず商品を購入してくれればカード会社から立替払を受けられるのであるから，カード所持人がどのような者であっても，まずは商品を販売しようと努めるのが一般的である。そうだとすると，1項詐欺説のように，Cデパートを被欺罔者と考えるのはおかしい。むしろ，実際に金銭を失うカード会社が被欺罔者であり，同時に処分行為者および被害者であると構成するのがより自然である。この見解によれば，既遂時期はカード会社が立替払いをした時点になる。

以上のように，1項詐欺説，2項詐欺説が主張されているところ，1項詐欺説は被害者であるはずのCデパートにおいて損害が発生しないことから，また，2項詐欺説は加盟店から売上票を受け取れば常に立替払いをしなければならないことから，欺罔行為が存在するとはいえないという批判がある。

4　三角詐欺による構成

そこで主張されるのが，いわゆる三角詐欺による構成である（三角詐欺説）。この見解は，Cデパートが被欺罔者かつ処分行為者であるが，実際に被害を受けている被害者はカード会社であるとして，三面関係で問題と捉える。三角詐欺説は，①カード会社が加盟店に立替払いをする時点で，商品に対する1項詐欺罪が成立するという説，②債務を免れる時点で2項詐欺罪が成立するという説，③商品購入の時点で2項詐欺罪が成立するという説に分かれている。①説に対しては，甲が得た利益は債務の免脱であり，カード会社の被害は立替払いによって生じているにもかかわらず，商品に対する1項詐欺を認めるのはおかしいという批判がある。逆に，②説および③説に対しては，商品の詐取は支払いを免れるために行われるのが通常であるから，商品が交付されているにもかかわらず2項詐欺罪を肯定すると，1項詐欺罪とされている事例の多くが2項詐欺罪になってしまうのではないかという批判がある。

このように，どの見解にも一長一短があるが，参考判例①が1項詐欺罪の成立を認めるのは，現に財物が行為者の手に渡っているという点を重視しているからのように思われる。ただ，もし財物が交付されていることを重視して1項詐欺罪の成立を肯定するのならば，参考判例①のように単純な1項詐欺として構成するよりも，三角詐欺の構成をとるほうが，より説得力があるのではなかろうか。実際の被害が生じたのはカード会社であることは疑いないからである。確かに，甲の得た利益は債務の免脱であるともいえるが，その前に，欺罔により財物を取得しているからこそ債務が生じたのであって，1項詐欺罪を肯定することは可能であると思われる。

5　預金通帳の不正取得と詐欺罪の成否

甲は，第三者であるEに譲渡する目的で，その目的を秘しつつ，自己名義の銀行預金通帳を取得している。この行為が1項詐欺罪に当たるかどうかが問題となる（なお，預金通帳の財物性については，異論はあるものの，一般的に肯定的に捉えてよいであろう）。

参考判例③は，第三者に譲渡する目的を秘して，自己の名義で預金通帳を取得した事件について，1項詐欺罪の成立を認めたものである。この判例に対しては，預金通帳を交付しただけでは，銀行には何らの損害も生じていないとの批判が向けられうる。つまり，預金通帳の交付により，預金通帳一綴りは失われているが，銀行は，預金の獲得により，それを上回る経済的利益を得るというわけである。なお，参考判例③以前に，他人の名義をかたって預金通帳を取得した場合について，詐欺罪の成立を肯定した参考判例④があったが，この判例も同じ理由で批判される。

このように考えると，本問において，詐欺罪の成立は否定されそうにも思われる。他人に預金通帳を売却すること自体は，マネーロンダリング等を防止するために制定された，いわゆる犯罪収益移転防止法により許されていないのであるが，それは犯罪収益移転防止法が保護するマネーロンダリング等の防止という利益の侵害があるからであって，詐欺罪が保護する銀行の利益の侵害が生じているわけではないとも考えられる。

6　現代社会における詐欺罪の成立範囲

しかし，近時の判例・学説は，こうした場合にも，結論的に，詐欺罪の成立を肯定している。その説明として，いくつかの理論が提案されているが，ここでは，2つの理論を紹介しておくことにしよう。

1つは，処分行為者の目的が達成され得ない状況であるにもかかわらず財物の占有が失われる点に，詐欺罪の特色がある，とみる考え方である。たとえば，台風の被害者を助けるためと偽って寄付を募り，それを自己の遊興費に用いたような場合（いわゆる「寄付金詐欺」）を例にとる。こうした場合，寄付を集めた者が，その金をどう使おうと，寄付した者には何ら財産的損害は生じていないようにみえるが，これが詐欺罪でないとすることはできない。寄付金詐欺が詐欺罪を構成するのは，寄付した者の目的（台風の被害者を助ける）が達成されていないからであって，その点に，財産的損害があるとみることができる，というわけである。

では，本問において，F銀行の目的は達成されているであろうか。現在の社会情勢においては，銀行に対しては，公共機関として預金口座を犯罪等に利用させない，という信頼が寄せられるようになっている。ここでは，預金口座を不正に利用させないという目的が達成されなかったことにより，預金通帳の喪失という事態が，財産的損害と評価され，1項詐欺罪が成立する，ということになる。

もう1つは，詐欺罪の成立範囲を定めるに当たって，「人を欺」く行為とはなにか，という観点から，問題を考察する考え方である。この見解は，「人を欺」く行為とは，「重要な事項」に関する欺罔を生じさせる行為をいい，その欺罔によって生じた錯誤により財物が交付された場合には詐欺罪が成立する，とする。この見解のメリットは，「書かれざる構成要件要素」である財産的存在の有無を問題とするのではなく，「人を欺」くという条文解釈に問題の解決を求めるという点にある。参考判例③も（少なくとも判文上は），こうした見解と整合するであろう。

この見解によれば，現在の社会情勢においては，口座の開設を申し込んだ甲が通帳を他人に譲渡することなく自ら利用するどうかは，F銀行にとって，交付の判断の基礎となる「重要な事項」と考えられるため，その点について欺罔があった（申込行為は，自ら通帳を利用する意思であることを意味するから，挙動による欺罔，すなわち，作為の欺罔行為を構成する）本件においては，1項詐欺罪が成立する，ということになる。

●】参考文献【●

川崎友巳・百選Ⅱ 112 頁／十河太朗・プラクティス〔各〕269 頁・270 頁

（松澤　伸）

10 電子マネーとコンピュータ詐欺

暴力団員である甲は，パチンコなどの遊興に明け暮れる生活を続けていたが，パチンコ店に設置されたスロットマシン（回胴式遊技機）に同調して大当たりを生じさせる「体感器」という電子機器を用いて，スロットマシンから不正にメダルを取得しようと考えた。そこで，あらかじめ上記の体感器を隠し持ったうえで，遊技客としてAパチンコ店に立ち入り，店内のスロットマシンで遊技することで，同店が管理する多数のメダルを獲得した。

Aパチンコ店が設置しているパチスロ機とは，その内蔵する電子回路の乱数周期を使用して，大当たりを連続して発生する場合を抽選する仕組みのものであった。これに対して，甲が密かに装着していた体感器は，一定の電子回路を内蔵しており，その乱数周期を上記パチスロ機の乱数周期と同期させることによって，上記パチスロ機の大当たりを連続して発生させる絵柄を揃えるタイミングで，回胴停止ボタンの押し順を判定できる機能を有していた。しかも，こうした体感器は，もっぱらパチスロ遊戯で不正にメダルを取得する手段として使用されるものであった。

したがって，Aパチンコ店では，不正なパチスロ遊戯を行うために使用する体感器などの特殊機器の店内持込みを許しておらず，もちろん，体感器を用いた遊戯も禁止していた。このことは，体感器の使用を禁止する旨の掲示を店内の各所に貼るなどして客に告知しており，甲も，この点を十分に認識していた。

それにもかかわらず，甲は，当初から上記の体感器を使用してメダルを不正に取得する意図のもと，あらかじめ自己の身体に上記の体感器を密かに装着したうえで，通常の客を装ってAパチンコ店内に侵入し，2時間余の間，Aパチンコ店内に設置されたパチスロ機の前に着席し，上記体感器を用いてパチスロ遊戯を行った。その結果，同パチスロ機の大当たりを連続して発生させる絵柄を揃えるなどして，Aパチンコ店が管理する遊技メダル約1524枚（貸出価格合計約3万480円相当）を，同パチスロ機から排出させたものである。

その後，近隣のパチンコ店で体感器の持込みが厳しく規制されるようになり，お金に困った甲は，たまたま，Bパチンコ店で隣にいた遊技客Cの隙を見て，そのセカンドバックから財布を抜き取った。また，甲は，財布の中に入っていたクレジットカードを見つけ，これを利用して，ネット取引の決済手段である電子マネーを不正に取得しようと企てた。そして，自宅内で数回にわたり，携帯電話のネット回線を通じて，ネットショッピングの商品販売業者Dからカード決済を委託された代行業者のE社が事務処理に使用する電子計算機に対し，上記クレジットカードの名義人であるCの氏名を使って，カード番号などを入力・送信する方法で，不正に電子マネーを購入したものである。さらに，甲は，その電子マネーを用いてインターネット上で多数の高額商品を購入した後，同商品をネットオークションで転売するなどした。

甲の罪責はどうなるか。

●】参考判例【●

① 最決平成 18・2・14 刑集 60 巻 2 号 165 頁（電子マネー詐取事件）
② 最決平成 19・4・13 刑集 61 巻 3 号 340 頁（パチスロメダル窃取事件）
③ 最判昭和 29・10・12 刑集 8 巻 10 号 1591 頁（磁石によるパチンコ玉窃取事件）
④ 東京高判平成 5・6・29 高刑集 46 巻 2 号 189 頁（オンライン詐欺事件）

●】問題の所在【●

本問では，まず，自動機械であるパチスロ機から不正にメダルを排出させた点が問題となる。従来，パチンコ機械から磁石などを用いてパチンコ玉を不正に奪った行為については，窃盗罪が成立するとされた（参考判例③）。しかし，本問の甲は，遊技機の異常動作を介することなくメダルを獲得しており，刑法上「窃取」したといえるかが争われた。次に，他人のクレジットカードを用いてカード名義人になりすます行為は，何らかの意味で「人を欺い」た事実があれば，通常の詐欺罪（246条）を構成する。しかし，人が事務処理に使用する電子計算機に不正な動作をさせることで，財物以外の財産的利益を取得した場合には，電子計算機使用詐欺罪（246

条の2）に当たる可能性もある。今日，インターネットの利用権も含めて，各種のサービスや電子マネーは，刑法上の財産的利益に含まれるが，電子計算機使用詐欺罪をめぐっては，「虚偽の情報」や「不実の電磁的記録」の意義が争われてきた。そのほか，上記の電子マネーで購入した商品を転売した事実については，同罪の不可罰的事後行為といえるかが問題となるであろう。

●】解説【●

1　自動機械を利用した窃盗・詐欺

近年，事務処理のＩＴ化と取引媒体の多様化が進んだ結果，自動機械からの窃盗やコンピュータ詐欺に当たる事例が増加している。こうした社会状況を反映して，悪質商法などに対する特別法上の刑事規制が強化される一方，窃盗罪や詐欺罪を適用する場面も，徐々に広がってきた。具体的には，電子マネーの不正取得と自動機械からの財物奪取は，実際上それほど大きな差異がないにもかかわらず，各種取引の実情に合わせて詐欺罪および窃盗罪に振り分けられる。最近の最高裁判例でも，無形的財産である電子マネーの不法取得や，自動機械に対する窃盗事件が問題になった（参考判例①②）。

まず，本問の前半部分では，甲が体感器を装着して遊技する方法で，パチスロ機の大当たりを出すなどしている。したがって，パチンコ店が禁止する不正な手段でメダルを取得するに至ったが，パチスロ機に対して何らかの物理的作用を及ぼしたわけではない。過去の事案では，メダル投入口にセルロイド様の器具を差し込む方法で，感知装置を誤作動させたり（東京地判平成3・9・17判時1417号141頁），セルと呼ばれる器具で感知装置の機能を狂わせて，不正にメダルを排出させた点で，窃盗罪が成立するとされた（神戸地判平成14・11・13LEX/DB28085473）。しかし，腕時計を使ってタイミングを測るなど，単に行為者の技能を高めたような場合には，メダルの取得をもって刑法上の「窃取」といえるかは疑問である。

2　不正な遊技方法と「窃取」の意義

従来，犯人が体感器を使用することで，遊技の際に「当たり」の確率を高めた場合に，社会的に許容されない手段として，窃盗罪の成立を認めた判例が多い（たとえば，宮崎地都城支判平成16・2・5判時1871号147頁など）。また，体感器に類似したソレノイドと呼ばれる機器を用いて，レバーを押すタイミングを操作し，大当たりの確率を高めた場合にも，通常の遊技方法を逸脱しており，メダルの獲得が「窃取」に当たると判断された（東京高判平成15・7・8判時1843号157頁）。さらに，最近の最高裁判例は，パチスロ機に直接の影響を与えなくても，もっぱらメダルの不正取得を目的として，体感器を装着したまま遊技することが，通常許された遊技方法の範囲を逸脱するものであり，窃盗罪になると述べている（参考判例②）。

しかし，パチンコやパチスロという遊技は，それ自体，偶然の勝敗を競うゲームである。したがって，どの程度まで「当たり」の確率を高めたかは，ただちに窃盗罪の成立を根拠づけるものではない。もし当選の確率を高めただけで「窃取」に当たるならば，遊技者が時計やメトロノームを用いてタイミングを計測することで，パチスロ機からメダルを獲得した場合にさえ，窃盗罪が成立してしまう。他方，パチスロ機を設置した店舗が，およそ体感器を使ったメダルの取得を認めない以上，あえて店側の意図に反し，密かに体感器を用いてメダルを排出させたならば，その事実を捉えて「窃取」とみることは可能であろう。

過去には，犯人が体感器により獲得したメダルと，それ以外のメダルを区別できるかが論じられたこともあるが，上記の最高裁決定は，「本件機器の操作の結果取得されたものであるか否かを問わず」と明言しており，体感器を装着して遊技した時間内に取得したすべてのメダルが窃盗罪の客体となる。これに対して，共犯者が所携の針金を差し込むなどの方法（「ゴト行為」）で，回胴式遊技機（パチスロ機）から不正にメダルを取得する場合，Aの犯行を隠ぺいする目的から，その隣のパチスロ機で通常の遊戯方法を用いて取得したメダルについては，共犯者が窃取した分のメダルを除いて，窃盗罪が成立しないとされた（最決平成21・6・29刑集63巻5号461頁）。さらに，不正にメダルを獲得する目的で店内に立ち入ったことが，建造物侵入罪（130条）に当たる余地もある（前掲最決平成21・6・29参照）。

3　電子マネーの取得と電子計算機使用詐欺罪

次に，本問の後半部分で甲が獲得した電子マネーは，通貨・現金に匹敵する支払・決済機能を備えた情報媒体である。現在，金額充填式の電子マネーが広く普及しているが（SuicaまたはICOCAカードなど），インターネット上の個人認証を通じて支払・決済を行う電子マネーも少なくない（お財布ケータイなど）。かりに，前者の電子マネーを不正に作出したならば，支払用カード電磁的記録に関する罪（163条の2以下）に当たるが，後者の電子マネーでは，直接に虚偽の情報や不正の指令を与えて不実の電磁的記録を作出する方法で，刑法上の財産的利益を移転したとき，私電磁的記録不正作出罪（同条1項）のほか，電子計算機使用詐欺罪が成立することがある。

本問における甲は，インターネットを通じて，Aから窃取したクレジットカード番号やカード名義人であるAの氏名などを入力・送信する方法で，クレジットカード決済代行業者Eに電子マネーの購入を申し込み，Eの使用する電子計算機に不正の動作をさせて電子マネーの利用権を得ている。犯行の過程では，あたかも名義人であるC自身が電子マネーを購入する旨の「虚偽の情報」を与え，上記の電子計算機に接続されたハードディスクに，電子マネーの購入という「財産権の得喪に係る」「不実の電磁的記録」を作成して，申込み相当額の電子マネーの利用権を獲得した。その意味では，支払用カードを不正に作出したわけでなく，また，窃取した他人のプリペイドカードで自動改札を通り抜けた事例でもない。そこで次に，電子計算機使用詐欺罪の成立要件をみておこう。

4　虚偽の情報と不実の電磁的記録

刑法246条の2でいう「虚偽の情報」とは，「当該システムにおいて予定されている事務処理の目的に照らし，その内容が真実に反する」情報である（参考判例④）。したがって，たまたま真正なカードを入手した第三者がこれを不正に使用しただけでは，電子計算機使用詐欺罪といえない。この場合には，未だ「虚偽の情報」に基づく「不実の電磁的記録」を介して財産的利益が移転した事実が認められないからである。その際，窃取後の不正なカード利用は，先行した窃盗罪の不可罰的事後行為にとどまる。これに対して，本問では，C本人による申し込みがあったかのように装っており（虚偽の情報），そのことが，クレジットカード決済代行業者であるEの電子計算機に接続されたハードディスクの中に，名義人であるCにより申込み金額の電子マネーが購入されたとする不実の電磁的記録を作り出した。

なるほど，犯人の甲は，クレジットカード上に記載されたカード番号などをそのまま入力・送信したにすぎない。しかし，他人名義のクレジットカードを冒用して購入の申し込みをする行為は，「実際の利用者」と「カード名義人」の人格の不一致を生じさせるため，明らかに本来のシステムが予定しない「虚偽の情報」を与えたことになる。また，これらの行為は，電子マネーの利用権の獲得という財産的利益に結びついている。もちろん，電子マネーを手に入れる過程で「人を欺い」た事実があるならば，通常の詐欺罪が成立するであろう。この点は，犯人がクレジットカードの名義人になりすまし，加盟店でカード取引を利用して商品を購入する場合，刑法246条1項の詐欺罪に当たるのと同様である（最決平成16・2・9刑集58巻2号89頁）。しかし，本問のように，もっぱら自動機械の不正な動作により財産的利益を得たにとどまるならば，電子計算機使用詐欺罪に問擬するほかはない（参考判例①）。

5　オークション詐欺と私電磁的記録不正作出罪

さらに，甲は，上記の電子マネーを用いてインターネット上で買い物をした後，購入した商品をネットオークションで転売している。その際，甲が，犯行の痕跡を消すため，プロバイダーの認証サーバーに対して，不正に入手した第三者のユーザーIDやパスワードを入力する方法で，通信事業者の認証サーバーにC本人であるかのように誤信させて，プロバイダーの経営するインターネットショップのサーバー・コンピュータに接続したならば，それ自体が不正アクセス罪に当たるであろう（不正アクセス行為禁止法3条・8条1項）。また，商品を引き渡すことなく，代金を騙し取ろうとしたならば，ネットオークションを介した通常の詐欺罪が成立する（京都地判平成9・5・9判時1613号157頁）。しかし，約定通りに決済や商品の引き渡しがあった場合，商品それ自体が盗品とされない限り，特に商品転売をめぐって刑法上の問題は生じない。

最後に，電子計算機使用詐欺罪と電磁的記録不正作出罪は，どのような罪数関係に立つであろうか。電子計算機使用詐欺罪は，犯行の手段として「財産権の得喪若しくは変更に係る不実の電磁的記録」の作出や，「財産権の得喪若しくは変更に係る虚偽の電磁的記録」の供用を含む点で，電磁的記録不正作出・同供用罪（161条の2）と重なるからである。過去の判例では，不正に取得したキャッシュカードでATMから現金を引き出した場合，私電磁的記録不正作出・同供用罪と窃盗罪の牽連犯になるとしたものがある（東京地判平成元・2・17判タ700号279頁，甲府地判平成元・3・31判タ707号265頁など）。電磁的記録不正作出罪の規定が，個人の財産権とは異なる公共の信用を保護法益とする以上，文書偽造・同行使罪と詐欺罪の関係のように，別途，電磁的記録不正作出や供用の事実があったならば，これらの罪と牽連犯の関係になるのが一般である。

●】参考文献【●

神例康博・百選Ⅱ 118 頁／鈴木左斗志・百選Ⅱ 120 頁／小田直樹・平 18 重判 170 頁／林陽一・平 21 重判 183 頁／佐藤陽子・インデックス〔各〕178 頁／穴沢大輔・インデックス〔各〕182 頁／渡邊卓也・プラクティス〔各〕299 頁・302 頁／伊藤渉・ハンドブック〔各〕103 頁・105 頁

（佐久間修）

11 不法原因給付と横領罪

警視庁のA警察署に勤務する警察官のXとYは，同庁B警察署の管轄区域内で，悪質商法を展開するC社の内偵捜査に従事した際，C社の幹部であるDから穏便な事件処理をするように依頼された。数日後，Dから送金された500万円の現金を受け取ったXとYは，その見返りとして，C社による組織的詐欺の疑いを上司である捜査課長Eに報告することなく，そのまま放置して，迅速に同事件を検挙するべき職責を果たさなかった。

犯行当時，XとYは，警視庁A警察署の捜査課において，警視庁管内の生活経済事犯を担当する司法警察員として，さまざまな経済犯罪の捜査・検挙に当たるほか，自らが検挙した被疑事件を，上司であるEを通じて検察官に送致する職務などに従事していた。しかし，上記のC社に勤務する従業員が「組織的な犯罪の処罰及び犯罪収益の規制等に関する法律」違反の容疑で（同法3条1項9号参照），B警察署の捜査員らによる厳しい取調べを受けた際，こうした取り調べに驚愕したDが，もともと面識のあったXらに相談を持ちかけたため，XとYがこれに応じたものである。その際，Dを含むC社の幹部らは，会社内で善処方を協議した結果，過去の前例にならって利益の全部を贖罪のために公共団体に寄付する一方，警察関係者に働きかけて，寛大な取り扱いを求めようと考えていた。

しかし，数週間後には，上記の悪質商法をめぐる警察の消極的対応が，多くのマスコミで取り沙汰されるようになった事情もあり，XとYは，自分たちの不正行為を隠ぺいする手段として，上司であるEを買収する目的で，Dの部下であるZに買収資金の250万円を預けておいた。だが，麻薬の常習者であるZは，同資金の保管中に，自己が使用するモルヒネの購入代金として，上記の250万円をすべて費消した。さらに，Zは，麻薬の仲買人であるFに依頼されて，海外から麻薬を仕入れる資金として100万円を預かっていたが，Fから預かった資金で買い付けた麻薬のほとんどを，自己使用していた。その後，Zは，Fから麻薬の引渡しを強く求められた際，Fを殺して口を塞ぐしかないと考えて，ある晩，麻薬を引き渡したいと嘘をついて，Ｆをホテルのロビーまで呼び出した後，知り合いの人間が上記の麻薬を高額で買い取りたいと言っており，近くに待たせていると申し向けて，Ｆを人気のない工事現場に連れ出した。その上で，あらかじめ用意しておいた拳銃を取り出して，至近距離からＦをめがけて弾丸５発を発射し，そのうちの１発を同人の側頭部と左胸部に命中させて，その場で即死させたものである。

Ｘ・ＹおよびＺの罪責はどうなるか（ただし，特別法違反の点は除く）。

●】参考判例【●

① 最判昭和 23・6・5 刑集 2 巻 7 号 641 頁（贈賄資金横領事件）

② 最判昭和 25・12・5 刑集 4 巻 12 号 2475 頁（闇米購入資金詐取事件）

③ 最決昭和 33・9・1 刑集 12 巻 13 号 2833 頁（売春前借金詐取事件）

④ 最決昭和 61・11・18 刑集 40 巻 7 号 523 頁（覚醒剤強奪殺人事件）

●】問題の所在【●

本問の前半で，ＸとＹは，犯罪捜査の対象となったＣ社幹部のＤから賄賂を収受するとともに，穏便な事件処理を求めたＤの請託を受けて，Ｃ社による組織的詐欺の疑いを上司に報告していない。これらの事実は，収賄者が「相当の行為をしなかった」場合として，加重収賄罪（197 条の 3）を構成する。また，Ｘらは，上司であるＥを買収する目的で，知人のＺに贈賄資金を預けている。かりにＸとＹが，上司のＥに職務上の不正な報酬を提供するならば，公務員同士であっても，刑法上の贈賄罪（198 条）に当たる。したがって，こうした収賄から贈賄にいたる行為が公序良俗に反する以上（民 90 条参照），買収資金を費消したＺについては，不法原因給付物に対する横領罪（252 条）の成否が問題となる。他方，Ｚは，仕入れた麻薬の引渡しを免れるため，債権者である仲買人のＦを殺害しており，財産上の利益を客体とした強盗殺人罪（240 条後段）も成立しうる。そのほか，本問では，先行した麻薬の自己消費と，その後の強盗殺人をめぐる罪数関係にも言及する必要がある。

●】解説【●

1　賄賂の概念と加重収賄罪

刑法上の「賄賂」とは，ⓐ公務員の職務行為や職務に密接関連性のある行為について（「その職務に関し」），ⓑ不正の報酬として授受される利益をいう（通説・判例。最判昭和25・2・28刑集4巻2号268頁，最決昭和59・5・30刑集38巻7号2682頁など）。警視庁に勤務する警察官は，その職務権限が東京都全域に及ぶ以上，都内にある別の警察署が管轄すべき事件であっても，容疑者などから現金の供与を受けたならば，職務に関して賄賂を収受したことになる（最決平成17・3・11刑集59巻2号1頁）。なお，職務関連性の詳細については，基本問題56を参照されたい。

次に，贈賄者による「請託」とは，公務員に対して一定の職務遂行を依頼する行為であって，その依頼が不正な職務内容であるか，または，正当な職務執行であるかを問わない（最判昭和27・7・22刑集6巻7号927頁）。また，加重収賄罪（197条の3）における「（職務上）不正な行為をし，又は相当の行為をしなかった」とは，当該公務員の職務に違背する作為・不作為の一切を指す（大判大正6・10・23刑録23輯1120頁）。したがって，実際上C社に対する犯罪の嫌疑が不十分であったとしても，内偵捜査を担当したXとYが，故意に上司Eに対する捜査報告を怠ったのであれば，警察署長が被疑事実を検察庁に送致しなかった事案と同じく（最判昭和29・8・20刑集8巻8号1256頁），加重収賄罪を構成する。

2　不法原因給付物に対する財産権

上司Eの買収については，まだXとYが実行行為に及んでいない。しかし，同資金を費消したZについては，横領罪の成否が問題となりうる。横領犯人が他人の物を占有する際の原因関係は多岐にわたるため，贈賄目的や麻薬購入のための資金提供も含まれる。過去の判例では，贈賄目的で預かった資金（参考判例①），密輸出する物品の仕入れ資金（大判昭和11・11・12刑集15巻1431頁），経済統制法規に違反する各種取引の買受け代金（福岡高判昭和25・8・23高刑集3巻3号382頁）などが，横領罪の客体として認められた。

他方，不法原因給付（寄託）物については，民法上，返還請求権が否定される（民708条）。そのため，学説上は，不法原因給付物の横領を否定する有力説があり，およそ保護するべき所有権がないとか，刑法上の委託信任関係がないといわれる。また，返還義務のない給付物に横領罪の成立を認めることは，刑罰により不法原因の実現を強いることにもなりかねず，法秩序全体の統一性にも反するというのである。また，Ｚが消費したＦ所有の麻薬についても，それが禁制品である以上，刑法上保護すべき財産であるかをめぐって，横領罪の成否が争いとなる。

3　不法原因給付物の横領・詐欺

本問の前半部分では，Ｚの費消した物品が金銭であるため，そもそも，現金に対する所有権を認めうるかの問題が生じる。すなわち，不特定物である金銭を，後日補てんする意思で一時的に流用することは，横領罪に当たらないからである。しかし，外形上封金の形にしたり，特定の使途を定めて預けた場合には，横領罪の客体となりうる。したがって，Ｚが保管する贈賄資金は，依然としてＸとＹの所有物であり（最判昭和26・5・25刑集5巻6号1186頁），Ｚには後日補てんする意思もない以上，たとえ贈賄資金であっても，構成要件上は横領罪でいう「他人の物」に当たる。次に，麻薬のような禁制品は，法令上個人の所有物とならないが，没収するためには一定の手続が必要であり，事実上の占有が他人の侵害から保護される限度では，刑法上の財物に含まれるといえよう。

過去の判例は，不法原因給付物に対しても横領罪の成立を認めてきた（大判明治43・9・22刑録16輯1531頁）。なるほど，盗品の保管を依頼された者が，当該物品を領得したとき，横領罪の成立を否定した大審院判例もある（大判大正8・11・19刑録25輯1133頁，大判大正11・7・12刑集1巻393頁）。しかし，詐欺罪（246条）については，一般に不法原因給付物に対する犯罪の成立を認めており（最判昭和36・10・10刑集15巻9号1580頁），通貨偽造の資金を騙し取ったり（大判明治42・6・21刑録15輯812頁，大判昭和12・2・27刑集16巻241頁），女性が売春する約束で前借金を詐取した場合（参考判例③）にも，詐欺罪に当たるとしてきた。その意味で，犯罪目的による場合や公序良俗に反する行為であっても，個人の財産権が保護される点で（参考判例②），本問のＺには，ＸとＹに対する横領罪が成立する。

4　不法原因の内容と侵害行為の態様

およそ刑法で保護される財産（権）は，事実上の占有も含むことから，いわゆる法的・経済的財産説が支持されてきた。したがって，不法原因給付物（財物）についても，人を欺くなどの方法で取得したならば，違法な占有侵害があったといわざるを得ない。これに対して，賭博債務は公序良俗に反するため，刑法的保護に値する財産上の利益がないとされる。同様にして，相手方を欺いて売春代金の支払いを免れた場合にも，適法な対価請求権がない以上，詐欺利得罪を構成しない（札幌高判昭和27・11・20高刑集5巻11号2018頁）。ちなみに，民事の最高裁判例で，公序良俗違反を理由に返還請求権を否定した事案は，妾関係を維持するために不動産を贈与したケースであった（最大判昭和45・10・21民集24巻11号1560頁）。

なるほど，不法原因給付物の横領では，被害者（所有者）の側にも，相当な不法原因のあることが少なくない。しかし，委託の趣旨に沿った行動が犯罪を構成するとしても，犯人側には，こうした不法原因のほかにも，相手方との委託信任関係を破ったという要素がある。したがって，最初から客体を騙し取る目的で不法な取引を持ちかけた場合と同じく，常に犯人の横領行為を放置するのは均衡を失する。さらに，単なる経済統制法規に違反したり（前掲福岡高判昭和25・8・23），軽微な手続上の瑕疵がある場合にも，こうした事実を理由として，財産犯の成立可能性を否定するのは失当であろう。

5　不法原因給付（詐欺）と不法原因寄託（横領）

なお，学説上，犯人が領得した物品の種類や委託の趣旨を踏まえつつ，「給付」と「寄託」に分けて考える立場がある。すなわち，不法原因「給付」では，財産犯の成立を否定する一方，不法原因「寄託」では，なお被害者に保護すべき財産権があるとして，横領罪を成立させるのである。さらに，犯人自身が積極的な欺罔行為に出たことで，不法原因の実現に寄与した点に処罰根拠を求める見解もみられる。しかし，常に加害者が主導的な役割を果たすとは限らないし，民法上は，究極の代替物である金銭の「寄託」を否定する見解も有力である。他方，委託者が麻薬の購入代金を預けた場合と，禁制品である麻薬自体を渡した場合で区別する見解もあるが，それが決定的な差異といえるかは疑問である。

そのほか，当事者双方に不法原因があるため，刑法的保護に値する委託信任関係が欠けるという主張もある。しかし，この見解は，法的・経済的財産説にあって，横領罪の前提となる委託信任関係が事実上のもので足りること，実質的にも財産上の損害が生じた点を無視している。すでに窃盗罪についても，「一応の理由ある占有」や「平穏な占有」が保護されたことを想起するべきであろう。最近の民法学説では，当事者間の合意内容や他の諸事情を含めた総合的な比較衡量に基づいて，不法原因給付物の返還請求権を論じるものがある。その意味では，当事者双方の不法性を対比して，より不法性の乏しい側を保護することも考えられる。

6　禁制品の引き渡しを免れるための強盗殺人

上記のようにして，本問中のＺが贈賄資金を費消したならば，それが業務上の占有でないとき，単純横領罪の成立が考えられる（参考判例①）。他方，本問の後半部分にあっては，刑法上Ｆが所有する麻薬の引き渡しを免れる目的で，強盗殺人を犯している。過去の判例では，麻薬の購入代金を領得する目的で被害者を殺害した場合，強盗殺人罪に問擬したものがある（最判昭和 35・8・30 刑集 14 巻 10 号 1418 頁）。したがって，不法原因給付物の返還を免れる目的であれば，たとえ禁制品であっても財産犯の客体となりうるし，ＺがＦの追及を逃れるために殺害した以上，Ｚには 2 項強盗殺人罪（236 条 2 項・240 条後段）が成立しうることになる。これに対して，およそ不法原因給付（寄託）物に対する財産犯を否定する立場では，違法な薬物に対する所有権は保護されないため，ＺによるＦの殺害も，単なる殺人罪（199 条）として処理されることになろう。

最後に，近年の最高裁判例では，詐言を用いて覚醒剤を持ち去った後，仲間が被害者を射殺しようとした事案につき，窃盗罪または詐欺罪と 2 項強盗殺人（未遂）の包括一罪としたものがある（参考判例④）。本問の事案でも，先行した麻薬の費消（横領罪）と返還義務の免脱（2 項強盗罪）では，実際に問題となった財産権の内容が同一であり，横領罪と 2 項強盗罪の両者を成立させる場合，財産犯として二重評価になるという批判が予想される。しかし，無銭飲食の犯人が逃走目的で暴行したとき，詐欺罪と強盗（致傷）罪の併合罪となるように（東京高判昭和 52・11・9 刑月 9 巻 11＝12 号 798 頁），別の財産犯が先行したときにも，暴行・脅迫を用いて債権者の抵抗を抑圧したならば，先行行為で包括評価できない財産上の利益を得ることがある（福岡高判昭和 61・7・17 判タ 618 号 176 頁）。そもそも，上記の覚醒剤強奪殺人事件では，当初の犯行計画や時間的接着性などを重視したとみられるが，本問のように，先行する横領行為と被害者の殺害が場所的・時間的にも離れている以上，横領罪と強盗殺人罪の併合罪とするべきであろう。

●】参考文献【●

本庄武・百選Ⅱ 82 頁／豊田兼彦・百選Ⅱ 128 頁／堀内捷三・平 17 重判 177 頁／荒木泰貴・インデックス〔各〕130 頁／穴沢大輔・インデックス〔各〕188 頁／中道祐樹・プラクティス〔各〕231 頁／島田総一郎・プラクティス〔各〕153～154 頁／品田智史・ハンドブック〔各〕77 頁／穴沢大輔・ハンドブック〔各〕108 頁

（佐久間修）

12 特殊詐欺をめぐる犯罪論上の諸問題

［問題１］Ａは，警察官と名乗る者らから，電話で，①預金を下ろして現金化する必要があり，警察に協力する必要があるとの嘘を言われ，その２時間後，②これから警察官がＡ宅を訪問するとの嘘を言われた。２回目の電話の 10 分後，刑事役として金を受け取りに行けとの指示を受けた甲は，詐取金の受取役であることを認識しつつ，Ａ宅に向かったが，Ａ宅に到着する前に警察官から職務質問を受けて逮捕された。

甲の罪責はどうなるか。

［問題２］氏名不詳者らは，Ａに対し，同人が特別抽選に選ばれた事実はなく，違約金を支払う必要もないのに，電話で，「今回の特別抽選はなくなり，銀行に違約金を払わないといけなくなったので，違約金の半分の 150 万円を準備できますか」などと嘘を言って現金 150 万円の交付を要求した。その後，Ａは，嘘を見破り，警察官に相談して「だまされたふり作戦」を開始し，現金が入っていない箱を指定された場所に発送した。一方，甲は，その後，「だまされたふり作戦」が開始されたことを知らずに，氏名不詳者から荷物の受領を依頼され，それが詐取金であることを認識しつつこれを引受け，所定の空き部屋で，Ａから発送された現金が入っていない荷物を受領した。

甲の罪責はどうなるか。

［問題３］甲は，2015 年９月頃，かつての同僚であったＸから，同人らが指示したマンションの空室に行き，そこに宅配便で届く荷物を部屋の住人を装って受け取り，別の指示した場所まで運ぶという「仕事」を依頼された。甲は，Ｘから，他に荷物を回収する者や警察がいないか見張りをする者がいること，報酬は１回 10 万円ないし 15 万円で，逮捕される可能性があることを説明され，受取場所や空室の鍵のある場所，配達時間等は受取りの前日に伝えられた。甲は，同年 10 月半ばから約 20 回，埼玉県，千葉県，神奈川県，東京都内のマンションの空室に行き，マンションごとに異なる名

宛人になりすまして荷物の箱を受け取ると，そのままかばんに入れ，または，箱を開けて中の小さい箱を取り出して，指示された場所に置くか，毎回異なる回収役に手渡した。実際の報酬は1回1万円と交通費2，3千円であった。

甲の罪責はどうなるか。

［問題4］氏名不詳者らは，架け子として，Aに対し，「Aの親族であるが，200万円が必要となり，部下に受取りに行ってもらう」と嘘を言った。しかし，Aは詐欺に気づき警察に通報した。甲は，1日当たり5～10万円の報酬の約束で，氏名不詳者の指示に従って行動することになっていたところ，見ず知らずの氏名不詳者から，渡された携帯電話機を通じて指定された場所に赴き，偽名を用いてAから荷物を受け取るという仕事を持ちかけられ，Aから「200万円」と大きく書かれた偽券入りの信用金庫の封筒を受け取った。

甲の罪責はどうなるか。

［問題5－1］甲らは，架け子として，オレオレ詐欺によってAを誤信させたが，受け子のXから，A方付近に警察がいるかもしれないとの連絡を受けたので，そこからいったん離れて待機するように指示したが，それにもかかわらず，XはA方から500万円を持ち出した。

甲の罪責はどうなるか。

［問題5－2］甲らは，架け子として，不特定の高齢者に電話をかけて欺し，指定した場所に現金を送付させていたところ，Xらが，Aに対する詐欺を終了すると甲らに報告したにもかかわらず，その後，XらだけでAを欺罔し，報酬を彼らだけで分配した。

甲の罪責はどうなるか。

●】参考判例【●

① 最判平成30・3・22刑集72巻1号82頁（訪問予告事件）

② 最決平成29・12・11刑集71巻10号535頁（宝くじ当選金事件）

③ 最判平成30・12・11刑集72巻6号672頁（マンション空室受取事件）

④　東京高判平成27・6・11判時2312号134頁（200万円偽券入り封筒事件）
⑤　東京高判平成30・5・16高刑速報（平30）号174頁（いったん待機事件）
⑥　東京高判令和元・8・8高刑速報（令1）号226頁（詐欺行為終了後事件）

●】問題の所在【●

「特殊詐欺」とは，不特定多数の者に対して電話をかけるなどして対面することなく信頼させ，指定した預貯金口座への振込みその他の方法により，現金等をだまし取る犯罪をいい，一般に，被害者に電話をかける「架け子」，現金等を受け取る「受け子」，口座から現金を引き出す「出し子」，受け子などに指示を出す「指示役」などの役割を分担することによって行われている。また，財物交付の方法には，現金を被害者が直接手渡しする「現金手交型」と，被害者が現金を郵便や宅配便等で指示された住所に送付する「現金送付型」がある。そして，このような特殊詐欺に対処するための捜査方法として，「だまされたふり作戦」が実施されている。「だまされたふり作戦」とは，だまされたことに気づいた被害者側が，捜査機関と協力のうえ，引き続き犯人側の要求どおり行動しているふりをして，受領行為等の際に犯人を検挙しようとする捜査手法である。

このような状況の中で，特殊詐欺に関与する者の罪責が，多くの裁判例において問題とされ，近時では，重要な最高裁判例も登場している。特殊詐欺をめぐる問題は，犯罪論上，実行の着手時期，因果関係，不能犯，故意，共謀，承継的共犯などの総論的問題と詐欺罪の構造という各論的問題とが交錯する領域である。

●】解説【●

1　実行の着手時期の問題

［問題1］では，詐欺罪の実行の着手は肯定されるか否かが問題となる。一連の嘘（①と②）は，預金を現金化するよう説得しただけであり，財物の交付に向けた欺罔行為ではないとすれば，それが存在しない本問では，詐欺罪の実行の着手は否定され，犯罪は不成立となろう。これに対して，［問題1］の基礎となる参考判例①は，詐欺罪の実行の着手を肯定し，甲に詐欺未遂罪の成立を認めた。その根拠は，第1に，被害者に対して現金の交付を求める行為がない場合でも，詐欺罪の実行の着手を肯定しうる。第2に，それは，嘘の内容として，被害者に現金の交付を

求める行為に「直接つながる嘘」が含まれている場合である。第3に，それは，現金を交付させるための「計画の一環」として行われたことが前提である。第4に，嘘の内容は，犯行計画上，被害者が現金を交付するか否かを判断する前提となるよう予定された事項に係る重要なものでなければならない。第5に，被害者に誤信させることが，間もなく被害者宅を訪問しようとしていた被告人の求めに応じて即座に現金を交付してしまう「危険性を著しく高める」ものであるというものである。以上の根拠から，最高裁は，「本件嘘を一連のものとして被害者に対して述べた段階」で，「被害者に現金の交付を求める文言を述べていないとしても，詐欺罪の実行の着手があったと認められる。」と判示した。

実行の着手時期については，学説上，以前の主観説か客観説かという論争から，客観説内部の論争に転換し，形式的客観説（犯罪構成要件の一部を実現する時），実質的客観説（法益への現実的危険性が認められた時），折衷説（行為者の犯罪計画全体に照らし法益への危険が切迫した時）の3者の対立となり，近時では，多数説 vs. 有力説という対立図式が示されている。この近時の対立図式における多数説とは，実行行為（本来的な構成要件該当行為）を基点としてそれと密接な行為の限度で未遂処罰の前倒しを肯定するという形式的限定とともに，既遂に至る具体的な危険性による実質的限定を重畳的に認める考え方であり，これに対して，有力説とは，実行の着手の判断に際して，行為者の計画をベースに，その進捗度をみるという手法を採用する考え方である。

参考判例①が詐欺罪の実行の着手を肯定した理論的根拠はどこにあるのかが問題となろう。本件法廷意見がクロロホルム事件最高裁平成16年決定（最決平成16・3・22刑集58巻3号187頁）を引用せず，山口補足意見において引用されていることの意味が問われなければならない。たとえば，本件法廷意見は，前述の有力説的立場であり，山口補足意見は，多数説・折衷説的立場であるとも理解できる。前者によれば，端的に第1行為（一連の嘘）に実行の着手が肯定され，後者によれば，第1行為（一連の嘘）と第2行為（交付要求行為）との連関が考慮されることによってはじめて実行の着手が肯定されることになろう。

2　承継的共犯の問題

［問題2］では，「だまされたふり作戦」が実施された後に関与した甲（受け子）に，詐欺（未遂）罪の承継的共同正犯の成立が認められるか否かが問題となる。

前提問題として，「だまされたふり作戦」において，受け子が受領段階で共謀した場合には，詐欺未遂が確定した後に「受け子」が介入することから，受領行為と詐欺未遂との間に因果関係が認められるか否かという問題と，未遂から既遂に至る間における不能犯の成否という問題もある。もっとも，判例・裁判例の多くは，因果関係を肯定し，不能犯については，具体的危険説の立場から不能犯ではないという帰結を導いている。

承継的共同正犯について，判例は，以前のリーディングケースであった大判昭和13・11・18（刑集17巻839頁）において全面肯定説が採用されていたのに対して，下級審裁判例（とくに，大阪高判昭和62・7・10高刑集40巻3号720頁）においては，限定肯定説に立つものが多い状況の中で，最決平成24・11・6（刑集66巻11号1281頁）は，基本的に因果的共犯論の立場に立脚した［→基本問題21参照］。本決定が全面肯定説を否定したことは明らかであるが，全面否定説の立場か，限定肯定説の立場かは，必ずしも明らかではない。この点につき，補足意見において，強盗，恐喝，詐欺などについて承継的共同正犯の成立可能性が明示されていることなどから，限定肯定説を採用したものと評価することもできる。

このような状況の中で，［問題2］の基礎となる参考判例②は，特殊詐欺における「だまされたふり作戦」事案における承継的共同正犯の成否について，次のように判示した。すなわち，「被告人は，本件詐欺につき，共犯者による本件欺罔行為がされた後，だまされたふり作戦が開始されたことを認識せずに，共犯者らと共謀の上，本件詐欺を完遂する上で本件欺罔行為と一体のものとして予定されていた本件受領行為に関与している。そうすると，だまされたふり作戦の開始いかんにかかわらず，被告人は，その加功前の本件欺罔行為の点も含めた本件詐欺につき，詐欺未遂罪の共同正犯としての責任を負うと解するのが相当である。」と。これによれば，［問題2］の甲には，詐欺未遂罪の（承継的）共同正犯の成立が認められることになる。

問題は，「詐欺を完遂する上で欺罔行為と一体のものとして予定されていた受領行為への関与」の趣旨である。しかし，この点の理由づけがないことから，前掲最高裁平成24年決定において示された「承継的共同正犯と因果的共犯論の連関」について，どのような態度をとっているのかは不明である。因果的共犯論によれば，受領行為に詐欺罪の結果発生の危険性があるか否かは重要な考慮要素となり，また，承継的共犯が成立するためには，後行行為者は遅くとも犯罪実行の終了時までに関与しなければならず，「だまされたふり作戦」が開始された場合には，犯罪は終了したのであり，もはや承継できないという考え方もありうる。承継を肯定するためには，たとえば，欺罔行為の危険性が受領行為に承継され，この危険性を理由に詐欺未遂罪の共同正犯が肯定されるとか，欺罔行為と受領行為が一体と評価された全体行為との間に因果関係が認められればよいとする考え方に依拠せざるを得ないだろう。

3　故意の問題

［問題３］では，受け子の故意の存否が問題となる。受け子が欺罔行為にかかわっていない場合，指示役や架け子から荷物の受領を依頼されただけで，その内容物の詳細について明らかにされておらず，したがって，そのような受け子に内容物が詐取金であるとの認識があったのか否かが明らかでない場合が多い。受け子に詐欺罪の故意が認められるためには，詐取金であることの認識が必要であるが，その際，詐取金であることの「意味の認識」が認められるかが問題になり，何を認識していればこの「意味の認識」が認められるかという「故意の認定」が問題となる。

［問題３］の基礎となる参考判例③は，２審が詐欺罪の故意を否定したのに対して，荷物が詐欺を含む犯罪に基づき送付されたことを十分に想起させるものであり，本件の手口が報道等により広く社会に周知されている状況の有無にかかわらず，それ自体から，被告人は自己の行為が詐欺に当たる可能性を認識していたことを強く推認させ，また，被告人は，荷物の中身が拳銃や薬物であることを確認したわけでもなく，詐欺の可能性があるとの認識が排除されたことをうかがわせる事情はないことから，被告人は，自己の行為が詐欺に当たるかもしれないと認識しながら荷物を受領したと認められるとして，詐欺罪の故意を肯定した。

特殊詐欺における故意の問題については，薬物犯罪における故意の問題とパラレルに理解することができるかが問題となる。最決平成２・２・９（判時1341号157頁）は，「被告人は，……覚せい剤を含む身体に有害で違法な薬物類であるとの認識があったというのであるから，覚せい剤かもしれないし，その他の身体に有害で違法な薬物かもしれないとの認識はあったことに帰することになる。」として，覚醒剤輸入・同所持罪の故意を肯定した。これによれば，「覚醒剤」の意味の認識として，「身体に有害で違法な薬物」という類の認識で足りることになり，覚醒剤を除外するという認識がなければ，覚醒剤の故意が認められることになる。参考判例③は，「詐欺の可能性があるとの認識が排除されたことをうかがわせる事情は見当たらない。」とし，「詐欺の被害品」の「意味の認識」の内容については，「荷物が詐欺を含む犯罪に基づき送付されたことを十分に想起させ」，「自己の行為が詐欺に当たる可能性を認識していたことを強く推認させる」と判示していることから，最高裁平成2年決定の枠組みを維持したものと解することができよう［→基本問題5参照］。もっとも，故意の立証方法における「論理則，経験則」の違背があるか否かが問題となるが，いずれにせよ，受け子の故意の有無については，①何らかの犯罪に関わる物品を受領して運ぶ仕事である可能性が高いことの認識を検討し，②この「何らかの犯罪」に詐欺が含まれるかを検討し，③他の事実関係をも併せ考慮して，詐取金であることの認識の有無が検討されるべきということになろう。

4　共謀の問題

［問題4］では，受け子の共謀の有無が問題となる。判例は，基本的に，共謀を犯罪の共同遂行の合意として捉え，さらに，共謀と不可分一体の要件として「自己の犯罪を行う意思（正犯意思）」の存否を考慮し，共謀の有無が争点となる場合は，「犯罪を共同して行う意思を通じ合っていたということができるかどうか」を判断対象としている。その際，共謀共同正犯の成否を判断する際の重視されるべき要素は，①明示・黙示の意思の連絡の存在，その意思疎通の状況・程度，②被告人と実行行為者との関係，③実行行為以外の被告人の具体的役割，④犯行動機などである。

以上の一般論を基礎に，犯罪類型や各事案ごとに検討されなければならないが，特殊詐欺の類型においては，架け子，受け子，運搬役等，それぞれの役割はどのようなものであったのか，犯行に関与する時期はいつだったのかなどに応じて，共謀の成否を判断しなければならないという困難性がある。

本問の基礎となる参考判例④は，欺罔者側も，甲が荷物を受け取るに当たり，詐欺だと察知することは了解しており，甲が詐欺と認識した時点で両者間に詐欺の暗黙の意思連絡があったこと，現金の受領という実行行為の一部を担当した甲の行為は共同正犯に当たることから，詐欺罪の共謀を肯定した。

まず，共謀の有無については，故意の有無との関連が問題となる。一般的には，共謀の時点で，一定の犯罪（同一罪名でなくてよい）を実現する認識，すなわち，故意も同時存在している。しかし，理論的には，共謀と故意とは異なるものであり，たとえば，受領段階からはじめて関与した受け子が，現金を受け取った時点では共謀はなく，その後に，詐欺の（未必的な）故意が発生したような場合に，共謀共同正犯が成立するか否かが問題となる。受領行為後に故意が生じた場合，それは，「故意と実行行為との同時存在」を無視する事後故意ではないかという疑問もある。

次に，受け子に共謀が肯定された場合に，詐欺罪の（共謀）共同正犯か，幇助犯かが問題となる。すなわち，正犯性の有無の問題であり，「自己の犯罪を犯したといえる程度に，その遂行に重要な役割を果たしたこと」が認められるかが問題となろう。

さらに，特殊詐欺は，複数の者が各自の役割を果たすことにより，不特定多数の者に対する詐欺行為を反復継続することを内容とする犯罪類型であることから，個々の犯罪事実に関する具体的な謀議とか関与状況などを立証する必要はなく，「包括的共謀」の成立が認められれば足りるとされている。すなわち，不特定多数の者に反復継続して特定の犯罪を行うことに関する共同実行の意思の形成がこれである。そして，個々の犯罪事実がこの包括的共謀に基づくものであることが立証されれば，個々の犯罪事実につき共謀が肯定されることになる。

5　共謀の射程

［問題５－１］と［問題５－２］では，特殊詐欺事犯において共犯者の一部の者がいわゆる「抜き」（組織に黙って詐取金を独占すること）を行った場合に，その他の共犯者に共同正犯の成立が認められるかが問題となり，「共謀の射程」という問題である。共謀の射程とは，共謀共同正犯における「一部の者の実行」が「共謀に基づく」ものでなければ，他の者は共同正犯とはならないことから，共謀の及ぶ範囲のことである。共謀の射程内か射程外かの基準は，因果的共犯論の立場からは，共謀と結果惹起との間の因果性が肯定できるか否かに求めることができるが，さらに，さまざまな客観的事情と主観的事情を踏まえて，相互利用・相互補充関係が及んでいるか否かによって判断されるべきであろう。

［問題５－１］の基礎となる参考判例⑤は，「受け子役は，……欺罔行為により被害者が錯誤に陥り，現金を準備していることを把握し，その状況を利用して，本件持ち出しに及んだものであって，その行為は，上記共謀に基づく共同実行を完成させたものとみるべきである」として，甲に共同正犯の成立を認めた。本問では，甲とXには共謀が存在し，Xによる持ち出しが，その共謀に基づくものかどうかが問

題となるが，受領のみが秘密裡に行われたことから，Xが甲を利益分配から排斥する意思があったとしても，当初の「包括的共謀」の枠内にとどまるものといえよう。

［問題５－２］の基礎となる参考判例⑥は，「特殊詐欺を行うことの包括的な共謀を遂げた上で，物理的影響はもちろんのこと，心理的影響を互いに強く与え合いながら，まさに一体となって詐欺行為を繰り返していたものであるから，……本件グループの中で下位の立場にある者であっても，本件グループの活動として敢行された特殊詐欺の犯行については，自らが実行行為を担当したものはもちろん，実行行為を担当しておらず，全く関知していないものであったり，報酬が得られていないものがあったりしても，詐欺罪の共謀共同正犯としての責任を負う。」と判示した。本問の場合は，［問題５－１］とは異なり，「抜き」の意思が実行行為全体に及んでいる場合であり，共謀の射程の範囲外であると判断することも可能であろう。

●】参考文献【●

塩見淳・百選Ⅰ 128 頁／豊田兼彦・百選Ⅰ 166 頁／冨川雅満・インデックス〔総〕52 頁・210 頁・228 頁／本間一也・インデックス〔総〕270 頁／「（特集）特殊詐欺と刑事法上の諸問題」法時 92 巻 12 号 4 頁／高橋則夫・判例秘書ジャーナル HJ200015

（高橋則夫）

判例索引

(参考判例として掲載されたものは，頁数を太字で示した)

■執筆者紹介■（50音順）

佐 久 間 修（Sakuma Osamu）

昭和29年生まれ。昭和52年名古屋大学卒業

現在：大阪大学名誉教授，名古屋学院大学法学部教授

主著：刑法総論（成文堂・2009），刑法各論〔第2版〕（成文堂・2012），実践講座・刑法各論（立花書房・2007），刑法総論の基礎と応用（成文堂・2015），刑法からみた企業法務（中央経済社・2017）

高 橋 則 夫（Takahashi Norio）

昭和26年生まれ。昭和50年早稲田大学卒業

現在：早稲田大学法学部教授

主著：共犯体系と共犯理論（成文堂・1988），規範論と刑法解釈論（成文堂・2007），刑法総論〔第4版〕（成文堂・2018），刑法各論〔第3版〕（成文堂・2018）

松 澤　　伸（Matsuzawa Shin）

昭和43年生まれ。平成3年早稲田大学卒業

現在：早稲田大学法学部教授

主著：機能主義刑法学の理論（信山社・2001），デンマーク司法運営法（成文堂・2008），Methodology of Criminal Law Theory（Nomos/Hart 2021）（編著）

安 田 拓 人（Yasuda Takuto）

昭和45年生まれ。平成5年京都大学卒業

現在：京都大学大学院法学研究科教授

主著：刑事責任能力の本質とその判断（弘文堂・2006），アクチュアル刑法総論（弘文堂・2005）（共著），アクチュアル刑法各論（弘文堂・2007）（共著），ひとりで学ぶ刑法（有斐閣・2015）（共著）

Law Practice 刑法〔第4版〕

2009年3月20日　初　版第1刷発行
2014年3月10日　第2版第1刷発行
2017年10月15日　第3版第1刷発行
2021年7月30日　第4版第1刷発行

著　者　佐久間　修　高橋則夫
　　　　松澤　伸　安田拓人

発行者　石川雅規

発行所　㈱商事法務

〒103-0025 東京都中央区日本橋茅場町3-9-10
TEL 03-5614-5643・FAX 03-3664-8844〔営業〕
TEL 03-5614-5649〔編集〕
https://www.shojihomu.co.jp/

落丁・乱丁本はお取り替えいたします。　印刷／そうめいコミュニケーションプリンティング

Shojihomu Co., Ltd.
ISBN978-4-7857-2889-2
＊定価はカバーに表示してあります。